우리가 지금까지 몰랐던

향신료의 모든 것

미즈노 진스케(水野仁輔) 지음
고정아 옮김

BnCworld

시작하며

- 나, 너 좋아해! 이건 너무 직설적인가… 우리 사귈래? 이것도 너무 갑작스럽고….
- 안녕~! 미안, 많이 기다렸지?
- 아, 아니, 괜찮아.
- 혼자서 뭐라고 중얼대는 것 같던데?
- 어? 아무것도 아냐. 그보다 웬일로?
- 갑자기 불러내서 미안한데, 향신료에 대해서 좀 알려줬으면 해서.
- 갑자기 향신료라니?
- 얼마 전에 스페인에 다녀왔거든. 시내를 구경하다가 멋진 향신료 가게를 발견했는데 진열된 물건들이 너무 예뻐서 순식간에 마음을 뺏겼지 뭐야.
- 향도 좋았어?
- 어. 완전 최고~! 그런데 향신료가 뭔지, 어디에 사용하는지 생각도 안 하고 그냥 색깔이 예쁘고 왠지 이국적인 느낌도 나고 병 모양이 마음에 들어 마음 가는 대로 충동구매를 했지 뭐야.
- 어떤 게 특히 마음에 들었어?
- 파에야에 들어가는 사프란이랑 수프 요리에 사용하는 파프리카 파우더. 자연의 색인데도 선명하고 예쁘더라. 왠지 황홀해지더라고. 그런데 막상 가지고 돌아와 보니 어디에, 어떻게 써야 할지 몰라 당황스럽기도 하고 이제야 제정신이 든 것 같기도 하고, 핫핫!
- 그래서 마음이 급해졌구나.
- 향신료에 대해 가르쳐 주는 학원 같은 것도 없고, 입문서 같은 것도 잘 못 찾겠더라고.
- 그러다 생각났다는 거지? 친구 중에 향신료에 대해 빠삭한 녀석이 하나 있었는데 하고 말이야.
- 딩동댕~!
- 쳇, 그런 거였어? 난 또 데이트하자는 줄 알았네.
- 데이트랑 다를 바 없지. 앞으로 종종 만나서 향신료에 대해서 배울 거니까.
- 향신료 데이트라…, 처음 듣는 얘기네. 제대로 알려면 시간이 한참 걸릴 텐데.
- 끝까지 열심히 해볼게. 다만 내가 정말로 관심이 있는 건지 자신이 없어서.
- 이국에서의 비일상적인 체험이 너를 혼란에 빠뜨린 게 아닐까?
- 맞아. 내게는 너무나 미지의 세계라 두근두근 설레기도 하고 흥분되기도 하는데….
- 빠져 들 수 있을지 어떨지는 내 실력에 달렸다는 얘기야?
- 아마도.
- 만일 네가 향신료의 매력에 빠지게 되면 나랑 사귈래?
- 생각해 볼게.

여행지에서 우연히 향신료를 접하고 나도 모르게 그 매력에 빠지는
그런 운명적인 일이 일어난다면 좀 근사할 것 같아요.
그런데 현실적으로는 좀처럼 일어나기 어려운 일이겠죠.
계기는 어쨌든 평소 '향신료'라는 존재에 대해서 의식을 해보세요.
혹시라도 어디선가 발견한다면 무심히 지나치지 마시고요.
아니, 그 매력에 좀 걸려들었으면 하는 바람입니다.
왜냐하면 앞으로 다음과 같은 멋진 일들이 기다리고 있을 테니까요.

<u>맛있는 향신료 요리를 만들 수 있게 된다.</u>

<u>식재료의 풍미나 제철에 민감해진다.</u>

<u>몸의 컨디션을 조절해 건강하게 지낼 수 있다.</u>

<u>파티나 식사 모임이 있을 때 요긴하게 활용할 수 있다.</u>

<u>주방에 서는 기쁨을 느끼게 된다.</u>

<u>세계 곳곳의 식문화에 대해 잘 알게 된다.</u>

그런데 이 모든 일은 향신료에 대해 조금이라도 흥미를 갖는 사람만이
경험할 수 있는 일입니다. 그러나 저는 욕심쟁이라 향신료에 대해
아무런 흥미가 없는 사람도 느껴봤으면 좋겠습니다.
꼭 한번 향신료에 관심을 가져 보세요.
어떻게 하면 그 한 걸음을 내딛을 수 있을까요?
향신료의 세계로 통하는 문을 두드린다면 어떤 기분을 느끼게 될까요?

<u>두근두근 설렌다.</u>

이런 진부한 표현으로밖에 전할 수 없는 게 아쉽네요. 대신에
두근두근 설레는 감정이 깊어지도록 향신료에 대해서 열심히 썼습니다.
어려워 보이는 향신료를 이해하기 쉽게, 이해하기 쉬운 향신료를 더욱
재미있게, 재미있는 향신료를 더 깊게 알 수 있도록 말이죠. 아찔한
향신료의 세계에 발을 들여놓고 농락당하면서 보내는 기분 좋은 순간을
저는 이미 오래전부터 체험해 왔거든요.
이 책을 손에 든 독자라면 지금 그 기회를 잡은 것입니다.
분명 어떤 안내서보다 많은 도움이 되리라 생각합니다.
가장 친절한 향신료 교과서니까요.
자, 여러분 어서 오세요. 고지가 바로 눈앞에 있습니다.

CONTENTS

002　시작하며

CHAPTER 0
INTRODUCTION
향신료의 세계로 출발

- 008　미지와의 조우
- 010　향신료의 매력
- 012　앞을 가로막는 장애물
- 016　친숙한 향신료
- 018　향신료, 겁내지 말아요!
- 020　향신료의 문을 여는 당신에게

CHAPTER 1
STUDY
향신료를 배우다

- 024　카레가 되는 나무는 없습니다!
- 026　향신료의 분류
- 028　향신료 재배실로 어서 오세요
- 030　향신료의 형태
- 032　카레 가루의 제조공정
- 034　향신료의 역할
- 036　향신료의 기타 작용
- 038　향신료의 향에 대해 생각하다
- 040　향신료의 향은 기름에 의해 추출된다
- 042　향신료 테크닉 - 향을 끌어내다
- 044　향신료 테크닉 - 조리의 타이밍
- 046　향신료 테크닉 - 블렌딩에 대하여
- 048　세계의 블렌드 향신료 일람

CHAPTER 2
MAKE
향신료를 사용해 요리하기

- 054　가람 마살라로 카레가 달라진다
- 056　향신료 드레싱의 마법으로 채소를 맛있게
- 058　고기에는 소금, 후추만?
- 060　향이 좋고 예쁘기까지 한 영양밥
- 062　주말에는 허브로 수프를 만들어 보자
- 064　차이! 차이! 차이!
- 066　디저트, 그래놀라 만들기
- 068　야외에서 영웅이 되는 탄두리 치킨
- 070　부타카쿠니 만세! 로스트비프 만세!
- 072　가미한 고추기름을 직접 만들다
- 074　최고의 카레 가루 직접 만들기
- 076　직접 만든 최고의 카레 가루 활용하기

CHAPTER 3
COOK
향신료 카레 만들기

- 080　향신료로 카레 만들기
- 082　드라이 키마 카레
- 084　일본풍 카레우동
- 086　스리랑카식 새우 카레
- 088　믹스 베지터블 코르마
- 090　스파이시 비프 카레
- 092　남인도풍 치킨 카레
- 094　타이풍 피시 카레
- 096　포크 빈달루
- 098　본격 버터 치킨 카레
- 100　궁극의 카츠 카레
- 102　AIR SPICE를 통해 배우는 향신료의 배합 밸런스

CHAPTER 4

JOURNEY

향신료와 함께 하는 여행

- 112 세계의 주방에서 탄생한 향신료 요리 총집합
- 114 유럽
- 118 중동
- 119 남아시아
- 120 동남아시아
- 121 동아시아
- 122 북아메리카
- 123 남아메리카
- 123 아프리카
- 125 향신료의 역사

CHAPTER 5

EXPERIENCE

향신료 체험하기

- 132 세계의 전통의학
- 134 한방의학과 향신료
- 138 아유르베다와 향신료
- 142 서양의학과 향신료

CHAPTER 6

ENJOY

향신료 즐기기

- 148 향신료를 더욱 자유롭게!
- 150 향신료의 효과
- 156 향신료의 매운맛을 체감하다
- 158 향신료 구입하기
- 160 향신료 보관하기
- 162 향신료 키우기
- 164 그것은 향신료인가요? ~향기가 나는 모든 것~
- 166 향을 즐기는 방법
- 172 신비한 약초술의 세계

CHAPTER 7

GUIDE

향신료 안내

- 176 향신료 소개
- 203 향신료 셀렉트 박스를 만들자

- 204 INDEX
- 206 마치며

이 책의 이용 방법

● 1큰술은 15㎖, 1작은술은 5㎖, 1컵은 200㎖입니다. ● 재료의 분량은 각 레시피별로 표시되어 있습니다. ● 프라이팬(냄비)은 두꺼운 것을 사용해주세요. 불소 수지로 가공된 것을 권장합니다. 이 책에서는 지름 24㎝의 프라이팬을 사용하고 있습니다. 냄비의 크기나 재질에 따라 열전달이나 수분 증발 방법 등에 차이가 나타납니다. ● 소금은 천연염을 사용했습니다. 굵은소금의 경우 계량스푼으로 평미레질 해도 염분 농도가 부족할 수 있습니다. 그런 경우는 마지막에 간을 조절합니다. ● 화력의 기준은 다음과 같습니다. 강불은 냄비 바닥에 불꽃이 기세 좋게 닿는 정도, 중불은 냄비 바닥에 불꽃이 적당하게 닿는 정도, 약불은 냄비 바닥에 불꽃이 닿을락 말락 한 정도. ● 뚜껑은 프라이팬(냄비) 크기에 딱 맞는 것, 가능한 한 밀폐되는 것을 사용합니다. ● 완성 사진은 1~2인분을 담고 있습니다.

CHAPTER 0

INTRODUCTION

향신료의 세계로 출발

향신료를 둘러싼 모험

이제 시작합니다. 무엇을요? 그야 물론 향신료를 향한 모험이지요.
'INTRODUCTION 향신료의 세계로 출발'이라는 제목의 이번 장에서는 여러분과 향신료 사이의
거리감을 파악하여 향신료의 세계에 임하는 마음가짐을 다져보도록 하겠습니다.
향신료를 언제 처음 접했는지요? 어떤 계기로 접했었는지요?
만일 이 책을 집으면서 시작되었다면 그보다 더 좋은 일은 없겠죠.
'미지와의 조우'라는 제목에서 호기심과 용기가 조금이나마 생겨났다면
다음은 '향신료의 매력'에 대해 알아보기로 하죠.
그런데 눈앞에 '앞을 가로막는 장애물'이 있다는 사람도 있을 것 같네요.
공포, 불안, 고뇌, 미궁, 망연자실, 주저, 곤혹, 귀찮음…. 벌써 꽁무니를 빼고 싶은가요?
우선 책을 읽어나가면서 "그래" 또는 "그렇군" 하는 정도로 부담 없이 받아들이면 좋겠습니다.
자신이 몇 개의 벽에 부딪히게 될지 떠올려 보는 것도 좋습니다.
그것이 당신과 향신료 사이의 거리감입니다.
그런데 여러분은 이미 '친숙한 향신료'를 생활에 도입하고 있습니다.
먼저 "향신료 따위 뭐가 겁난다고!"라는 생각을 갖는 게 좋습니다.
마지막으로 '향신료 진단 차트'를 준비했습니다.
이 책은 처음부터 차례로 읽지 않아도 상관없도록 구성되어 있습니다.
차트를 참고하면서 끌리는 항목부터 진행해 보세요.

CONTENTS

P.008
미지와의 조우

P.010
향신료의 매력

P.012
앞을 가로막는 장애물

P.016
친숙한 향신료

P.018
향신료, 겁내지 말아요!

P.020
향신료의 문을 여는 당신에게

미지와의 조우

아이스크림에 블랙페퍼를 뿌려 먹어본 적이 있나요? 아마 없겠죠. 바닐라 아이스크림을 사서 페퍼 밀에 들어 있는 후추알을 드르륵드르륵 성글게 갈아 뿌립니다. 담황색 편지지에 만년필 잉크가 번진 것 같은 모양의 아이스크림을 스푼으로 푹 떠서 입 안에 넣으면 과연 어떤 맛이 날까요?

눈을 지그시 감고 10초 동안 생각합니다. 가능한 한 구체적으로 맛을 상상해 보세요.

정답은 당연히 '맛있다'입니다.

모두가 잘 알고 있는 아이스크림의 부드러운 단맛이 입 안에 퍼지면서 간간이 후추를 씹었을 때의 자극적인 매운맛이 톡톡 터지는 게 흡사 여름의 끝자락을 알리는 화려한 불꽃놀이 같습니다. 그러면 익숙한 아이스크림의 맛이 더욱더 짙게 느껴집니다. 그렇다고 해서 후추를 맛있다고 생각하는 것은 아닙니다. 당연히 바닐라 아이스크림을 맛있다고 생각하는 것이죠. 비유를 하자면 베테랑 주연 배우가 조연이 되어, 주인공을 맡은 신인 여배우를 돋보이게 해주는 것과 같다고나 할까요. 바로 이런 점이 매우 흥미롭습니다.

향신료와 아이스크림의 협연

이런 신선한 체험이 바로 향신료의 묘미입니다.

지금까지의 얘기를 듣고 흥미가 생겼다거나 시도해 보고 싶다고 생각한 사람은 향신료 애호가가 될 가능성이 충분합니다. 반대로 이상할 것 같다거나 믿을 수 없다며 미간을 찌푸리는 사람이라면 아직 멀었습니다.

"아이스크림에 향신료라니!"라는 생각을 할 수도 있겠지만, 여기서 잠깐만요, 바닐라 아이스크림의 바닐라는 본래가 향신료입니다. 심지어 세계에서 두 번째로 값비싼 향신료이지요. 여러분이 늘 먹고 있는 아이스크림에는 이미 향신료가 들어 있다는 말입니다.

모처럼의 기회이니 세계에서 가장 비싼 향신료인 사프란으로도 시험해 볼까요? 작은 접시에 빨간색 사프란을 하나 올려놓고 소량의 온수(1작은술 정도로 충분)를 톡 떨어뜨립니다. 그러면 순식간에 사프란에서 황금색 즙이 번져 나오는데, 그것을 바닐라 아이스크림에 끼얹어 주세요. 보기에도 정말 예쁘겠죠. 물론 맛도 기가 막힙니다.

그렇다면 세계에서 세 번째로 비싼 향신료인 카더멈은 어떨까요? 먼저 녹황색 열매 하나를 준비합니다. 그런 다음 껍질을 까서 속에 든 검은 씨앗을 꺼내 절구에 넣고 빻아 줍니다. 볼에 바닐라 아이스크림을 옮겨 담고, 빻은 카더멈 씨앗을 첨가해 스푼으로 고루 섞습니다. 맛은 보장합니다. 그도 그럴 것이 인도의 아이스크림 쿨피(Kulfi)는 바로 그렇게 카더멈 플레이버를 첨가해서 만드는 것이 정석이거든요.

또, 바닐라 아이스크림에 간장을 뿌려 먹어도 맛있습니다. 어떤 사람은 튀김 부스러기가 잘 어울린다고도 하더라고요. 이처럼 바닐라 아이스크림 하나로도 무궁무진하게 상상의 나래를 펼칠 수 있지요. 너무 재밌어서 망상을 멈출 수가 없네요. 혹시 고약한 장난이라고 생각하나요? 아뇨, 결코 그렇지 않습니다.

당신이 모르는 향신료의 세계

어렸을 적 우리 집에서는 돈지루(돼지고기와 각종 채소를 넣어 끓인 일본식 된장국)를 끓일 때 버터 한 조각을 넣거나 배를 먹을 때 소금을 쳐서 먹는 습관이 있었습니다. 그러다 보니 그게 당연한 거라고 생각했는데 남들에게 그 얘기를 했더니 미간을 찌푸리더군요. 그때마다 나는 "정말 맛있는데 그걸 모르다니 왠지 안타깝네!"라는 생각을 했었죠.

향신료의 매력은 한마디로 '미지와의 조우'에 있습니다. 머릿속에 자리 잡고 있는 고정관념을 깨고 조금만 용기를 내어 한걸음 내딛는다면 상상도 못했던 기쁨을 맛볼 수 있거든요.

평소 잘 안 입는 옷을 입고 외출한다거나 생소한 장르의 CD를 들어본다거나 하는 정도의 마음가짐만 있으면 됩니다. 그리 부담되는 일은 아니잖아요. 그렇다면 이제 바닐라 아이스크림에 후추를 뿌려서 먹어 보고 싶다는 생각이 드나요? 좋습니다.

그럼 이제 향신료의 세계로 어서 오세요.

문은 이미 여러분 눈앞에 활짝 열려 있습니다. 과연 그 문 너머에 미로가 기다리고 있을지, 아니면 파라다이스가 펼쳐져 있을지 궁금하겠죠? 혹시 여전히 미궁에 빠진 것 같은 불안감이 드나요? 행여 그렇더라도 괜찮습니다. 미궁 속을 헤맨다고 해도 분명 즐거울 테니까요. 데이비드 보위(David Bowie)의 노래가 흘러나올지도 모르죠.

그런데 이 세계는 미궁이 아닙니다. 틀림없이 낙원이 기다리고 있을 거예요.

향신료의 매력

여러분이 매일 아침 거르지 않고 하는 일이 뭐가요? 세수를 하고 이를 닦는 것이야 당연한 일이고, 나는 그 후에 곧장 부엌으로 가서 가스레인지에 불을 켭니다. 그 위에는 냄비가 얹어져 있고 냄비 안에는 다시마 한 장이 들어 있지요. 그렇습니다. 바로 육수를 우려내는 것이지요. 냄비의 육수가 끓으면 불을 끄고 다시마를 건져내는 경우도 있고 가다랑어포를 듬뿍 첨가하는 경우도 있으며 다시마 대신에 멸치 같은 건어물을 사용할 때도 있습니다. 오랫동안 빼놓지 않고 해온 일이죠. 귀찮아 보일 수도 있겠지만 딱히 그렇지도 않아요. 전날 밤에 냄비에 물을 붓고 다시마 한 장을 넣어두기만 하면 되니까요.

그렇게 육수가 팔팔 끓어 김이 모락모락 피어오르면 그 앞에서 '흐음' 하고 심호흡을 합니다. 그러면 눈이 번쩍 뜨이면서 몸도 개운해지는 것 같지요. 그리고 때때로 생각합니다. "육수의 풍미도 향신료 같구나!" 하고. 당연히 그럴 수밖에요. 육수가 끓을 때면 향신료처럼 좋은 냄새가 나거든요.

아침의 향신료

그 다음으로 하는 일은 큰 계량컵으로 찻잎을 계량해 끓인 물을 부어 차를 우려내는 것입니다. 우리집에서는 페트병에 든 시판 차음료는 금지 품목입니다. 녹차 산지인 시즈오카 태생이라서 그런 건지도 모르겠지만, 그렇다고 해서 녹차만 마시는 건 아닙니다. 보통 재스민 차를 마시는 경우가 많고 인도에 다녀온 후에는 한동안 다르질링 차를 즐겼으며 타이완에서 구매한 동방미인 차 등, 집에는 항상 십여 가지의 찻잎이 갖춰져 있습니다. 최근에 상하이에서 손에 넣은 흑차는 말린 금목서 꽃이 블렌딩 되어 있어서 달달한 향기에 흠뻑 취할 수 있습니다.

차가 우러나면 내 컵에 한 잔을 붓고 나머지는 전용 유리 용기에 옮겨 담는데, 이때 또 한 번 심호흡을 합니다. 그리고 식탁에 앉아 차를 마시면서 생각하죠. "차 향기도 향신료 같구나!" 하고. 우리집 부엌 한쪽 벽 선반에는 서른 가지 이상의 향신료가 들어 있는 유리병이 진열되어 있습니다. 그렇지만 매일 아침 이 향신료들을 사용해서 요리하지는 않습니다. 향신료 병에 손 한번 대지 않고도 아침부터 여러 가지 향기를 즐기고 있지요.

밥이 다 지어질 때면 구수한 밥 냄새가 진동합니다. 완성된 된장국에는 시치미토가라시(七味唐辛子: 고추를 주재료로 한 향신료를 섞은 조미료)를 톡톡 쳐주고요. 또, 볶음요리에 참기름을 한 방울 떨어뜨리면 그야말로 풍미 가득한 아침식사가 차려집니다.

시간적 여유가 있는 주말 아침에는 빵을 사러 나갑니다. 향이

풍부한 올리브유를 접시에 조금 넣고 성글게 간 흑후추와 소금을 쳐줍니다. 마음이 동하면 코리앤더(고수) 씨를 몇 알 으깨어 섞기도 하죠. 그리고 빵에 발라서 먹습니다. 조금 많이 만들었을 때는 레몬즙을 첨가한 후 거품기로 저어주면 드레싱이 완성됩니다.

커피를 내릴 때는 장난기가 발동하여 카더멈 열매 하나를 깨서 검은 씨앗을 원두 가루와 함께 필터에 넣기도 합니다. 뜨거운 물을 부을 때 풍기는 향은 각별합니다. 그리고 또 생각하지요. "아아! 향신료, 참 좋구나."

점심의 향신료

점심이 가까워지면 종종 부용(Bouillon)을 만듭니다. 나는 육수 애호가라서 일식, 양식을 가리지 않고 시간만 되면 수프를 만드는데, 어렵지 않습니다. 값싼 닭 뼈가 보일 때마다 그것을 사서 냉동고에 보관해두는 편이라 냄비에 넣어 물을 붓고 가열하기만 하면 되거든요. 팔팔 끓으면 거품을 떠내고 대파의 잎 부분이나 셀러리를 첨가해 푹 끓이면 됩니다.

로리에(월계수 잎)가 있으면 넣기도 하고 가끔은 펜넬 씨를 넣는 것도 좋아합니다. 부케 가르니(Bouquet garni)와 같은 값비싼 혼합 향신료는 굳이 필요치 않습니다. 한두 시간 그대로 두면 되는데 여유가 될 때는 서너 시간도 방치해 둡니다. 완성된 수프는 그야말로 레스토랑의 맛입니다.

저녁의 향신료

저녁이 되어 친구가 놀러 오기라도 하면 나는 선반에서 작은 병을 몇 개 꺼냅니다. 내용물은 편의점에서 구매한 값싼 위스키. 클로브, 시나몬, 올스파이스 등의 약간 독특한 향신료가 원물 상태로 들어가 있습니다. 몇 주 전부터 넣어 둔 것이지요. 그것을 스파클링 워터로 희석해서 건배를 하곤 합니다.

요리는 당연히 모두의 기대에 부응해 향신료가 듬뿍 들어간 것으로 몇 가지를 만듭니다. 물론 카레도 포함되고요. 그리고 생각하지요. "향신료, 참 좋구나!"

뭐가 좋냐고요? 향신료의 매력은 향입니다. 물론 그 밖에도 여러 가지가 있지만, 나는 향이 좋은 것을 접하면 그것이 향신료든 뭐든 "향신료 같다", "향신료는 참 좋다"라고 생각합니다.

아침도 점심도 저녁도, 봄에도 여름에도 가을에도 겨울에도, 우리는 좋은 향기에 둘러싸여 살아가고 있습니다. 그것을 연출하고 또 깊은 맛이나 색채를 더하는 것이 바로 향신료이지요.

앞을 가로막는 장애물

- 1 -
'공포'의 벽

정체를 모르니 무섭다

가까이 없다고 느끼는 사람이 많아 아무래도 거리감을 가지게 됩니다. 나아가 향신료는 '자극적인 것이니 맵거나 아플 것'이라는 부정적인 이미지도 있습니다. 정체를 알 수 없는 머나먼 이국의 것이라며 경계하게 될 수도 있습니다.

- 2 -
'불안'의 벽

실패할 것 같아 불안하다

많은 사람이 향신료 사용을 어렵게 생각합니다. 잘 알고 여러 차례 사용해 본 적이 있는 사람이 아니면 손댈 수 없는 아이템이라고 여기지요. 아무리 생각해도 실패할 것 같거나 실패하면 돌이킬 수 없는 사태가 기다리고 있을 것이라는 식으로요.

향신료, 왠지 좋은 것 같다. 그런 생각이 들기 시작했나요? 그렇다면 낙원의 문을 열 준비는 되어 있겠군요. 그럴 것이라 믿으며 먼저 말해두어야 할 것이 있습니다. 모험에 나서는 여러분께는 지도와 컴퍼스가 필요합니다. 미로에 빠지지 않기 위해서 말이죠. 그렇습니다. 이제 앞을 향해 걸어 나갈 여러분을 가로막는 장애물이 몇 개 나타날 겁니다. 지금부터 소개할 테니 마음의 준비를 해두면 좋겠습니다.

- 3 -
'고뇌'의 벽

무엇부터 갖춰야 할지 고민스럽다

향신료는 종류가 방대하고 게다가 이름도 생소한 것들이 많은데 도대체 뭘 처음에 사는 게 좋을까요? 아무것도 모르는 상태에서 몇 가지를 샀다가 도저히 어디에 쓰는지 모르겠는 상황이 된다면 어떻게 하나 고민스럽겠지요.

- 4 -
'미궁'의 벽

어디서 구할 수 있는지 모르겠다

향신료는 도대체 어디 가면 구할 수 있을까? 마트에서 판매하려나? 인터넷 쇼핑몰을 통해 구매할 수 있을까? 모처럼 흥미가 생겼어도 구할 방법을 모르면 문을 여는 순간, 미궁에 빠질 것 같은 생각이 들지요.

CHAPTER 0　　[INTRODUCTION]　　향신료의 세계로 출발

SPICE　　앞을 가로막는 장애물　　WALLS

- 5 -
'망연자실'의 벽

마트 선반 앞에서 어찌할 바를 몰라 쩔쩔매다

향신료를 사러 마트에 갑니다. 점원의 안내로 향신료가 진열된 선반 앞에 섭니다. 그런데 여기서부터가 큰일입니다. 비슷비슷한 용기에 들어 있는 향신료가 잔뜩 진열되어 어리둥절하겠죠. 선반은 묵묵히 입을 다문 채 아무런 조언도 해주지 않으니까요.

- 6 -
'주저'의 벽

많은 향신료를 구매하려니 망설여진다

향신료를 사용해서 요리를 한 가지 만들어 봅니다. 결과는 맛있게 완성되었습니다. 신이 나서 두 번째 요리에 도전하기로 하죠. 그런데 레시피를 보니 다른 향신료가 필요하네요. 또 새로운 향신료가 필요하다고? 도대체 몇 종류나 갖춰야 하는 걸까요.

자, 어떡하면 좋을까요? "당신의 앞길에는 장애물이 있습니다."라는 협박을 받는다면 향신료가 싫어지겠죠. "무지 성가시네. 아무래도 그만둬야겠다" 하고 향신료를 포기하는 사람을 나는 여럿 봤거든요. 하지만 괜찮아요. 여러분이 손에 넣은 이 컴퍼스와 지도가 있다면 길을 헤맬 일은 없으니까요. 안심하고 한 발짝 떼어 보세요.

- 7 -
'곤혹'의 벽

쓰다 남은 향신료가 계속 있어 처치 곤란이다

향신료를 필요한 만큼 갖춰서 주방에 진열해 놓습니다. 살짝 만족스럽기도 합니다. 요리를 하면 맛있기도 하고요. 하지만 다음에 또 언제 사용하게 될지요. 그 사이 향신료는 잊혀지고 맙니다. 그리고 떠올렸을 때는 이미 유효기간이⋯. 이러면 곤란하겠죠.

- 8 -
'귀찮음'의 벽

마니아스러운 향신료를 찾는 것이 귀찮다

향신료에 빠지기 시작하면 서서히 어려운 요리에도 관심이 생깁니다. 당연히 필요한 향신료도 마니아스러운 것이 되어 가겠죠. 들어본 적 없는 각종 향신료. 도대체 어딜 가면 찾을 수 있는지⋯. 귀찮은데 누가 좀 준비해 주면 안 되나 하는 마음이 들죠.

친숙한 향신료

Familiar Spices

여러분은 아직 모릅니다. 어딘가 먼 이국의 식재료라고 거리를 뒀던 향신료를 사실은 오래전부터 일상적으로 먹고 있었다는 사실을요. 그 증거로 집에서 가장 가까운 마트에 가서 선반에 진열된 다양한 상품을 집어 뒷면에 적힌 원재료를 확인해 보세요. '향신료'라는 세 글자를 발견할 수 있을 겁니다. 맞습니다. 거기 적힌 '향신료'가 바로 이 책에서 다루는 향신료, 즉 스파이스입니다. 여러 가지 식품에 향신료는 이미 사용되고 있지요. 향신료는 늘 우리와 가까운 곳에 있었다는 얘기입니다.

대충 그 면면을 훑어보면 조미료라고 불리는 게 많다는 걸 알아차리게 될 것입니다. 위장약을 제외하면 모두 현재 가정요리에 빼놓을 수 없는 아이템들이죠. 게다가 조미료이므로 맛의 포인트가 되는 것들입니다. 맛의 포인트로 '향신료=스파이스'가 사용되고 있는 것이지요. 이유를 아시겠어요? 향신료의 향에는 풍미의 균형을 조절하여 더욱 깊은 맛을 내는 효과가 있기 때문입니다. 이러한 향신료의 힘을 알면 기성품이나 가공 조미료 대신 향신료를 사용해 더욱 풍부한 식생활을 즐길 수 있습니다.

SPICE 1

농후 소스

소스 종류별로 정말 많은 향신료가 사용됩니다. 매운맛을 더하는 '고추, 생강, 페퍼', 잡내를 없애는 '로리에(월계수 잎), 세이지, 타임', 향을 더하는 '커민, 펜넬, 클로브, 캐러웨이, 페뉴그릭, 시나몬' 등등.

원재료 : 채소·과일(토마토, 대추야자, 양파, 사과, 기타), 당류(액상과당, 설탕), 양조식초, 아미노산 액, 소금, 주정(酒精), 간장, 향신료, 굴즙, 고기즙, 효모즙, 다시마, 단백질 가수분해물, 표고버섯, 증점제(가공 전분, 증점 다당류), 조미료(아미노산 등), 캐러멜 색소 • 원재료의 일부로 밀가루, 대두, 닭고기, 돼지고기, 복숭아, 사과 포함

SPICE 2

드레싱

기름과 식초를 섞는 것이 드레싱의 기본인데 거기에 첨가하는 향신료는 드레싱의 풍미에 따라 다채롭습니다. 예를 들어 프렌치드레싱에는 '블랙페퍼, 파프리카, 갈릭, 로리에, 진저' 등이 주를 이루지요.

원재료 : 양조식초, 식용 식물성 유지, 액상과당, 소금, 후추, 조미료(아미노산 등), 말린 양파, 양파즙, 증점제(잔탄검), 치킨엑기스, 건조 피망, 건조 파슬리, 향신료 추출물 • 원재료의 일부에 대두를 포함

SPICE 3

마요네즈

간단히 말해 기름과 달걀, 식초를 섞은 조미료가 마요네즈입니다. 거기에 향신료를 더하면 풍미가 더욱 풍부해지지요. '머스터드, 후추, 파프리카' 등이 사용됩니다. 특히 머스터드를 베이스로 하면 유화가 촉진되어 매끄럽게 완성됩니다.

원재료 : 식용 식물성 유지(대두 포함), 난황, 양조식초(사과 함유), 소금, 조미료(아미노산), 향신료, 향신료 추출물

SPICE 4

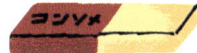

콩소메 스톡 (고형)

콩소메는 향미 채소와 닭 뼈 등을 푹 끓인 부용을 베이스로 하는 수프입니다. 끓일 때는 '부케 가르니'라고 불리는 여러 가지 허브와 '블랙페퍼, 로리에' 등을 첨가합니다. 향신료의 향이 없으면 싱거운 수프가 될 수 있습니다.

원재료 : 소금, 유당, 설탕, 식용유지, 채소즙, 향신료, 효모즙, 간장, 비프엑기스, 치킨엑기스, 과당, 효모즙, 발효 조미료, 조미료(아미노산 등), 가공 전분, 산미료 • 밀가루를 원재료 일부에 포함

SPICE 5

토마토케첩

의외로 '후추, 홍고추' 등의 매운맛 향신료가 베이스로 사용됩니다. 게다가 '올스파이스, 시나몬, 클로브, 타임, 세이지, 오레가노, 로리에' 등을 첨가해 토마토의 풍미나 신맛과의 균형을 잡습니다.

원재료 : 토마토, 당류(설탕, 액상과당, 포도당), 양조식초, 소금, 양파, 향신료

SPICE 6

고기구이 양념

고기에 소금, 후추를 뿌리거나 마늘을 함께 구우면 더욱 맛있어지듯이 고기의 양념이나 스테이크 소스 등을 만들 때는 '블랙페퍼 갈릭'을 베이스로 하여 좋아하는 향신료를 맞춰 나가는 것이 바람직합니다.

원재료 : 과실류(사과, 복숭아, 매실), 간장, 설탕, 아미노산 액, 환원수 물엿, 꿀, 발효 조미료, 소금, 흰깨, 사과식초, 양파즙, 단백질 가수분해물, 채소류(마늘, 양파), 참기름, 향신료, 포크엑기스, 캐러멜 색소 • 원재료의 일부에 밀가루를 포함

SPICE 7

튀김가루

밀가루에 소금과 '블랙페퍼, 갈릭 파우더'를 첨가하기만 해도 간단한 튀김가루가 완성됩니다. '커민, 넛맥, 올스파이스' 등과 같이 고기와 궁합이 잘 맞는 향신료도 사용되며, '카레 가루'도 튀김과 잘 어울립니다.

원재료 : 전분, 밀가루, 분말 간장, 소금, 향신료, 난백가루, 쌀가루, 배추 추출물 분말, 사과즙 분말, 난황 가루, 오렌지 과즙 분말, 우엉 엑기스 분말, 단백질 가수분해물, 표고버섯 엑기스 분말, 식물성 유지, 베이킹파우더, 유화제, 산미료, 캐러멜 색소, 조미료(아미노산 등), 향료 • 원재료 일부에 기름 성분, 젤라틴을 포함

SPICE 8

위장약

위장약을 카레에 뿌리면 맛있다고 하는 이야기가 사실처럼 퍼지고 있습니다. 맛이 깊어지는 게 인도의 혼합 향신료인 가람 마살라와 같은 효과가 있는 모양입니다. 그도 그럴 것이 원재료에는 '시나몬, 펜넬, 클로브' 등이 들어가거든요.

원재료 : 향신료[계피(시나몬), 회향(펜넬), 육두구(넛맥), 정향(클로브), 진피], 겐티아나, 소태나무 분말, 탄산수소나트륨, 침강탄산칼슘, 탄산마그네슘, 합성 규산알루미늄, 비오디아스타아제(Biodiastase)

CHAPTER 0 [INTRODUCTION] 향신료의 세계로 출발

향신료, 겁내지 말아요!

뭘 그리 겁을 내세요?
향신료로의 모험에 좀처럼 발을 내딛지 못하겠다는 사람이 있다면 나는 말해주고 싶습니다. 향신료의 낙원 깊숙한 곳에 있는 멋진 궁전의 창가에 서서, 문 앞에 멈춰 서 있는 사람들에게 말이죠. 그럴 때 나는 아마도 예전의 나에게 같은 얘기를 들려주는 기분이 들겠지요.
어렸을 때 남들보다 더 보수적이었던 나는 결코 직접 보기 전에 뛰어드는 스타일이 아니었습니다. 뭘 하든 앞서가는 사람들을 따르며 주변 사람들의 모습을 살폈지요.
"자, 드디어 내가 나설 때다."라고 마음먹기까지 꽤나 시간이 걸렸습니다. 그런 내가 향신료를 자유자재로 다루고 있습니다. 여러분은 스스로 나서서 행동하는 타입인가요? 그 반대인가요?
예를 들어 햄버거 가게에서 주문한 햄버거가 나오면 소스류가 비치된 테이블로 가서 머스터드를 조금 더 뿌리거나 일회용 마요네즈나 케첩을 집어오거나 하죠. 호텔 조식 뷔페에서는 뭘 먹을까 이리저리 둘러보는 것도 신이 나고요. 샐러드 바에서는 여러 가지 채소를 그릇에 담고 형형색색의 드레싱 중 하나를 골라 뿌립니다. 카레 가게나 라면 가게에서 토핑을 추가하는 경우도 있는가 하면 커피숍에서 설탕이나 밀크를 넣는 김에 살짝 시나몬 파우더를 뿌려 보기도 할 테고요.

그렇습니다. 여러분은 이미 스스로 결정하거나 직접 고르는 것을 시작했습니다. 다른 음식이나 음료를 통해 이미 해왔던 행동이므로 얼마든지 가능합니다. 그 연장선에 향신료가 있는 것 뿐이지요. 어쩌면 미처 깨닫지 못한 사이에 향신료를 선택해서 사용하고 있을 가능성도 있습니다. 그저 향신료는 다른 요리나 조미료와 비교하면 약간 덜 친숙할 뿐입니다.
그래서 실패할까 겁이 나는 것이겠죠. 하지만 겁낼 필요는 없습니다.

일단 해보자
손목에 향수를 뿌리거나 욕조에 입욕제를 풀어 넣을 때 별 이유 없이 그날의 기분에

따라 향을 정하지 않나요? 외출을 준비하면서 원피스에 맞출 신발이나 청바지에 맞춰 걸쳐 입을 재킷을 고를 때 특별한 매뉴얼이라도 있나요? 뭘 어떻게 맞추면 좋을지 몰라 항상 불안한가요? 드라이브할 때 틀어 놓는 음악은 아무 생각 없이 본인이 좋아하는 노래를 틀고 있겠지요.

이런 감각으로 향신료를 골라서 눈앞의 음식에 톡톡 뿌려 보세요. 그 정도의 일일 뿐입니다. 향신료의 향에는 정답도 오답도 없습니다. 자신의 취향만 있을 뿐. 그러므로 사용방법에도 어려운 규칙은 없습니다. 나 역시 여러 가지를 시도해 왔습니다. 회를 먹을 때 머스터드를 찍어 먹거나 초콜릿에 카레 가루를 뿌려 보는 식으로요. 또 소주잔에 시나몬 스틱을 집어넣고 휘저어 본 적도 있는데, 모두 그리 나쁘지는 않더군요.

그냥 떠오르는 대로 해보는 겁니다. 좋고 싫고는 본인 자신이 결정하면 되니까요.

부담없이, 하지만 살짝 모자란 듯

발명가 토머스 에디슨은 "1%의 영감이 99%의 노력을 능가한다."라고 했습니다. 물론 겨우 향신료를 사용하려고 99%나 되는 노력을 할 필요는 없습니다. 대신에 필요한 것은 무엇일까요? 1%의 호기심, 상상력, 창의력. 1%의 용기도 좋을 것 같네요.

이 책은 그런 1%의 무언가를 위해 등을 떠밀 수 있는 요소를 담고 있습니다만, 하나만 먼저 요령을 알려 드리겠습니다. 간단합니다. 처음에는 살짝 모자란 듯 사용할 것. 그리고 조금씩 양을 늘리는 식으로 사용하다 보면 실패할 걱정에서 벗어날 수 있습니다. 향신료의 향은 적당한 것이 제일이니까요. 유럽의 시골을 여행하다 보면 어디선가 교회 종소리가 희미하게 들려오는데 바로 그런 느낌입니다.

큰 뭔가를 할 필요는 없습니다. 피사의 사탑을 똑바르게 복구해달라는 얘기가 아니잖아요. 아무쪼록 자유로운 발상과 해방감을 가져 보세요. 향신료를 사용하는 것은 분명 그림물감을 섞어서 그림을 그리는 것보다 훨씬 간단합니다.

CHAPTER 0　　[INTRODUCTION]　　향신료의 세계로 출발

향신료의
문을 여는
당신에게

- 자, 그럼 슬슬 향신료 수업을 시작해 볼까?
- 좋아, 기다렸어. 잘 부탁드려요.
- 교과서는 들고 왔지?
- 물론~! 그런데 이 책 꽤 묵직한 것 같아.
- 200페이지 정도 되니까 뭐.
- 이렇게나 많은 내용을 내 머리에 담을 수 있을까?
- 친절하게 쓰여 있으니까 괜찮을 거야.
- 교과서가 친절하다고 해서 네 수업이 친절한 건 아니잖아?
- 예리하군. 왠지 나의 인간성을 들킨 것 같네.
- 역시….
- 너도 뭐 교과서 내용을 그대로 이해하면서 읽는 타입으로는 안 보이는데?
- 어떻게 알았대?
- 얼굴에 다 쓰여 있는데 뭘. 그러니까 먼저 너의 향신료에 관한 표준 점수를 측정해 보자.
- 뭐야, 표준 점수라니? 입시 공부 같잖아.
- 음, 진단을 하는 거지. 향신료의 어떤 점에 흥미가 있는지. 그러고 나서 시작하는 게 제일 좋아. 이 교과서는 좋아하는 부분에서부터 시작할 수 있게 구성되어 있거든.
- 그래, 그럼 먼저 진단을 받아 볼까?
- 몇 가지 간단한 질문을 할 테니 YES, NO로 대답해 봐.

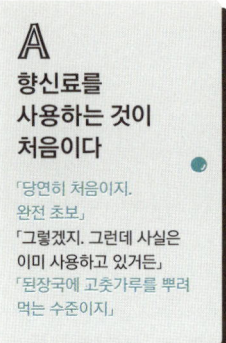

A 향신료를 사용하는 것이 처음이다

「당연히 처음이지. 완전 초보」
「그렇겠지. 그런데 사실은 이미 사용하고 있거든」
「된장국에 고춧가루를 뿌려 먹는 수준이지」

E 향신료에 관한 충분한 지식을 가지고 있다

「죄송합니다! 전혀 없어」
「그렇겠지. 지금부터 시작이니까」
「근데 잘 아는 사람에게도 더 배워야 할 게 있다는 말인가?」

I 향신료에 관한 잡학을 더 많이 알고 싶다

「잡학? 무슨 뜻인지 잘 모르겠는데」
「예를 들면 향신료를 사용한 술에 관한 얘기 같은 거」
「술은 좋아하지. 한잔 하면서 받고 싶은 수업이네」

7
GUIDE
P174
향신료 안내

CHAPTER 1
STUDY

[SPICE]　　[SPICE]

향신료를 배우다

향신료란 무엇인가?

처음으로 향신료에 대해 흥미가 생겼으니
이제 '향신료가 뭔지 확실히 알고 싶다'고 생각한다면
당신은 매우 솔직하고 성실한 사람입니다.
'STUDY 향신료를 배우다'라는 이번 장을 통해 향신료에 대해 빠삭하게 알고 나면
분명 항간에 유명한 향신료 박사가 될 수 있을 것입니다.
대부분은 향신료에 대해 구체적으로 생각해 본 일이 없을 텐데,
만약 누군가가 "향신료와 허브의 차이가 무엇이냐?"라고 묻는다면 대답하기 곤란하겠죠.
하지만 이제 더이상 곤란하지 않을 것입니다. '향신료의 분류'에 나오는 내용을 먼저
숙지하고 '향신료 재배실'에서는 식물의 어느 부위가 향신료가 되는지 살펴볼까 합니다.
물론 식물의 뿌리, 줄기, 잎, 열매, 씨앗 전부가 향신료가 되며, 나무껍질, 꽃봉오리,
암술도 향신료가 됩니다. 이 대목에서 "식물은 정말 대단하구나!"라고 생각한다면
그런 생각을 한 여러분도 대단합니다. 향신료가 어떻게 향신료가 되는지 신기하고 궁금할 텐데,
'향신료의 형태와 가공'의 실태를 알고 '향신료의 역할'에 대해 정리를 한 후
'향신료의 테크닉'에 대해서도 알아보기로 하죠.
그리고 마지막으로 세계 곳곳의, 우리와 친숙한 블렌드 향신료 일람을 소개하겠습니다.
지식으로 가득 찬 이번 장을 읽고 나면 당장이라도 향신료에 대해 누군가에게 알려주고 싶어
입이 근질거리지 않을까요?

CONTENTS

- **P.024** 카레가 되는 나무는 없습니다!
- **P.026** 향신료의 분류
- **P.028** 향신료 재배실로 어서 오세요
- **P.030** 향신료의 형태
- **P.032** 카레 가루의 제조공정
- **P.034** 향신료의 역할
- **P.036** 향신료의 기타 작용
- **P.038** 향신료의 향에 대해 생각하다
- **P.040** 향신료의 향은 기름에 의해 추출된다
- **P.042** 향을 끌어내다
- **P.044** 조리의 타이밍
- **P.046** 블렌딩에 대하여
- **P.048** 세계의 블렌드 향신료 일람

CHAPTER 1　　[STUDY]　　향신료를 배우다

카레가 되는 나무는 없습니다!

● 향신료가 뭔지는 알아?
● 당연하지.
　써 본 적은 없지만.
● 무슨 색깔에 어떤 모양일까?
● 으음, 뭐랄까… 갈색의 가루 같은 거 아냐?
● 뭐 그렇기는 하지.
　그런데 왜 갈색이라고 생각해?

● 딱히 생각해 본 적은 없어.
　쓴맛이 날 것 같은 느낌은 들지만.
● 그럼 가루로 되어 있는 이유는?
● 글쎄, 누군가가 가루로 만들었겠지.
● 누가? 왜? 가루가 되기 전에는
　어떤 형상이었을까?
● 몰라. 적당히 좀 하지~!

향신료에 관해 아무런 관심도 없는 여자에게 이런 식으로 질문을 해댄다면 아무리 잘생기고 다정하고 재미있는 남자라도 분명 비호감으로 찍히겠죠. '향신료란 무엇인가?'에 대해 우리는 매우 애매한 인상을 가지고 있습니다. 향신료에 대한 정의도 없죠. 세계 어딘가에 향신료 협회 같은 곳이 있어서 "향신료란 ㅇㅇ이다."라고 명쾌하게 설명해 준다면 좋겠습니다.
모처럼의 기회니 사전에서 찾아볼까요? (우측 표 참조) 자, 어때요? 굉장히 애매하죠. 나라면 이렇게 정의하겠습니다.
"주로 열대에서 아열대, 온대 지역을 원산지로 하는 식물의 어느 한 부위를 채취한 것, 또는 그것을 가공한 것으로 향과 매운맛, 색깔 등을 추출할 수 있는 것."
몹시 번거로운 설명이네요. 차라리 '갈색 가루'라고 하는 편이 이해하기 쉬울지도 모르겠습니다. 한 친구로부터 향신료에 대한 질문을 받은 적이 있는데, 지금부터 보여 드리는 내용은 실제로 있었던 대화입니다.

브리태니커 국제 대백과사전	[향신료] 스파이스 spice라고도 한다. 식품 조미료로서 좋은 냄새와 강한 매운맛을 가진 향신료 식물의 씨앗, 열매, 꽃봉오리, 잎, 나무껍질, 뿌리와 줄기 등을 말린 것. 후추, 고추, 생강, 시나몬(계피), 카더멈, 흑겨자, 백겨자, 고추냉이를 비롯해 종류는 매우 많다. (중략)
디지털 대사전	[스파이스] 1 향신료. 향미료. 양념. "스파이스를 가미한 요리" 2 (비유적으로) 과도한 자극을 초래하는 요소. "스파이스 효과가 있는 디자인"
백과사전 마이페디아	[향신료] 스파이스라고도 한다. 요리, 음료, 가공식품 등에 방향, 풍미 등을 부가하기 위해 이용. 특수한 식물의 씨앗, 줄기, 나무껍질, 잎, 뿌리 등 대부분은 말린 제품을 말하며, 원물 그대로 또는 분말로 만들어서 사용한다.
영양, 생화학 사전	[스파이스] 향신료라고도 한다. 식품이나 요리에 향이나 색깔을 더하는 재료.
일본 대백과전서 (Nipponica)	[스파이스] 일본에서는 향신료라고 번역되며, 식물성 향미료 또는 조미료, 양념 등을 포함한 의미로 사용된다. 《웹스터 사전》에 따르면 "페퍼(후추), 시나몬(계피), 넛맥(육두구), 메이스, 올스파이스, 진저(생강), 클로브 등, 각종 방향성 식물에서 얻어지는 것으로 조리할 때 음식물에 맛을 첨가하거나 소스, 피클 등에 향미를 첨가하는 데 이용된다. 이른바 식물성 조미료 또는 양념으로 보통은 가루로 되어 있다. 또한, 이들을 한데 섞은 조미료를 말한다."라고 정의되어 있다. 일반적으로 스파이스는 음식의 맛을 조절하고 소량으로 식품 소재의 품질을 높여 변화를 주는 것으로 풍미나 매운맛, 자극적인 향이나 상쾌한 향미를 음식에 부여하는 양념이다. 맛과 향의 다양성, 다면성이 스파이스가 지닌 특색이다.

● 몇 가지 향신료를 섞으면
　카레가 되는 건가?
● 그렇지. 더 정확히 말하면
　카레를 만들려면 다른 재료도 필요해.
　다만, 몇 가지 향신료를 섞으면
　카레 냄새는 나.
● 오! 신기하네. 그럼 말이야,
　카레 가루라는 향신료는 왜 있는 거야?

● 그야 카레를 만들기 위해서지.
　향신료를 섞은 것이 카레 가루니까.
● 뭐라고? 무슨 소리야? 카레 가루라는
　이름의 향신료가 있는 거 아니었어?
● 있지. 그런데 그건 예를 들어서
　터메릭(강황), 커민, 코리앤더 같은 각각의
　향신료를 섞은 혼합 향신료야.

● 혼합?
● 음… 뭐라고 설명하면 좋을까.
　이렇게 말하면 기분 나쁠지 모르겠지만,
　카레 가루가 되는 나무라는 건
　존재하지 않는다고.
● 뭐? 어, 없어?
● ….

마치 함정에라도 빠진 듯 눈을 동그랗게 뜨고 놀라워 하는 그의 얼굴을 보고 나야말로 할 말을 잃었다. 카레 가루라고 하는 향신료가 어느 남쪽 섬나라에서 자라는 나무에서 얻어진다고 생각하는 사람이 아직까지 이 세상에 존재하다니…. 그런데 그는 나름 매우 진지했지요. 의외로 그런 인식을 가진 사람이 많을지도 모릅니다. 카레가 되는 나무는 없습니다. 나는 그렇게 쓴 간판을 만들어 몸에 걸고 샌드위치맨이 되어 도쿄 구석구석을 누벼야 하나 싶은 생각이 들더군요.

그런데 생각해보니 당연한 일일지도 모르겠습니다. 어딘가에서 자라는 식물의 어떤 부위, 즉 잎이나 나무껍질이나 씨앗을 채취하여 말린 다음 볶아서 가루로 만든 후 양파 등의 채소와 함께 기름에 볶다가 물을 첨가해서 끓이면 카레 소스가 완성된다는 것은 향신료로 카레를 만들어 본 적이 없는 사람 입장에서는 마술을 보는 기분이 들지도 모릅니다. 하물며 그것을 평소 우리가 맛있게 먹는 카레라이스에서 역산하여 상상하라니 오히려 당치 않은 소리겠지요.

향신료가 무엇이냐에 대한 이해에는 상당히 개인차가 있지만, 대체로 여러분의 머릿속은 안개가 자욱한 차밭과 같이 흐릿할 것입니다. 뭐가 향신료이고 뭐가 향신료가 아닌지. 어디서부터 어디까지가 향신료인지. 우선 시야를 밝게 하는 것에서부터 시작해야 할 것 같군요.

CHAPTER 1　　[STUDY]　　향신료를 배우다

향신료의 분류

● 양파는 향신료라고 생각해?
● 아니. 향신료가 아니라 채소잖아.
● 그렇군. 그럼 마늘은?
● 마늘도 채소.
● 으음, 그럼 말을 바꿔서 갈릭이라고 하면?
● 표현을 바꿔도 마찬가지야. 채소잖아.
● 갈릭 파우더는?
● 어? 으음, 그건 왠지 향신료 같네.
● 마늘은 채소인데 갈릭은 향신료라는 말이야?
● 머릿속이 혼란스럽잖아~! 답이 뭔데?

정답은 없습니다. 토마토는 과채라서 향신료가 아니지만, 양파는 해석하기에 따라서 달라질 듯합니다. '식물의 향이 나는 부위를 채취한 것'을 향신료라고 한다면 양파도 마늘도 향신료의 범주에 들어갈 테니까요.

그렇다면 허브와 향신료의 차이는 뭘까요? 허브와 향신료는 늘 세트처럼 붙어다니거나 비교되거나 하는데 어디서 선을 그으면 좋을까요?

허브의 이미지는 '유럽에서 나는 것으로 녹색을 띤 생잎. 부드럽게 치유해 줄 것 같은 세련된 아이템', 반면에 향신료의 이미지는 '에스닉한 것으로 갈색을 띤 마른 알갱이. 자극이 강하고 매우며 마니악(maniac)한 아이템'이라는 느낌일까요?

아로마 오일 등과 같이 폭넓은 용도로 사용하는 것이 허브, 요리에만 사용하는 것이 향신료. 그렇게 구별하는 사람도 있을지 모르겠습니다. 왠지 이미지에 따라 호칭을 구별하는 것 같습니다. 허브는 향신료의 일부입니다. 특히 잎 부분을 사용하는 것을 허브라고 부르는 경우가 많지요. 이 역시도 정의가 애매합니다. 여하튼 향신료의 범위는 여러분이 예상하는 것보다 훨씬 넓다고 생각하는 게 좋습니다.

향신료의 분류
CLASSIFICATION OF SPICES

1 [SPICE]

조미료란?
예) 마늘, 생강, 깨, 고추냉이

음식에 각자의 기호에 맞는 맛을 첨가하여 더욱 맛있게 만들어주는 재료의 총칭. 요리를 만들 때 부재료로 이용하는 것과 요리를 먹는 중에 이용하는 것이 있다. 소금, 식초, 설탕은 기본적인 것이지만, 감칠맛을 내는 소재, 향신료 등 많은 것이 이에 속한다. (브리태니커 국제 대백과사전에서 발췌)

양념이란?
예) 미나리, 파드득나물, 생강, 차조기, 쪽파

조미료의 일종. 요리에 첨가함으로써 맛을 끌어내어 식욕을 증진시킨다. 일본 요리의 경우에는 외관의 아름다움을 강조하는, 즉 장식을 위한 경우도 많다. 서양 요리에서 사용되는 것으로는 주로 후추, 클로브, 레몬, 민트, 시나몬 등이 있다. (브리태니커 대백과사전에서 발췌)

2 [SPICE]

3 [SPICE]

향신료란?
예) 시나몬, 클로브, 커민, 코리앤더

스파이스 spice라고도 한다. 식품의 조미료로, 좋은 향과 강한 매운맛을 지닌 향신료 식물의 씨앗, 열매, 꽃봉오리, 나무껍질, 뿌리와 줄기 등을 건조시킨 것이다. 후추, 고추, 생강, 시나몬(계피), 카더멈, 흑겨자, 백겨자, 고추냉이를 비롯해 종류는 매우 많다. (브리태니커 대백과사전에서 발췌)

허브란?
예) 크레송, 파슬리, 타임, 오레가노

향초, 향미초를 말한다. 라틴어로 풀을 의미하는 에르바 herba가 어원이며 역사가 길다. 기원전 2,000년경 고대 이집트에서는 미라의 방부제로 사용되었다고 하며, 고대 그리스의 히포크라테스 의학서에는 허브의 약효에 대한 기술이 있다. (브리태니커 대백과사전에서 발췌)

4 [SPICE]

5 [SPICE]

채소란?
예) 무, 파, 부추, 양파, 피망

식용으로 쓸 목적으로 재배하는 식물. 단, 주식으로 사용되는 곡물은 제외. 쓰이는 부위에 따라 엽채 edible leaves, 근채 edible roots, 과채 fruits로 나뉜다. 엽채는 주로 잎 및 부드러운 줄기를 먹는 것으로 양배추, 배추, 시금치 등이 이에 속하고, 근채는 주로 뿌리, 혹은 땅속줄기도 이에 속하는데 무, 인삼, 연근 등이 있으며, 과채는 열매를 먹는 것으로 토마토, 오이, 완두콩 등이 있다. (브리태니커 대백과사전에서 발췌)

CHAPTER 1   [STUDY]   향신료를 배우다

향신료 재배실로 어서 오세요

[향신료의 부위]

01 잎
로리에(월계수)
시나몬
오레가노
코리앤더(고수)
스피어민트
세이지
딜
바질
페퍼민트
로즈메리
카피르라임
카레
타임
타라곤
처빌
파슬리
펜넬
마조람
파드득나물
판단
세이보리
차이브
레몬밤

02 뿌리
리커리시
홀스래디시

03 땅속줄기(근채, 구근)
터메릭
진저
가랑갈
갈릭
고추냉이(와사비)

04 씨앗
커민
코리앤더(고수)
펜넬
세서미
바닐라
페뉴그릭
포피
넛맥
아지웨인
아니스
캐러웨이
셀러리
니겔라

05 줄기
레몬그라스
샹차이

06 암술
사프란

07 나무껍질
시나몬
카시아

08 뿌리(싹)
치커리

09 수액
아위

10 구과
주니퍼베리

11 과피
진피

12 열매
스타아니스
넛맥
올스파이스
레드칠리
카더멈
파프리카
페퍼
수막
빅카더멈
핑크페퍼
그린칠리
타마린드

13 꽃
로즈페탈

14 봉오리
클로브
케이퍼

15 헛씨 껍질
메이스

런던의 큐 가든(Kew Gardens)이라는 왕립 식물원에 가 본 적이 있습니다. 도쿄 디즈니랜드의 두 배 이상이나 되는 부지에 약 3억 종류 이상의 식물이 자란다고 하더군요. 그 안에 우리가 향신료나 허브라고 부르는 식물의 거의 모든 종류가 있는 게 아닐까 하는 생각을 하면서 식물원 내부를 둘러봤던 기억이 있습니다.
세계의 온갖 향신료만을 모아서 키우는 식물원은 어디 없을까요? 열대나 아열대 지역에 만든다면 온실을 만들 필요도 없을 텐데 말입니다. 그런 식물원이라면 산책하는 동안에도 여기저기서 향신료 냄새가 풍기겠죠. 걷다가 "우와! 커민 향이다."하는 순간 바로 찾아오는 코리앤더 향에 크게 숨을 들이마시면서 "와! 여기서 카레 냄새가 나네!" 하는 상황이 펼쳐질 수도 있겠지요. 그야말로 향신료 낙원일 것 같네요.
향신료는 여러 식물의 여러 부위를 가공한 것입니다. 그 대표적인 것을 소개하겠습니다. 정말로 온갖 부위에서 향이 추출된다는 걸 실감하게 될 겁니다.

어쩌면 지금 당장은 향신료로 이용되지 않는 식물 중에서도 요리에 좋은 향을 더해주는 게 있을지도 모릅니다. 그런 새로운 종류의 식물을 발견한다면 자신의 이름을 붙인 향신료가 탄생할지도 모르는 일이죠. 두근두근 설레네요. 그런데 지식이 부족한 상태에서 멋대로 여러 가지 식물을 채취하고 섭취하다가는 건강을 해칠 수도 있고, 나라에 따라서는 법률로 엄격하게 단속하는 경우도 있으니 주의해야겠지요.

- 열매 안에 씨앗이 있어 두 가지 모두 향신료로 이용되는 것도 있습니다.
- 잎과 줄기의 구별이 어려우며, 두 가지 모두 이용하는 것도 있습니다.
- 땅속줄기라고 불리며 '뿌리'라고도 '줄기'라고도 할 수 있는 부위도 있습니다.

CHAPTER 1 　　[STUDY]　　향신료를 배우다

향신료의 형태

남인도의 테카디(Thekkady)라는 산골짜기 마을에 '스파이스 빌리지'라고 불리는 구역이 있습니다. 여러 가지 향신료가 자생하고 있어 가이드의 안내에 따라 견학할 수 있는데, 나는 거기서 처음으로 생 클로브를 봤습니다.

그전까지 내가 알던 클로브는 당연히 짙은 갈색이었는데 처음 본 생 클로브는 예쁜 라이트 그린이더라고요. 바람에 흔들리는 그 작은 봉오리를 따서 손가락으로 살짝 눌러 코에 가져다 대 봤더니 기대했던 클로브의 향이 코끝을 간지럽히지는 않더군요.

뭐지? 나는 그때 비로소 클로브는 말려야 색이 바뀌고 동시에 향이 강해진다는 사실을 알았습니다.

프레시 & 드라이

누가 처음 시작했는지는 모르겠지만, 향신료 세계의 최대 공적은 '생' 식물을 '말린' 것이라고 생각합니다. 일부러 말려야겠다고 생각한 것인지 그냥 뒀더니 우연히 건조된 것인지는 몰라도 아무튼 말리면 풍미가 더 강해지고 빨리 상하지 않는다는 것을 발견한 것이겠죠. 그때부터 쭉 온갖 향신료를 건조시키게 되었습니다.

단, 모든 향신료가 말린다고 해서 다 좋은 것은 아닙니다. 가공하지 않은 상태 그대로 사용할 때 향이 더 좋은 경우도 있지요. '드라이한 것은 향신료이고, 프레시한 것은 허브다.'라는 이미지를 갖고 있는 사람도 많은 것 같은데, 실제로는 다릅니다. 허브는 향신료의 일종으로 주로 잎을 사용하는 것을 가리키므로 허브에도 프레시와 드라이가 있습니다. 게다가 향신료는 통째 그대로, 즉 원형의 것이냐 가공한 것이냐에 따라서도 분류됩니다. 조금 복잡하죠? 옆 장의 그림을 참조해 주세요. 차례로 설명하겠습니다.

형태에 따른 네 가지 분류

향신료의 맨 처음 상태는 날것 그대로의 상태입니다. 인류가 처음 접한 상태라고 할 수 있죠. 어딘가에서 자생하는 식물을 따서 사용했을 텐데, 갓 딴 신선한 홀 스파이스(A)가 향신료의 시작입니다.

향신료의 세계에서는 원형 그대로의 것을 홀이라고 부릅니다.

신선한 홀 스파이스를 말려 보니 향이 더 강해졌습니다. 이것이 드라이 홀 스파이스(B)입니다.

그런데 통째로는 먹기가 부담스러워 잘게 빻아서 사용하게 되었겠죠. 드라이 홀 스파이스를 빻은 것이 드라이 파우더 스파이스(C)입니다.

그랬더니 한층 더 향이 강해졌고 게다가 분말 상태이다 보니 요리 전체에 고루 배어서 사용하기가 편해집니다. 그렇다면 프레시 홀 스파이스도 잘게 으깨 보자는 생각이 들었겠죠. 당시 사람들은 그런 식으로 시도해 봤던 게 아닐까요. 건조한 상태가 아니면 가는 것이 어려우므로 짓이기듯 으깨어 봅니다. 이것이 프레시 페이스트 스파이스(D)입니다.

향신료라고 불리는 것은 가공 상태에 따라서 이처럼 크게 네 가지로 나뉜다는 점을 기억해 두세요.

조합은 자유롭게

일품요리에 여러 가지 상태의 향신료를 사용하는 경우가 많습니다. 그 경우 가열 방법의 차이 등에 따라 첨가하는 타이밍이 달라집니다. 또 인도나 동남아시아에서 흔히 이용하는 방법인데 프레시와 드라이 양쪽의 홀 스파이스를 함께 돌절구나 돌판을 사용해 페이스트로 만드는 경우도 있습니다. 도중에 드라이 파우더 스파이스를 첨가하기도 하지요. A~D의 향신료들은 요리에 따라 여러 가지 상태로 형태를 바꿔가며 적정한 타이밍에 사용됩니다.

또한, A~D에 속하지 않는 예외적인 가공도 있습니다. 예를 들면 시나몬은 반건조 상태의 나무 외측 껍질을 벗겨 둥그렇게 맙니다.

아사페티다(Asafoetida)는 나무에서 수액을 채취하여 말려서 굳힌 후 갈아서 가루로 만듭니다. 바닐라는 채취한 씨앗의 발효와 건조를 반복하는 큐어링(Curing)이라는 방법으로 향을 추출합니다.

향신료 형태의 변화

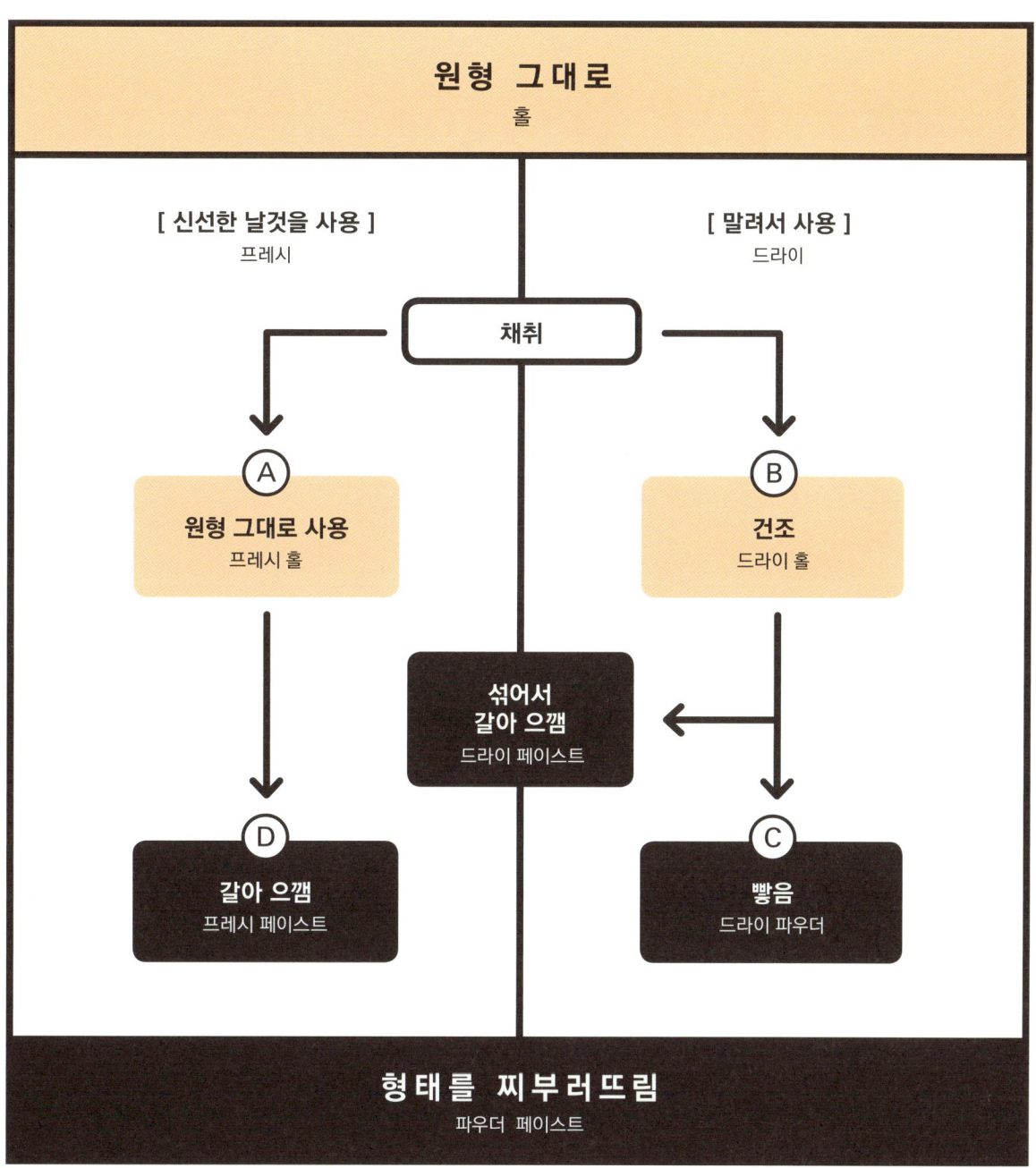

CHAPTER 1　　[STUDY]　　향신료를 배우다

카레 가루의 제조공정

HOW TO MAKE CURRY POWDER

이렇게 보니 하루아침에 카레 가루가 만들어지는 것이 아님을 알겠지요? '카레가 되는 나무가 어딘가에 없을까' 하고 찾고 싶은 마음이 들 수도 있겠네요. 단, 이 과정은 매우 정성스럽게 만드는 경우입니다. 간단히 만들자면 분말 향신료를 개별로 구매해서 섞어주기만 하면 끝입니다. 그럼 이제 카레 가루 SHOP을 여는 것도 어렵지 않겠지요?

01 재료 구입

먼저 향신료를 조달하는 것부터 시작해야겠지요. 마트에 가서 사는 것은 안 됩니다. 품질이 좋은 것을 구해야 하니까요. 그렇다면 향신료는 도대체 어디서 생산될까요? 산지는 다양합니다. 인도나 인도네시아를 중심으로 한 동남아시아, 아프리카 대륙이나 중남미 등등. 마다가스카르 등에도 양질의 향신료가 있습니다. 향신료별로 여기저기 흩어져 있지요. 그렇다면 산지를 돌아다니면서 하나하나 구입해 볼까요?

02 선별

구입한 향신료는 모두 '드라이 홀 스파이스'입니다. 향신료가 들어 있는 7개의 자루가 마침내 도착했습니다. 자루를 열자 좋은 향이 풍깁니다. 자루 안을 살펴보니 크기도 모양도 제각각이네요. 의외로 향신료는 균일하지가 않습니다. 카더멈 하나만 보더라도 영근 것이 있는가 하면 모양이 찌부러진 것, 상큼한 녹황색의 것, 군데군데 누렇게 변색된 것도 있기 마련이죠. 가능한 한 모양이 반듯한 것을 고릅니다.

10 보관

완성된 카레 가루는 밀폐용기에 넣어서 보관합니다. 냉암소에 보관하면 2년 정도 보존할 수 있습니다. 사실 그 이상의 보관도 가능하지만 시간이 지나면 향이 약해지므로 상품으로서의 유통기한은 대체로 2년 정도로 설정하는 것이 일반적입니다.

09 숙성

로스팅한 카레 가루를 잠시 그대로 두는데 이 과정을 '숙성'이라고 합니다. 그러면 거친 향이 안정되면서 부드러워지거든요. 전체적으로 잘 융화되는 것이지요. 이러한 숙성은 일본 특유의 과정이라고 할 수도 있습니다. 카레의 원조라고 할 수 있는 인도에서는 향신료를 숙성시킨다는 생각은 딱히 없으며 중시되지도 않거든요.

08 2차 로스팅

다시 로스팅을 합니다. "아까 홀 스파이스 상태에서 로스팅을 했는데, 왜 또?" 싶겠죠. 블렌딩이 끝난 시점에서 한 번 더 로스팅을 하면 향신료에 남아 있는 수분이 날아가 각각의 향이 서로 잘 융합됩니다. 천천히 오래 가열하면 카레 가루다운 냄새가 더욱 강해지거든요. 단, 불 조절에 주의하세요.

03 로스팅

선별한 향신료는 이미 그 상태로도 좋은 향기를 풍기지만 더욱 향을 강하게 하고 싶은 욕심이 생깁니다. 그런데 쉽지가 않죠. 드라이 홀 스파이스의 향을 한층 더 좋게 하려면 로스팅 공정이 필요합니다. 즉 가열을 통해 향을 끌어내는 것입니다. 커피 원두와 같다고 생각하면 됩니다. 한 가지 다른 점이라면 커피 원두는 한 종류이지만, 카레 가루를 만들기 위한 향신료는 일곱 가지이고 가열 방법도 각기 다르다는 것입니다. 개별적으로 로스팅하는 것이 중요하지요.

04 제분

그럼 이제 홀 스파이스를 분말 상태로 빻아서 파우더 스파이스로 만들어 볼까요? 향신료를 빻는 기계는 많지만 '절구와 절굿공이'를 사용하는 스탬프 밀(stamp mill) 방식이 좋다고 합니다. '칼날과 칼날'을 서로 문질러대는 일반적인 밀의 경우 마찰열이 발생해서 향신료의 향이 날아가 버릴 우려가 있기 때문이지요. 향신료는 온도가 너무 높으면 향이 달아나 버립니다. 스탬프 밀 방식은 온도를 높이지 않고 분말 상태로 만들 수 있습니다.

카레를 직접 만들어 본 적이 있는 사람은 많겠지만 카레 가루를 직접 만들어 본 적이 있는 사람은 별로 없으리라 생각합니다. 카레가 되는 나무가 없다는 것은 이제 아셨을 테고, 카레 가루가 어떻게 만들어지는지 자세히 모르는 사람이 많을 것 같은데, 예를 들면 색깔도, 모양도, 크기도 다른 일곱 가지 향신료를 블렌딩 하여 카레 가루를 만든다고 가정해 보겠습니다. 터메릭, 레드칠리, 커민, 코리앤더, 카더멈, 클로브, 시나몬. 당신은 배합 비율이 적힌 종이를 건네받았습니다. 자, 이제 카레 가루를 만들어 볼까요. 10가지 단계를 순서대로 살펴보기로 하겠습니다.

05 체 치기

체로 가루를 치거나 액체를 거르거나 받는 일을 가리켜 '체질' 또는 '사별(篩別)'이라고 합니다. 그런데 체 치는 이유는 뭘까요? 빻은 가루를 자세히 보면 크기가 각양각색입니다. 블렌딩 할 때는 가능한 한 균일하게 일곱 가지 향신료를 섞는 게 좋겠죠. 그래서 체에 쳐서 입자 크기를 일정하게 하는 것이 좋습니다.

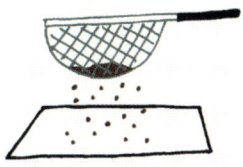

07 혼합

그럼 이제 드디어 일곱 가지 향신료를 블렌딩 할 차례가 되었군요. 카레 가루를 만들면서 가장 흥분되는 순간이라고 할 수 있습니다. 각양각색의 파우더 스파이스가 한데 섞여 갑니다. 모처럼 주어진 기회이니 하나씩 첨가해 보세요. 향기의 변화를 즐길 수 있습니다. 그러다 어느 순간에 익숙한 카레 가루 냄새가 확 풍기게 되니 그것 참 신기하지요.

06 계량

블렌딩을 하기 전에 정해진 비율에 따라 계량을 해야 합니다. 가정요리나 취미로 집에서 블렌딩 하는 거라면 '1작은술', '1큰술' 등과 같이 대략적으로 계량해도 상관없지만, 정확하게 하려면 역시 '그램' 단위로 계량하는 것이 좋습니다. 실제로 향신료를 계량하다 보면 알게 되는 사실이 있는데, 그것은 무게와 용적이 향신료에 따라 조금씩 다르다는 점입니다. 이유는 입자의 모양이나 수분 함량이 다르기 때문일 것입니다.

CHAPTER 1   [STUDY]   향신료를 배우다

향신료의 역할

향신료에는 세 가지 주요 작용이 있습니다.

1 EFFECT
향
을 더한다

2 EFFECT
색깔
을 입힌다

3 EFFECT
매운맛
을 낸다

향신료의 매우 중요한 역할입니다. 대부분의 향신료에는 풍부한 향이 있습니다. 내가 향신료의 세계에 푹 빠지게 된 이유는 바로 이 향에 취해서인데, 아마 여러분도 곧 그렇게 될 것입니다. 향이 맛을 돋우어주는 효과는 이미 많이들 경험해 보셨겠지요. 시나몬으로 단맛을, 카더멈으로 시원한 맛을, 민트로 신맛을 돋우어주는 요리는 세계 곳곳에 넘쳐나니까요. 함박스테이크를 만들 때 넛맥을 첨가하면 고기의 감칠맛에 깊이가 느껴지는 것도 같은 효과입니다.

파프리카가 착색료로 사용된다는 사실에서도 알 수 있듯이 향신료는 요리에 색을 입히는 작용을 합니다. 터메릭(강황)의 노란색이나 레드칠리의 빨간색 등은 향신료가 지닌 색소 성분에 의한 것이지요. 파에야(Paella)의 선명한 노란색은 사프란에 의한 것입니다. 빨간색 꽃의 암술이 따뜻한 물에 녹으면서 재료를 노란색으로 물들입니다. 신기하지요. 색소 성분 이외에 직접 그 향신료의 색깔이 요리에 영향을 주는 경우도 있습니다. 블랙페퍼나 클로브 등 색깔이 짙은 것은 특히 분말 형태로 사용하면 그 자체가 소스의 색을 더 짙게 해주기도 합니다.

매운맛을 내는 향신료는 그다지 많지 않습니다. 대표적으로 후추, 칠리, 겨자, 고추냉이, 생강 정도지요. 또한, 매운맛은 미각이 아닙니다. 신맛이나 단맛과는 질이 다른 것으로 통각이라고 불리지요. 볼을 꼬집었을 때 '아프다'고 느끼는 것과 칠리를 먹고 '맵다'고 느끼는 것은 같은 신호가 뇌에 보내지는 것입니다. 단, 향신료의 자극적인 향에 익숙하지 않은 사람은 매운맛 성분이 전혀 없는 향신료를 입에 넣어도 '맵다'고 반응하는 경우가 있는 것 같습니다.

가장 대표적인 세 가지 작용을 소개했는데 한 가지 더 덧붙이자면 어떤 향신료든 복수작용을 한다는 것입니다. 누군가가 "커민은 향을 더해주고 터메릭은 색깔을 내주고 레드칠리는 매운맛을 더해주는 향신료입니다."라고 설명한다면 지적해 주세요. "그렇지 않아요. 커민에도 갈색빛이 있고, 터메릭이나 칠리도 매우 좋은 향을 가지고 있답니다."라고요.

혹시 조깅을 하다가 문득 이런 의문이 떠오른 적은 없나요?
'왜 나는 이렇게 달리고 있을까? 도대체 뭘 위해서?'
의문이 없는 사람은 이미 달리는 기쁨을 손에 넣은 행복한 사람입니다.
나는 달릴 때마다 늘 그런 생각을 하는데 결국 해답을 찾지 못해 포기하자는 마음이 들곤 하지요. 목적이 없는 일을 계속하기가 어려운 성격인가 봅니다. 그런데 다음과 같은 의문을 가져본 적은 한 번도 없습니다.
왜 나는 향신료를 사용할까?
여러분은 어떤가요? 여기서 고민을 하게 되면 향신료에서 멀어지게 됩니다. 그것은 현명한 선택이 아니지요. 예를 들어 가까운 식생활을 통해 생각해 보겠습니다. 회를 먹을 땐 간장을 찍어 먹습니다. 그런데 그것만으로도 충분히 맛있을 텐데 왜 고추냉이를 살짝 곁들이는 것일까요? 고추냉이를 곁들이면 생선의 맛이 훨씬 더 좋아지기 때문입니다. 참치에는 고추냉이를 곁들이면서 가다랑어를 먹을 때는 생강으로 바꾸기도 합니다. 그 이유는? 느끼고 싶은 맛이 서로 다르기 때문에 각각 가장 적합한 '향신료'를 선택하는 것이지요.
'향신료의 향이 음식의 맛을 돋운다.' 이것이 가장 주요한 목적입니다. 다시 말해 그것이 향신료의 역할입니다.

[향신료의 역할 일람표]

형상	향신료 이름	향	색	매운맛	맛	특징
파우더 스파이스	터메릭	○	◎	×	-	베이스가 됨
	레드칠리	○	◎	◎	-	베이스가 됨
	코리앤더(고수)	◎	△	×	-	균형을 잡음
	커민	◎	△	×	-	독특하고 강한 향을 입힘
	파프리카	○	◎	×	-	향을 짙게 함
	블랙페퍼	○	○	○	-	깊은 맛을 더함
	가람 마살라	◎	△	△	-	풍미를 높임
	아사페티다	○	△	×	-	감칠맛을 냄

* '맛'은 향신료 자체의 맛이 아니라, 카레에 맛을 내는 작용을 의미합니다.

CHAPTER 1　　[STUDY]　　향신료를 배우다

향신료의 기타 작용

다소 의외일지 모르겠지만, 향신료에 '맛을 내는' 작용은 없습니다. 물론 정미성분(呈味成分)은 있습니다. 정미란 '짠맛, 신맛, 쓴맛, 단맛, 감칠맛' 등의 맛을 말합니다. 신선한 진저(생강)나 갈릭(마늘)과 같이 채소에 가까운 것은 풍미도 나름 강합니다. 입에 넣었을 때 전혀 맛이 나지 않는 것은 존재하지 않으니까요.

맛이 나지 않는 카레 가루

예를 들어 스리랑카에서 생산되는 좋은 품질의 실론 시나몬은 매우 달콤한 향을 가지고 있는데 입에 넣어서 살짝 씹어 보면 실제로 단맛이 납니다. 그것을 처음 체험했을 때는 충격적이었습니다. 누군가가 몰래 슬쩍 설탕이라도 바른 게 아닌가 싶을 정도였지요. 그런데 그 시나몬을 요리에 사용했을 때 요리가 달짝지근해지느냐 하면 그렇진 않습니다. 신기하지요.

정미성분의 분량 문제도 관계가 있겠지만, '맛이 나는' 것과 '맛을 내는' 것은 다른 개념입니다. 또 정미의 요소가 매우 약하다는 점이 향신료의 특징입니다. 아직까지 이해가 잘 안 된다는 분은 집에 있는 카레 가루의 캔을 따서 내용물을 손가락으로 집어 맛을 한 번 보세요. 어떤 맛이 나는지요? 카레 맛이 나나요? 아닐 겁니다. 느껴지는 맛이라고는 잡맛밖에 없을 겁니다. 입에 너무 많이 넣었다면 쓴맛을 느꼈을 수도 있겠네요. 하지만, 결코 "맛있다!"라고 생각하는 사람은 없습니다.

향이 맛을 돋운다

카레 가루는 여러 종류의 향신료를 섞은 것인데, 카레 가루만으로 맛이 난다면 소금이 포함되었을 가능성이 있습니다. 본래 맛을 내는 작용이 없는 카레 가루로 만든 카레가 맛있는 이유는 냄비 안에서 볶고 끓인 재료의 맛이 카레 가루의 향으로 돋우어지기 때문이지요.

향신료에 맛을 내는 작용은 없으며 있다고 해도 매우 적습니다. 대신에 그 향이 맛을 끌어내고 돋우는 작용을 합니다. 이는 매우 중요한 사실입니다. 향신료의 성분에는 향을 더해주고 색깔을 입히고 매운맛을 내는 것 말고도 몇 가지 작용이 더 있습니다.

향신료가 액막이?

혹시 프루츠 포맨더(fruits pomander)를 아시나요? 클로브가 잔뜩 꽂혀 있는 오렌지를 본 적이 있을 겁니다. 크리스마스 장식으로 유명한데, 장식뿐 아니라 방향제로도 서구 여러 나라에서 이용되고 있지요. 가을에 수확한 오렌지의 껍질 부분에 클로브를 꽂습니다. 전체가 클로브로 뒤덮이면 시나몬 파우더를 뿌려 큼지막한 종이봉투에 넣어서 2~3주간 그대로 둡니다. 건조하는 것이지요. 그 후에 리본을 감아 실내에 매달아놓고 사용합니다.

생 오렌지를 몇 주간 방치해 두는 데도 오렌지가 상하지 않습니다. 그 이유는 바로 클로브에 항균 효과가 있기 때문이죠. 이 포맨더는 중세 유럽 시대에는 액을 막는 부적으로 가지고 다니는 사람도 있었다고 합니다. 이처럼 향신료에는 여러 가지 역할이 있다는 사실을 알 수 있습니다.

Spice effects
- 향신료의 기타 작용 -

소취 작용

향신료의 향기 성분은 좋지 않은 냄새를 잡아줍니다. 앞에서 소개한 '향을 더한다'는 것은 제로에서 플러스로의 작용이고 '소취'는 마이너스에서 제로로의 작용이므로 성격이 약간 다릅니다. 예를 들어 양고기와 같이 풍미가 강한 고기에 향신료를 곁들일 때는 냄새를 제거하면서 향을 더해주는 효과를 노릴 수도 있습니다.

약효

향신료는 개별적으로 다양한 약효 성분을 가지고 있습니다. 복수의 약효가 확인된 향신료도 많고 또 조합을 통해 상승효과를 발휘하는 경우도 있지요. 향신료의 약효에 대해서는 다양한 의학적 견해가 있는데, 서양의학, 동양의학, 아유르베다(인도의 자연의학) 등에서 말하는 약효나 사용방법에는 다소 차이가 있습니다.

감염, 감당

향신료에는 짠맛이나 단맛을 끌어내는 효과가 있기 때문에 결과적으로 소금이나 설탕의 사용량을 줄일 수 있습니다. 단, 이는 역효과가 되기도 합니다. 소금이나 설탕으로 인해 향신료의 향이 더 세게 느껴지는 경우도 있지요. 인도 카레는 매우 짭짤하고, 차이(짜이)는 매우 단 것은 바로 이런 이유 때문입니다. 향신료를 사용할 때는 감염 및 감당을 의식해야겠습니다.

항균, 방부

향신료가 지닌 성분이 곰팡이나 세균 번식을 억제합니다. 그래서 향신료 중에는 방부제나 보존제의 역할을 하는 것도 있습니다. 냉장고가 없었던 인도나 중동에서는 향신료와 요거트로 고기를 재워 보존 기간을 늘리는 방법을 취했습니다. 그렇게 해서 구운 음식의 대표적인 사례가 탄두리 치킨입니다. 분말 상태의 향신료가 더 효과적입니다.

풍미 확산

향신료의 자극적인 향과 매운맛은 요리의 맛을 끌어내는 역할도 합니다. 이해하기 쉬운 예로 된장국이나 규동(소고기덮밥)에 시치미(고춧가루, 후춧가루, 검은깨, 산초, 겨자, 대마씨, 진피 등 일곱 가지 향신료를 섞어 만든 조미료)를 뿌리거나 장어에 산초를 뿌리는 것을 들 수 있습니다. 소재나 요리 자체가 지닌 맛을 더욱 확산시키는 것이죠. 자극적인 향신료는 이러한 역할을 합니다.

CHAPTER 1　　[STUDY]　　향신료를 배우다

향신료의 향에 대해 생각하다

어느 맑은 날, 기분 좋은 아침에…

호텔에 숙박한 다음날,
아침 식사로 오렌지주스를 마시면서
네가 엉뚱한 얘길 꺼낸 적이 있었지.

- 오렌지주스가 오렌지주스로 있을 수 있는 시간은 도대체 얼마나 될까?
- 무슨 소리야?
- 그러니까 내가 한 잔의 오렌지주스를 마시는데 그것이 200㎖라고 했을 때 그중 나는 몇 ㎖를 오렌지주스로서 마시고 있는지가 수수께끼 같다는 말이야.
- 난 지금 네 말이 더 수수께끼 같아.
- 잠깐 생각해 봐. 오렌지주스를 꿀꺽꿀꺽 마실 때 오렌지주스를 느껴?
- 느끼겠지.
- 아니, 아닐걸. 왜냐하면 꿀꺽꿀꺽 마시는 도중에는 숨을 멈춘 상태이고 맛도 모를 테니까. 우리가 오렌지주스를 느낄 수 있는 것은 꿀꺽꿀꺽 들이키는 순간을 멈춘 후야. 마지막 한 모금을 삼키고 코에서 숨이 빠져나오는 그 순간뿐이라고.
- 듣고 보니 그런 것 같기도 하고…, 근데 그게 뭐?
- 마지막으로 꿀꺽한 한 모금이 50㎖라고 하자. 그러면 나머지 150㎖ 즉 오렌지주스의 75%를 헛되게 한 게 아닌가 싶어서.
- 그럴지도 모르지. 그렇다고 해서 한 잔에 2,000원 하는 오렌지주스 값을 4분의 1만 내겠다고 할 수는 없잖아.
- 그야 그렇지….

어느 비 오는 날, 쌀쌀한 오후에…

볕이 잘 드는 창가 테이블에 앉아
커피를 맛있게 내려주겠다면서
네가 불쑥 대담한 고백을 한 적이 있었지.

- 난 솔직히 커피가 맛있는 건지 뭔지 모르겠다 싶을 때가 있더라.
- 뭐야, 갑자기. 커피 맛있게 내려주겠다더니?
- 응. 그랬지. 근데 커피의 맛은 어디에 있는 걸까?
- 향에 있지 않을까?
- 그렇지, 향이지. 그렇다면 맛은? 이렇게 물을 부을 때 원두에 보글보글 거품이 끓는 것을 보면 더없는 행복감을 느끼곤 하거든.
- 맞아. 그윽한 향이 실내에 가득 퍼지니까.
- 그런데 막상 커피를 한 모금 마시고 휴우 하고 숨을 내쉴 때 느껴지는 커피의 맛은 때때로 실망스러울 때가 있어.
- 향은 좋은데 맛은 그저 그렇다는 거야?
- 그럴 수 있는 걸까?
- 그럴 수도 있지. 잘 생각해 보면 우리가 마시는 것은 그저 좋은 향이 스며든 따뜻한 물일 테니.
- 그렇다면 커피를 내리면서 좋은 향만을 코로 들이마시고 우유를 마시는 편이 낫지 않아?
- 궁극의 카페라테~! 웬일로 오늘은 평소의 나 같은 소릴 하네.

요리에서 향은 매우 중요한 역할을 합니다. 어떤 향으로 인해 그 요리가 떠오르거나 맛이 더 좋아지기도 하지요. 내키지 않는 것을 먹을 때 코를 막는 경우가 있는데, 그것은 맛을 느끼지 않으려고 하는 행동입니다. 향이 없으면 맛이 안 느껴지니까요. 이처럼 향과 맛이 융합한 상태를 가리켜 풍미라고 합니다.

향신료의 가장 큰 역할은 향을 더해주는 것이므로 향신료를 사용한 요리가 맛있다는 것은 충분히 상상이 되죠. 사실 향에는 크게 두 종류가 있는데, 하나는 코를 통해 들어오는 향(전비강성 후각 orthonasal)이고, 또 하나는 코에서 빠져나가는 향(후비강성 후각 retronasal)입니다. 오렌지주스를 꿀꺽 삼킨 후에야 맛이 느껴지는 이유는 후비강성 후각 덕분이고, 커피를 끓일 때 행복한 이유는 바로 전비강성 후각 덕분일지도 모릅니다.

향신료에서 향이 나는 것은 에센셜 오일의 휘발이 원인으로, 그 근원이 되는 성분은 여러 갈래가 있습니다만, 공통적인 성분을 가진 향신료도 있습니다. 향의 방향성을 분류하면 향신료를 사용할 때 이미지가 더욱 잘 떠오를 수 있습니다.

Aromatic elements
- 향기 성분표 -

향기	특징	향신료
리날로올(linalool)	부드러운 플로럴 향	코리앤더(고수), 진저, 시나몬, 바질, 타임, 로즈메리, 에스트라곤
벤즈알데히드(benzaldehyde)	달콤하고 향긋한 향	아몬드, 시나몬 잎, 차조기
오이제놀(eugenol)	약(藥)과 같은 독특한 향	클로브, 바질, 시나몬 잎, 시나몬, 올스파이스, 베이 잎, 에스트라곤
바닐린(vanillin)	달콤하고 그윽한 향	클로브, 바닐라
시트랄(citral)	산뜻하면서 자극적인 향	라임, 레몬, 레몬그라스
아니스알데히드(anisaldehyde)	달콤하고 독특한 향	바닐라, 아니스, 스타아니스, 펜넬
티몰(thymol)	약간 풀냄새가 나는 산뜻한 향	타임, 오레가노, 아지웨인
1, 8-시네올(1, 8-cineole)	산뜻하면서 상쾌한 향	카더멈, 로즈메리, 세이지, 로리에(월계수 잎), 마조람, 바질, 시나몬
아네톨(anethole)	달달하면서 자극적인 독특한 향	펜넬, 아니스, 스타아니스

CHAPTER 1   [STUDY]   향신료를 배우다

향신료의 향은
기름에 의해 추출된다

사프란을 물이나 미지근한 물에 풀어 본 적이 있나요? 없다면 꼭 한번 해보세요. 경험이 있는 사람은 그 순간의 놀라움과 감동을 생생하게 떠올릴 수 있을 텐데, 붉은 암술에서 순식간에 노란색 즙이 흘러나오기 시작합니다. 소량의 물을 부었을 뿐인데 눈 깜짝할 사이에 투명했던 액체가 밝은 오렌지색으로 바뀌지요. 무심코 탄성을 지를 정도입니다. 에센셜 오일이 휘발하는 상태를 생생하게 볼 수 있는 드문 현상이지요.

향신료 자체가 가진 향과 매운맛, 색감은 향신료 안에 포함된 에센셜 오일(정유)의 휘발을 통해 생깁니다. 대부분은 가열에 의해 휘발이 촉진되지만, 물에 녹는 것(수용성)과 기름에 녹는 것(지용성)으로 나뉩니다. 예를 들어 사프란의 향 성분인 사프라날(Safranal)은 지용성이지만 색소 성분인 크로신(Crocin)은 수용성이고, 터메릭은 향 성분과 색소 성분 모두 지용성입니다. 그러므로 사프란 라이스나 터메릭 라이스를 만들 때는 기름을 약간 첨가하면 향이 더욱 풍부해지기 쉽지요. 이러한 점을 고려해 향신료의 향이 나기 쉬운 환경을 만들어 주어야 합니다. 이제 자신을 향신료 매니저라고 생각하세요. 그리고 향신료가 충분히 힘을 발휘할 수 있도록 하는 게 나의 역할이라고 생각하세요. 어렵지 않습니다. 왜냐하면 향신료가 지닌 가장 중요한 기능이라고 할 수 있는 향은 대부분 지용성이니까요. 기름과 향신료 사이를 중재만 하면 얼마든지 좋은 향을 만날 수 있습니다.

Spices and Oil
- 향신료와 오일 -

[에센셜 오일이 녹아 나오는 소재]

다음을 보면 주요한 향신료의 향은 물이 아니라 기름에 녹는다는 사실을 알 수 있습니다.   * ( ) 안은 향 성분

[지용성]

터메릭/향기(α-펠란드렌α-Phellandrene), 사프란/향기(사프라날Safranal), 레드칠리(2-아이소뷰틸-3-메톡시피라진2-Isobutyl-3-Methoxypyrazine), 캅사이신(Capsaicin), 커민(커민알데히드Cuminaldehyde), 블랙페퍼(리모넨Limonene, 피페린Piperine), 머스터드(파라-하이드록시벤질p-Hydroxybenzyl, 이소티오시안산알릴Allylisothiocyanate), 코리앤더(α-펠란드렌 α-Phe llandrene), 시나몬(신남알데히드Cinnamaldehyde)

[지용성 + 약간의 수용성]

스타아니스(아네톨Anethole), 양파(알릴프로필디설파이드Allylpropyldisulfide), 진저(리나놀Linalool, 게라니올Geraniol), 갈릭(디설파이드Disulfide, 트리설파이드Trisulfide), 바질(메틸카비콜Methyl Carvicol), 로즈메리(시오넬Cineole)

[기름 온도]

향 성분이 휘발되는 온도는 의외로 낮습니다. 적어도 100℃를 넘는 상태에서는 향이 추출되기 어렵거나 날아가 버립니다.

[저온 · 40℃ 전후]	[중온 · 50℃ 전후]	[고온 · 50℃ 이상]
카더멈, 시나몬, 캐러웨이, 진저, 스타아니스, 펜넬 씨	커민 씨, 코리앤더 씨, 올스파이스, 클로브, 페뉴그릭 씨, 넛맥, 타임	세이지, 셀러리 씨, 갈릭, 블랙페퍼, 레드칠리

[기름에 가열할 때의 기준]

참고로 카레를 만들 때 기름에 홀 스파이스(통 향신료)를 볶는 기준은 다음과 같습니다.

커민 씨	보글보글 거품이 나면서 살짝 탄 것 같은 갈색빛이 돌 때까지
머스터드 씨	탁탁 튀기 시작할 때까지. 탁탁 튀는 게 진정될 때까지 기다리지 않음
카더멈	알맹이가 하얗게 되면서 부풀 때까지
클로브	부풀 때까지
시나몬	짙은 갈색이 되어 탁 하는 소리가 나기 직전까지
레드칠리	강렬한 붉은색에서 살짝 짙은 갈색으로 바뀔 때까지
펜넬 씨	보글보글 거품이 나면서 살짝 갈색빛을 띨 때까지
코리앤더(고수) 씨	약간 짙은 갈색을 띨 때까지
페뉴그릭 씨	짙은 갈색이 될 때까지
시나몬(인도 베이) 잎	밝은 갈색을 띨 때까지

CHAPTER 1   [STUDY]   향신료를 배우다

향신료 테크닉
향을 끌어내다

어떤 향신료 하나를 집어 들었을 때 여러분의 코끝을 간지럽히는 것은 향신료의 '향'인가요? 아니면 '냄새'인가요? '방향'이나 '풍미'와 같은 표현도 있습니다. 물론 '악취'와 같이 나쁜 냄새를 가리키는 표현도 있지요. 마찬가지로 영어에도 플레이버(flavour), 프레이그런스(fragrance), 아로마(aroma)와 같이 여러 가지 표현이 있는데, 그만큼 향신료에서 추출되는 향이 광범위하다는 의미겠죠?

그렇다면 향신료에서는 왜 향이 날까요? 그 열쇠를 쥐고 있는 것은 바로 에센셜 오일입니다. '방향유' 또는 '정유'라고도 하는데, 이것이 어느 일정 조건에 따라 추출되면 향신료에서 향이 풍겨

[향을 강화하는 방법]

로스팅
ROASTING

로스팅은 어떤 방법으로든 열을 가해 온도를 높이는 걸 말합니다. 커피 원두를 볶는 것과 마찬가지로 불을 사용하는 방법이 가장 정통적입니다. 드라이 스파이스에 효과적인 방법이죠. 로스팅할 때는 타지 않도록 주의가 필요합니다.

프라이팬에 볶기
가능한 한 약한 불에서 천천히 시간을 들여 볶아야 실패하지 않습니다.

오븐에 굽기
온도 설정을 낮게 합니다. 때때로 열어서 내부 상태를 체크합니다.

더운(뜨거운) 곳에 두기
온도가 높은 장소나 직사광선이 닿는 장소에 두면 휘발되는 경우도 있습니다.

담그기
STEEP

다소 시간이 걸리는 방법이지만, 식초나 술에 담가 두면 향신료에 따라서는 어느 일정 정도까지 향이 계속 납니다. 향이 밴 액체를 사용합니다.

숙성
AGING

향을 끌어낸다기보다는 끌어낸 향을 진정시키고 순화시켜 어우러지게 하는 역할을 합니다. 기호성이 높은 향으로 변화시키는 데 효과적입니다.

밀폐 용기에 넣기
밀폐된 용기에 넣어 습기가 적은 냉암소에 두는 것이 이상적입니다.

나오기 시작하지요.
에센셜 오일 중에는 상온에서 아무것도 하지 않은 상태에서도 휘발되는 것이 있습니다. 또 향신료마다 함유량이 다르며, 그 향신료가 어느 성장 단계에 있는지 어떤 식으로 가공되는지에 따라서도 양이 달라집니다. 다만 기본적으로는 손에 넣은 상태에서 더욱 향을 강하게 하려면 형태를 바꿔줘야 합니다. 조금 거친 표현이 될 텐데 상처를 주거나 아프게 하면 향이 확산되는 것이죠. 왠지 향신료의 서글픈 일면을 보는 것 같네요.
그럼 이제 구체적으로 어떤 과정을 거치면 향이 강해질 수 있는지 정리해서 소개하겠습니다.

빻기
CRUSH

방법도 도구도 다양합니다. 인도, 동남아시아, 아프리카, 남미 등 향신료를 사용한 요리가 많은 지역에서는 그 지역의 특징이 묻어나는 개성적인 도구를 볼 수 있습니다. 본래의 형태를 의도적으로 부숴서 공기에 닿게 하여 향이 나는 면적을 넓히는 효과가 있습니다.

가열·조리하기
HEAT

볶거나 삶거나 찌거나 굽는, 이른바 일반적인 조리입니다.

분쇄하기
드라이 스파이스는 분쇄기나 블렌더 등으로 분쇄합니다.

갈기
마늘이나 생강을 잘게 다칠 때 흔히 쓰이는 방법입니다.

으깨기
칼날이나 돌절구 등을 사용해서 으깹니다.

찢기
프레시 스파이스는 손으로 잘게 찢을 수 있습니다.

가르기, 접기
드라이 스파이스는 반으로 가르거나 접기도 합니다.

두드리기
도마 등 평평한 곳에 놓고 단단한 것으로 두드립니다.

자르기
잘게 썰기, 얇게 썰기, 채치기 등 다양한 형태로 자릅니다.

CHAPTER 1　　[STUDY]　　향신료를 배우다

향신료 테크닉
조리의 타이밍

좋아하는 사람에게 고백할 때는 무슨 말로 자신의 감정을 전달할 것인가도 중요하지만, 무엇보다 중요한 것은 타이밍이 아닐까 싶습니다. 영화 대사와 같은 말을 준비해도 운이 나쁘면 진심이 전해지지 않을 것이고, "좋아합니다."라는 심플한 말이라도 타이밍이 절묘하면 "나도 좋아해요."라는 대답을 들을 수 있겠지요.

사실은 향신료를 사용할 때도 마찬가지입니다. 어느 요리, 어느 재료에 무슨 향신료를 얼마나 첨가할 것이냐가 중요합니다. 그와 더불어 중요한 것 중 하나가 바로 향신료를 언제 투입하느냐 하는 것입니다.

향신료의 향은 덧없는 것입니다. 시간이 지나면 지날수록 희미해지거든요. 그러므로 타이밍에 주의해야 합니다. 주로 두 가지를 고려해야 하는데, 먼저 'A. 발향력의 좋고 나쁨'과 'B. 어떤 성격의 향을 남기고 싶은가'입니다.

 **발향력**

 **향의 성격**

향신료의 향은 주로 열 침투 속도에 비례하여 추출됩니다. 익는 데 오래 걸리는 소재는 향이 나기까지 시간이 걸리고 빨리 익는 것은 순식간에 향이 나기 시작하죠. 요리의 기본은 익는 데 오래 걸리는 재료를 먼저 넣고 빨리 익는 재료는 나중에 넣는 것입니다.
향신료의 형태만을 가지고 말하자면 다음과 같습니다.

'홀 스파이스' → '파우더 스파이스' → '프레시 스파이스'

홀 스파이스(통 향신료)는 장시간 가열하면 계속해서 향을 내뿜습니다. 파우더 스파이스(분말 향신료)는 요리에 첨가한 순간부터 향을 풍기기 시작해 완성될 때까지 지속력이 있지요. 프레시 스파이스(생 향신료)는 완성된 요리에 토핑으로 올리는 경우도 있으므로 첨가한 순간에는 짙은 향을 느낄 수 있지만, 가열 시간이 길어지면 향이 사라지고 맙니다.

신기하게도 향신료를 첨가하는 타이밍과 완성된 요리를 먹고 느끼는 향의 성격에는 깊은 관계가 있습니다. 상상이 되나요? 사실은 처음에 첨가한 향이 마지막에 느껴지고 나중에 첨가한 향이 처음에 느껴지거든요.

예를 들자면 세 종류의 향신료로 수프를 만든다고 했을 때 처음에는 카더멈을 통째로 기름에 볶다가 토마토를 넣어 볶습니다. 토마토의 수분이 날아갈 즈음에 커민 가루를 섞어 주고 그다음에 물과 닭고기를 첨가해 푹 끓입니다. 그리고 수프가 완성되기 직전에 신선한 생 민트를 뿌려주었다고 해보죠.

이 수프를 먹고 맨 처음에 느껴지는 향은 민트입니다. 계속 먹다 보면 메인으로 느껴지는 향이 커민이고요. 조금 더 먹다 보면 갑자기 어디선가 카더멈의 향이 나기 시작합니다. 향신료를 요리에 첨가한 타이밍과 향이 나는 순서가 반대인 것이죠. 흥미롭지 않나요?

When to Spice
- 구체적인 타이밍 -

01 밑준비

조리를 시작하기 전에 식재료 자체에 향이 배도록 하는 것이 목적입니다. 방부나 방취의 목적도 있습니다. '마리네이드'라는 말이 일반적으로 쓰이고 있지요. 요거트와 향신료를 섞어 고기를 재우거나 고기에 직접 파우더 스파이스나 프레시 스파이스를 묻히는 방법도 있습니다. 와인 등 액상 재료와 함께 사용할 때는 홀 스파이스를 써도 향이 식재료에 침투합니다.

02 조리 시작 단계

조리의 시작과 동시에 향신료를 사용하는 방법입니다. '스타터 스파이스'라고 불리기도 합니다. 가열한 기름과 함께 홀 스파이스를 첨가해 향이 기름에 잘 배도록 하는 패턴이 많지요. 이 패턴의 전형적인 예로 스파게티 알리오 올리오(페페론치노)가 있습니다. 마늘, 고추와 같은 향신료의 향을 올리브유에 배어들게 하는 것입니다. 약불에서 오래 가열하면 향의 추출이 쉽습니다.

03 조리 중간 단계

조리 도중에 향신료를 첨가하는 방법입니다. 어느 타이밍에 첨가하느냐는 사용하는 향신료나 만들고자 하는 요리에 따라 달라지는데, 그 요리에서 가장 두드러지게 하고 싶은 향을 이 타이밍에 첨가해야 합니다. 파우더 스파이스를 첨가하면 단시간에 강한 향이 요리 전체에 스며들지만, 수프를 끓이는 중에 프레시 스파이스를 첨가하는 경우도 있습니다. 다만, 로즈메리나 로리에(월계수 잎) 등 쓴맛이 나기 쉬운 것은 도중에 건져냅니다.

04 조리 마무리 단계

완성하기 바로 전 단계에서 향신료를 톡 첨가합니다. 불을 끈 후 쓱 섞어주는 경우도 많은데 이 과정이 조금 멋있습니다. 여기서는 압도적으로 프레시 스파이스가 활약합니다. 푸릇푸릇한 잎을 손으로 쓱쓱 찢어 팍팍 첨가하면 '유능한 셰프'라는 느낌이 들지요. 물론 파우더를 첨가할 수도 있으며 홀을 사용하고 싶다면 다른 냄비에서 가열한 오일과 함께 향을 추출한 후 첨가할 수도 있습니다.

05 먹기 직전

조리 마무리 단계에 첨가하는 것과 목적은 비슷한데 그릇에 요리를 담아낸 후 향신료를 첨가합니다. 토핑이라고 불리는 경우도 많지요. 분쇄기를 사용해 성글게 간 후추를 치거나 색이 선명하고 모양이 번듯한 허브를 곁들이기도 합니다. 마치 그릇을 캔버스 삼아 그림을 그리는 예술가 같지요. 따뜻한 요리라면 모락모락 피어나는 김과 함께 향이 솔솔 풍겨 나옵니다. 튀김에 곁들이는 카레 소금과 같이 따로 담아내는 방법도 있습니다.

[팁] 맛의 감도와 순서

미각은 혀의 표면에 있는 미뢰에서 감지합니다. 물론 개인차가 있지만 대체로 순서는 '매운맛 → 신맛 → 쓴맛 → 단맛 → 짠맛'이라고 하는데, 이는 매운맛은 가장 민감하게 느끼는 데 반해 짠맛은 느끼기 어렵다는 얘기입니다. 또 이와는 별도로 느끼기 쉬운 맛의 차례도 있습니다. '단맛 → 신맛 → 쓴맛 → 짠맛 → 매운맛'이 아닐까 싶은데, 우리는 뭔가를 먹으면 맨 먼저 단맛을 느끼고 마지막에 가서야 매운맛을 느낍니다. 달다고 생각한 순간 서서히 매운맛이 찾아오는 경험을 해 본 사람도 많을 것입니다. 한편 이와 관련해 향을 느끼는 순서도 있다고 생각합니다. 완성된 요리가 나왔을 때 맨 처음에 느끼는 향. 그 요리를 입에 넣었을 때 느끼는 향. 그리고 음식을 목으로 넘긴 후 코에서 빠져나오는 향. 향신료로 재료의 맛을 돋우면서 요리할 때 이 모든 것을 고려해 레시피를 구성할 수 있다면 얼마나 좋을까 하고 생각할 때가 있습니다. 지금으로서는 어려운 일이지만요. 인공지능에라도 기대 볼까요?

CHAPTER 1　　[STUDY]　　향신료를 배우다

향신료 테크닉
블렌딩에 대하여

향신료는 한 가지만 사용하는 것보다 여러 종류를 블렌딩 해서 사용하는 게 요리에 훨씬 좋은 향을 더해줄 수 있습니다. 여기에 향신료를 사용하는 즐거움이 숨어 있지요. 향신료의 조합은 무궁무진하거든요. 영원히 즐길 수 있다는 얘기입니다. 다만 무턱대고 많은 종류를 섞는다고 좋은 것은 아닙니다. 그러니 30종류, 또는 40종류의 향신료를 블렌딩 하지는 마세요. 오히려 풍미가 무너지고 마니까요.

향신료의 블렌딩은 특별한 능력을 지닌 사람만이 할 수 있다고 생각하는 사람이 많은 것 같은데, "대대로 전해 내려온 비술" 또는 "직접 전수받은" 등의 표현이 따라다녀서 더더욱 그런 생각이 드는 모양입니다. "여기서부터는 비밀이라 보여 드릴 수 없습니다."와 같은 말을 들으면 숙련된 전문가가 아니면 못하는 심오한 세계가 있을 것만 같잖아요.

깊숙한 곳에 자리한 비밀의 방이나 환상적인 마술 무대처럼 연기가 자욱하게 피어오르는 장소에서 수염을 길게 늘어뜨린 장로가 정신을 가다듬고 향신료를 꺼내 정성껏 블렌딩 하는 이미지를 떠올리고는 "역시

Blending Spices
- 구체적인 타이밍 -

01 개성을 파악한다

먼저 어떤 악기를 고르면 좋을까요. 드럼, 베이스, 기타, 트럼펫, 색소폰, 피아노…. 악기에 따라 나오는 소리가 다르듯이 향신료 역시 향이 각각 다릅니다. 향신료를 블렌딩 하기 전에 각 향신료가 지닌 특징, 개성을 확실하게 파악해야 하는데, 중요한 것은 자신의 취향입니다. 그 향을 좋아하는지 싫어하는지 염두에 두면 블렌딩의 폭이 넓어집니다.

02 품질을 비교한다

그다음은 악기에도 등급이 있다는 사실을 인식해야 합니다. 아무리 연주를 잘하는 뮤지션이라도 악기가 고물이라 소리가 좋지 않으면 소용이 없습니다. 마찬가지로 향신료에도 품질의 차이가 분명히 있습니다. 이 사실을 대부분 별로 의식하지 않는 것 같은데, 같은 이름의 향신료를 몇 가지 비교해 보세요. 예를 들어 시나몬을 세 종류 사서 비교해 보면 향의 레벨이 각양각색임을 알 수 있을 겁니다.

03 역할을 정한다

연주할 곡을 정했다면 어떤 악기가 필요할지를 고릅니다. 드럼이 박자를 맞추고 베이스가 저음으로 토대를 잡고 기타가 주선율을 연주하는 도중에 트럼펫의 고음이 악센트로 들어오는 식으로 역할을 정하는 것이죠. 이처럼 향신료의 경우도 먼저 토대가 되는 향을 정하고 그것을 보강할 향을 조합합니다. 거기에 색채를 더하는 개성 있는 향을 집어넣습니다. 이것이 향신료의 역할 분담입니다.

04 앙상블을 구성한다

스튜디오를 빌려 실제로 다 함께 연주해 봅니다. 주의할 점은 멜로디, 즉 향의 조화입니다. 설계를 하고 역할을 정한 향이 조화와 균형을 이루는지 말이지요. 순조롭게 진행하는 요령은 비슷한 향을 합치는 것입니다. 상승효과를 노리는 것이지요. 그리고 약간의 이질감이 드는 향을 섞어 보면 메인 향이 두드러지게 됩니다.

05 조금만 사용한다

향신료의 사용량은 앞서 말했듯이 멀리서 울려 퍼지는 교회의 종소리 정도가 적당합니다. 어느 유명한 재즈 연주가가 "재즈는 문 너머에서 희미하게 새어 나오는 정도의 음량일 때가 좋다."는 말을 했는데 향신료도 마찬가지입니다. 향신료는 하드록이 아닙니다. 헤드폰의 스피커를 쿵쿵 울리듯이 향신료를 팍팍 첨가한다면 다른 재료의 맛을 망가뜨리게 되거든요.

향신료는 내가 할 수 있는 게 아니니 관두자."라는 생각을 하는 건 아닌지 모르겠네요. 그런 이미지는 갖지 않는 게 좋습니다. 물론 기적 같은 블렌딩이라는 것이 있을 수는 있습니다. 하지만 그것은 전문가라도 좀처럼 쉽지 않은 곡예와 같은 것이니 안심하세요. 부담없이 향신료를 블렌딩 해보는 겁니다. 거기서부터 조금씩 밸런스를 조절해 가다 보면 자신의 취향을 알 수 있게 될 테니까요. 그럼 이제 향신료를 직접 블렌딩 하고 싶어하는 분을 위해 훈련 방법을 알려 드리겠습니다.

자, 머릿속으로 상상해 보세요. 당신은 친구와 함께 밴드를 결성해 공연을 할 계획입니다. 이제 어떤 악기를 준비할지, 어떻게 역할 분담을 할지, 그리고 각자 어느 정도의 소리를 내면 될지를 정해야겠죠. 향신료를 블렌딩 하는 것은 밴드를 결성해서 음악을 연주하는 것과 비슷합니다. 향신료가 빚어내는 하모니를 즐기면 되는 것이죠.

CHAPTER 1 　　[STUDY] 　　향신료를 배우다

세계의 블렌드 향신료 일람

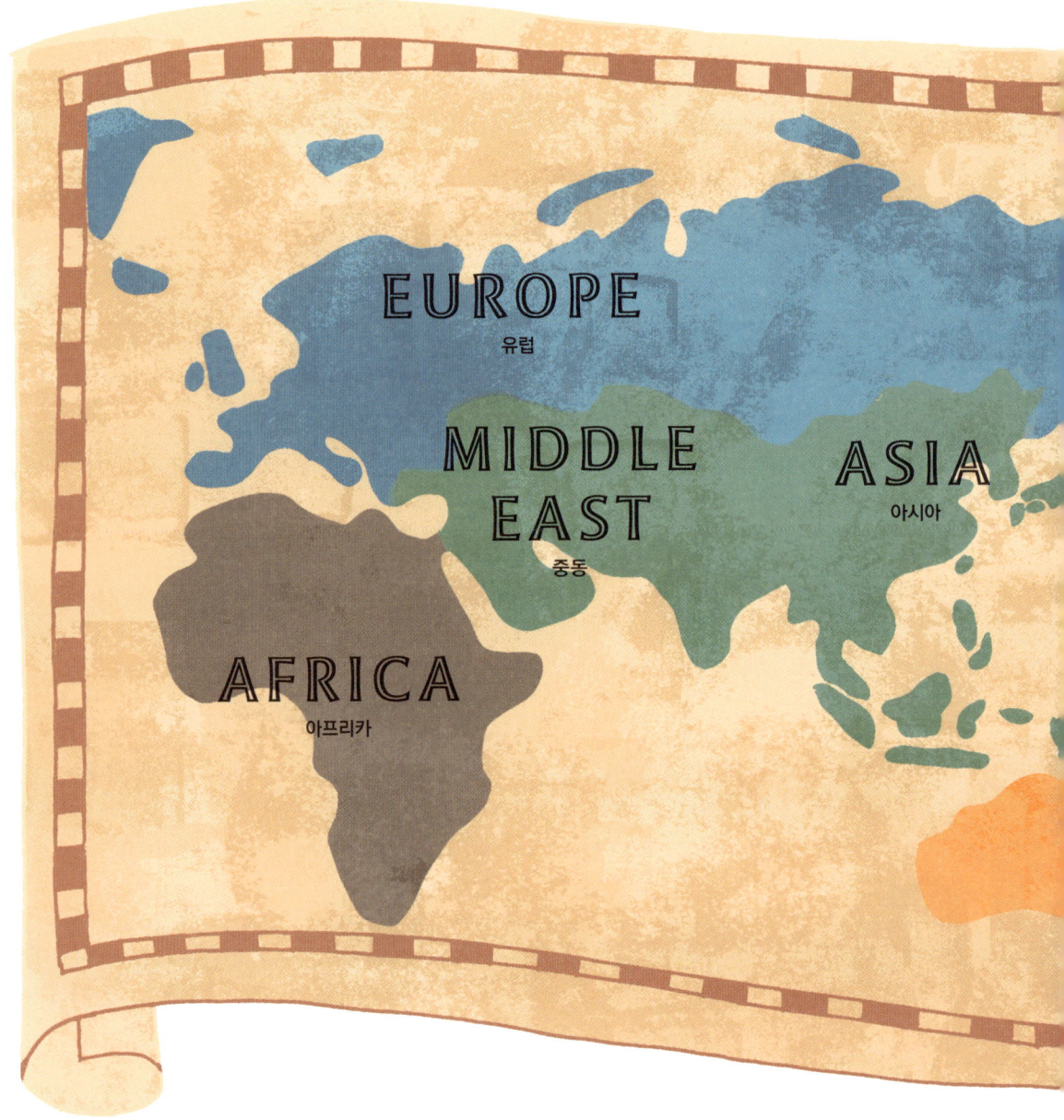

향신료는 블렌딩을 하면 향이 조화를 이루므로 단독으로 사용하는 것보다 여러 종류를 섞는 것이 좋습니다. 섞는 데 규칙은 없습니다. 취향에 따라 적절히 골라서 적절히 배합하면 됩니다. 그렇기는 하지만 "그 적절이라는 게 어려워요!"라는 마음도 충분히 이해합니다.

하지만 걱정 마세요. 정답은 여기에 있습니다. 세계의 믹스 스파이스(혼합 향신료)를 소개해 드릴게요. 세계 여러 나라에서 오랫동안 사랑받아 온 조합이므로 정답임에 틀림없습니다. 각 나라의 선인들이 많은 시도와 실패를 통해 얻어낸 결과를 우리는 물려받으면 됩니다.

흉내내는 것부터 시작해 보세요. 만담가가 고전을 통해 많은 것을 배우는 것처럼, 또 바둑기사가 최선의 수법을 기억하는 것처럼 말이죠. 여러 가지 믹스 스파이스에 도전하다 보면 자신의 취향을 알 수 있게 됩니다. 그러다가 '나만의 믹스 스파이스'라는 창작물이 탄생하면 더없는 행복감을 느끼게 되겠죠.

AMERICA
아메리카

CARIBBEAN
카리브

CHAPTER 1 　[STUDY] 　향신료를 배우다

europe
유럽

프랑스

- 부케 가르니(Bouquet garni)
  파슬리, 타임, 로리에, 리크(leek) 잎, 셀러리, 로즈메리, 마조람

- 핀 제르브(Fines herbes)
  처빌, 차이브, 파슬리, 타라곤

- 에르브 드 프로방스
  (Herbes de provence)
  타임, 마조람, 로즈메리, 세이보리, 라벤더, 펜넬 씨

- 카트르 에피스(Quatre epice)
  블랙페퍼, 넛맥, 클로브, 진저

이탈리아

- 그릴 믹스(Grill mix)
  블랙페퍼, 주니퍼베리, 넛맥, 클로브

영국

- 피클링 스파이스(Pickling spice)
  올스파이스, 진저, 블랙페퍼, 클로브, 머스터드, 메이스, 코리앤더

- 카레 파우더(Curry powder)
  코리앤더, 커민, 블랙페퍼, 카다멈, 클로브, 시나몬, 레드칠리, 터메릭

스페인

- 파르셀레(Farcellet)
  오레가노, 타임, 로리에, 세이보리

조지아

- 크멜리 수넬리(Khmeli suneli)
  코리앤더, 페뉴그릭 잎, 매리골드, 딜, 민트, 서머 세이보리, 펜넬 씨, 클로브, 시나몬

america
아메리카

아메리카 전반

- 바비큐 믹스(Babecue mix)
  파프리카, 블랙페퍼, 커민, 레드칠리, 마조람, 타임, 머스터드

- 케이준 믹스(Cajun mix)
  파프리카, 펜넬, 커민, 블랙페퍼, 머스터드, 레드칠리, 타임, 오레가노, 갈릭, 세이지

- 푸드르 드 콜롬보
  (Poudre de colombo)
  커민, 코리앤더, 머스터드, 블랙페퍼, 페뉴그릭, 터메릭, 클로브, 생쌀

middle east
중동

중동 전반

- 자타르(Zaatar)
  타임, 세이보리, 오레가노, 참깨, 수막(옻나무)

- 바하라트(Baharat)
  블랙페퍼, 코리앤더, 시나몬, 클로브, 커민, 카다멈, 넛맥, 파프리카

- 라 카마(La kama)
  블랙페퍼, 진저, 터메릭, 커민, 넛맥

이란

- 아드비아(Advieh)
  코리앤더, 커민, 카다멈, 시나몬, 블랙페퍼, 넛맥, 라임

레바논

- 7 스파이스(Seven spices)
  블랙페퍼, 시나몬, 넛맥, 클로브, 진저, 올스파이스, 파프리카

오만

- 비자르 아슈와(Bizarre ashwa)
  커민, 코리앤더, 카다멈, 레드칠리, 터메릭, 갈릭, 식초

예멘

- 하와이쥬(Hawaij)
  캐러웨이, 블랙페퍼, 카다멈, 터메릭, 사프란

caribbean
카리브

자메이카

- 저크 시즈닝(Jerk seasoning)
  갈릭, 진저, 타임, 블랙페퍼, 올스파이스, 시나몬, 클로브, 넛맥

트리니다드 제도

- 마살라(Masala)
  코리앤더, 커민, 아니스, 클로브, 페뉴그릭, 블랙페퍼, 머스터드, 레드칠리, 터메릭, 갈릭

버진 제도

- 스파이스 솔트(Spice salt)
  블랙페퍼, 넛맥, 클로브, 타임, 갈릭, 파슬리, 양파

asia
아시아

일본

- 시치미토가라시(七味唐辛子)
  홍고추, 겨자씨, 참깨, 진피, 산초, 김, 차조기

중국

- 오향 가루(五香粉)
  스타아니스, 사천 후추, 펜넬 씨, 시나몬, 클로브

스리랑카

- 투나파하(Tunapaha)
  카더멈, 클로브, 시나몬, 코리앤더, 카레 잎, 커민

인도

- 가람 마살라(Garam masala)
  빅카더멈, 그린카더멈, 클로브, 시나몬, 시나몬 잎, 블랙페퍼, 커민, 코리앤더

- 탄두리 마살라(Tandoori masala)
  커민, 코리앤더, 클로브, 시나몬, 터메릭, 레드칠리, 진저, 메이스

- 차트 마살라(Chat masala)
  커민, 블랙페퍼, 암추르, 민트, 레드칠리, 블랙솔트, 석류, 아사페티다

- 삼바르 마살라(Sambar masala)
  코리앤더, 커민, 블랙페퍼, 머스터드, 레드칠리, 페뉴그릭, 우라드 달(urad dal), 차나 달(chana dal), 터메릭, 아사페티다

- 판치 포론(Panch phoron)
  커민, 머스터드, 펜넬, 페뉴그릭, 니겔라

africa
아프리카

아프리카 전반

- 왓 스파이스(Wat spice)
  블랙페퍼, 롱페퍼, 시나몬, 클로브, 넛맥, 레드칠리, 진저

서아프리카

- 페퍼 믹스(Pepper mix)
  블랙페퍼, 화이트페퍼, 파라다이스, 올스파이스, 진저, 레드칠리, 쿠베바

에티오피아

- 바르바레(berbere)
  레드칠리, 코리앤더, 커민, 올스파이스, 빅카더멈, 페뉴그릭, 클로브, 시나몬, 아지웨인, 블랙페퍼, 진저

이집트

- 듀카(Dukkah)
  참깨, 헤이즐넛, 커민, 코리앤더

모로코

- 라스 엘 하누트(Ras el hanout)
  빅카더멈, 올스파이스, 그린카더멈, 시나몬, 클로브, 진저, 쿠베바, 애쉬베리(ashberry), 메이스, 니겔라, 넛맥, 블랙페퍼, 롱페퍼, 터메릭, 몽크페퍼, 라벤더 등

튀니지

- 콸라트 다카(Qalat daqqa)
  클로브, 블랙페퍼, 파라다이스, 시나몬, 넛맥

- 바라트(Bharat)
  시나몬, 장미 봉오리, 블랙페퍼

- 타빌(Tabil)
  코리앤더, 캐러웨이, 커민, 갈릭, 레드칠리

- 하리사 믹스(Harissa mix)
  갈릭, 레드칠리, 커민, 캐러웨이, 코리앤더

CHAPTER 2

MAKE

향신료를 사용해 요리하기

[SPICE]   [SPICE]

향신료를 사용해 만들어 보자

'배우기보다 익숙해져라'라는 말이 있습니다. '보기 전에 뛰어라'라는 말도 있지요.
머리로 생각하는 것보다 실제로 행동하는 것을 좋아하는 사람에게 어울리는 말입니다.
'MAKE 향신료를 사용해 요리하기'라는 이번 장에서는 향신료를 실제로 사용해 보도록 하겠습니다.
먼저 카레에 '가람 마살라'를 첨가해 볼까요? "와, 풍부한 향이 더해지면
맛의 느낌이 이렇게 달라지는구나!" 이런 경험이 중요합니다.
'드레싱'으로 채소를 더욱더 맛있게 즐기고, '고기에는 소금, 후추라는 공식에서 졸업'하고,
향신료를 사용해 맛있는 '영양밥과 같은 쌀 요리'를 만들어 보겠습니다.
평소 흔히 먹는 음식에 향신료를 활용하면 매력을 느끼기가 훨씬 쉬워지거든요.
또 '수프'에도 사용해 보고, '차이(짜이)'와 같은 음료도 만들어 보고,
'디저트나 그래놀라'에도 사용할 수 있다는 걸 체험해 보자고요.
'탄두리 치킨'을 만들 줄 알면 캠핑이나 바비큐 등 아웃도어를 즐길 때 영웅이 될 수 있습니다.
조금 수고스러운 일에 도전해보고 싶다면 덩어리 고기를 사용해 향이 풍부한
'가쿠니(角煮: 고기를 뭉텅뭉텅 한입 크기로 잘라 푹 조린 음식)'나 '로스트비프'를 만들어 봐도 좋겠죠.
'가미한 고추기름(라유)'을 직접 만들 수도 있습니다.
마지막에는 직접 '최고의 카레 가루'를 만들어 보는 거예요.
그리고 '그 카레 가루를 활용한 여러 가지'를 즐겨 볼까 합니다.

CONTENTS

P.054	P.056	P.058	P.060	P.062	P.064
가람 마살라로 카레가 달라진다	향신료 드레싱의 마법으로 채소를 맛있게	고기에는 소금, 후추만?	향이 좋고 예쁘기까지 한 영양밥	주말에는 허브로 수프를 만들어 보자	차이! 차이! 차이!

P.066	P.068	P.070	P.072	P.074	P.076
디저트, 그래놀라 만들기	야외에서 영웅이 되는 탄두리 치킨	부타카쿠니 만세! 로스트비프 만세!	가미한 고추기름을 직접 만든다	최고의 카레 가루 직접 만들기	직접 만든 최고의 카레 가루 활용하기

CHAPTER 2 　　[MAKE]　　향신료를 사용해 요리하기

가람 마살라로
카레가 달라진다

요만큼으로 평소 먹던 카레의 맛이 확 달라져요!
혹시 이런 문구를 들어본 적 없나요? 모르는 사람에겐 이상한 소리로 들릴지 모르겠지만, 과거 이 광고 문구로 일약 인기 스타로 급부상한 향신료가 있습니다. 바로 '가람 마살라'입니다. 카레를 좋아하는 사람이라면 들어 본 적이 있을지도 모르겠네요. "한 번 톡 뿌려주면 변신한다"는 문구는 향신료의 매력을 단적으로 나타내는 말입니다.

보통 카레는 시판 카레 루를 사용해서 만듭니다. 일본의 카레는 카레 가루를 사용하는데, 향신료에 익숙하지 않은 일본인을 위해 각 향신료의 향이 가능한 한 두드러지지 않도록 하고 있습니다. 하지만 향신료에 익숙하지 않다는 얘기는 옛날 얘기죠. 요즘은 많은 사람이 여러 가지 향을 즐기게 된 것 같습니다.

조리를 마무리할 때 부족한 향을 보충해주면 훨씬 깊이가 더해져 더욱 맛있는 카레를 만들 수 있습니다. 바로 이럴 때 가람 마살라가 딱이지요.

가람 마살라는 단일 향신료가 아니라, 몇 가지 향신료를 섞은 혼합 향신료입니다. 마트에서 흔히 판매하고 있으므로 사 가지고 와서 팍팍 뿌려주기만 하면 끝. 그럼 좀 재미가 없겠죠. 실제로 직접 가람 마살라를 만들어 보자고요.

STEP 1

3가지 향신료로 만들기
홀 가람 마살라 A

재료 카더멈 15개, 클로브 20개, 시나몬 3개

만드는 방법

작은 밀폐용기에 카더멈과 클로브를 넣고 시나몬을 손으로 팍팍 깨뜨려 넣은 다음 뚜껑을 닫는다. 눈을 감고 10초간 주문을 왼다. 주문의 내용은 뭐든 OK. 뚜껑을 열고 향을 맡아본다. 3가지 향신료의 향이 융합된 부드러운 향이 느껴질 것이다.

STEP 2

3가지 향신료로 만들기
가람 마살라 파우더 A

만드는 방법

3가지 향신료로 만든 홀 가람 마살라 A를 분쇄기나 믹서로 갈아준다. 주문은 필요 없다. 밀폐용기에 다시 넣고 향을 맡아본다. 아까보다 향이 더욱 짙어졌을 것이다. 원형 그대로의 향신료를 가루 상태로 갈면 향이 더 강해진다.

STEP 3

4가지 향신료로 만들기
홀 가람 마살라 B

재료 블랙페퍼 30개, 코리앤더 씨 2작은술, 커민 씨 1큰술, 펜넬 씨 1작은술

만드는 방법

프라이팬을 달궈 4가지 향신료를 넣고 쓱쓱 볶아준다. 약한 중불로 1분 정도. 불을 끄고 열을 식힌 후 자그마한 밀폐용기에 향신료를 전부 넣고 뚜껑을 닫는다. 그런 다음 눈을 감고 10초. 주문은 읊어도 그만 안 읊어도 그만. 뚜껑을 열고 향을 맡아본다. 4가지 향신료의 향이 융합된 부드러운 향을 느낄 수 있을 것이다. 향신료는 볶으면 향이 더 깊어진다.

STEP 4

4가지 향신료로 만들기
가람 마살라 파우더 B

만드는 방법

4가지 향신료의 홀 가람 마살라 B를 분쇄기나 믹서로 갈아준다. 주문은 좋을 대로. 밀폐용기에 다시 담아 향을 맡아본다. 아까보다 더 향이 강해졌을 것이다.

STEP 5

7가지 향신료로 만들기
가람 마살라 파우더 C

만드는 방법

3가지 향신료로 만든 홀 가람 마살라 A와 4가지 향신료로 만든 홀 가람 마살라 B를 섞어 준다. 향을 확인한다. 지금까지 중에서 가장 향이 깊을 것이다. 확인했다면 밀폐용기에 넣고 숙성시킨다. 3일 후, 1주일 후에 다시 향을 확인한다. 향이 잘 융화되어 이전과는 다름을 느낄 수 있을 것이다.

여기까지 했다면 이제 당신은 가람 마살라 마스터입니다. 'A'와 'B'와 'C' 중 어느 것이 가장 좋은가요? 취향은 사람에 따라 다르겠지요. 참고로 세계의(인도의) 가람 마살라 배합 예를 소개하겠습니다. 자신이 좋아하는 배합을 찾아보세요.

[가람 마살라 배합 예]

향신료 명칭 \ 배합 예	1	2	3	4	5	6	7	8	9	10	11	12	등장 빈도
블랙페퍼	○	○	○	○	○	○	○	○	○	○	○	○	12
시나몬	○	○	○	○	○	○		○	○	○	○	○	11
클로브	○	○	○	○	○	○	○	○	○		○	○	11
그린카더멈	○	○	○	○		○	○	○		○			9
커민 씨	○	○	○	○	○	○	○	○	○				9
빅카더멈	○	○	○	○	○		○		○		○	○	9
코리앤더 씨	○	○	○		○	○		○	○				8
로리에(월계수 잎)	○	○	○		○	○			○				6
넛맥	○	○					○			○			4
메이스	○												1
사용 종류	10	9	8	7	7	6	6	6	6	6	5	4	

CHAPTER 2 [MAKE] 향신료를 사용해 요리하기

향신료 드레싱의 마법으로 채소를 맛있게

연말 어느 날, 지인의 집에서 카레 파티를 열었습니다. 10종류나 되는 카레를 직접 준비해서 가지고 간 나는 매우 의욕적이었지요. 그런데 친구들이 제법 모여들어 슬슬 준비해야겠구나 싶은 순간 문득 이런 생각이 들더라고요. 카레 파티라고는 하지만 시작부터 카레를 내는 건 왠지 멋이 없을 것 같다는.
술도 준비되어 있었고 너트나 치즈 등의 안줏거리도 있었지만, 하다못해 샐러드 정도는 있어야겠다 싶어 집주인에게 채소 좀 있냐고 물었더니 역시나 걱정하던 대답이 돌아왔습니다.
"냉장고가 텅 비었는데… 정월 연휴가 시작되잖아. 고향 집에 내려갈 생각이라 아무것도 남겨두지 않았지."
이런! 냉장고 채소 칸을 보니 정말로 아무것도 없더군요. 남아 있는 것이라고는 1/4 크기의 무와 크레송(물냉이)뿐이었습니다. 당황스러운 상황! 하지만 그럴수록 더욱 의욕이 샘솟습니다. 집에 있는 향신료라고는 커민 씨와 다카노츠메(일본 고추)뿐. 뭐 당연하지요. 보통의 가정집이니까요.
그러나 올리브유와 레몬즙, 소금이 있었으므로 즉석에서 두 가지 샐러드를 만들었습니다. 자, 어떤 샐러드였을지 상상이 되나요?

RECIPE 1

무 스파이스 샐러드

재료 2~3인분

무(얇게 부채꼴 썰기) : 1/4개
소금 : 적당량
[커민 오일용]
 올리브유 : 3큰술
 커민 씨 : 1작은술

만드는 방법

프라이팬을 달궈 커민 씨를 볶은 후 자그마한 볼에 옮겨 담는다. 올리브유를 부어 잘 섞어 둔다. 무를 큰 볼에 담고 소금을 쳐서 살짝 버무린 후 잠시 그대로 둔다. 무에서 수분이 적당히 빠져나왔다면 물기를 짜서 수분을 제거하고 앞서 만들어 둔 커민 오일을 절반 정도 넣고 섞어준다.

RECIPE 2

크레송 스파이스 샐러드

재료 2~3인분

크레송 : 1다발
[스파이스 드레싱]
 커민 오일 : 1.5큰술   소금 : 약간
 레몬즙 : 약간   홍고추 : 1개

만드는 방법

크레송은 한 번 씻은 후 물기를 제거하고 적당한 크기로 잘라 큼지막한 볼에 넣는다. 드레싱용 볼에 커민 오일과 레몬즙, 소금을 넣는다. 홍고추를 가운데 절반으로 갈라 씨를 드레싱용 볼에 넣는다. 고추 껍질은 통썰기 하여 첨가한 후 거품기 등으로 잘 저어 준다. 크레송과 잘 섞어준다.

향신료는 오일과 섞으면 플레이버(Flavor)가 발생합니다. 거기에 레몬즙을 첨가해 잘 섞어 유분과 수분을 유화시키면 드레싱이 됩니다. 모두 즉석에서 만들 수 있지요. 결과는 칭찬일색이었습니다. 카레보다 평이 좋았을지도요.
향신료 오일은 몇 시간 동안 그대로 두면 향이 더 풍부해지는데, 밀폐 보관하지 않고 1~2주 그대로 뒀다가는 기름이 산화할 수도 있습니다. 채소는 얇게 썰어 소금에 조물조물해서 먹을 수 있는 거라면 뭐든 OK. 향신료 오일에 염분이 없어도 채소에 염분이 묻었으니 균형이 절묘하게 맞춰지지요.
드레싱은 소금 대신 간장을 사용할 수도 있습니다. 취향에 따라 단맛을 첨가해도 좋습니다.
이런 식으로 척척 전채와 샐러드를 준비하면 인기 스타가 될 수 있습니다.

[향신료 드레싱의 예]

RECIPE 1

NAME
레몬 허브 드레싱

INGREDIENTS
오레가노
갈릭
파슬리
바질
세이지
셀러리 씨
오일
식초
소금

RECIPE 2

NAME
머스터드 드레싱

INGREDIENTS
머스터드 페이스트
굵게 간 블랙페퍼
레드와인 비네거
올리브유

RECIPE 3

NAME
인디안 드레싱

INGREDIENTS
당근
마늘
마요네즈
케첩
요거트
커민
블랙페퍼
소금

RECIPE 4

NAME
프렌치 드레싱

INGREDIENTS
올리브유
식초
소금
블랙페퍼

RECIPE 5

NAME
아메리칸 드레싱

INGREDIENTS
오일
식초
오레가노
펜넬
딜
소금
설탕
피망

RECIPE 6

NAME
러시안 드레싱

INGREDIENTS
마요네즈
케첩
홀스래디시
차이브

CHAPTER 2　　[MAKE]　　향신료를 사용해 요리하기

고기에는 소금, 후추만?

- 블랙페퍼(후추)는 좋아하는데 싫기도 해.
- 뭔 소리래? 뜬금없이.
- 좀 얄밉다고나 할까? 인기가 너무 많아.
- 질투하는 거야?
- 물론 향도 좋고, 찌릿찌릿한 매운맛도 매력적이지. 그 점은 좋아.
- 그럼 싫은 점은 뭔데?
- 모두들 툭하면 다 소금, 후추를 뿌리잖아. 소금은 뭐 괜찮아. 삼투압 효과로 소재의 맛을 끌어내는 역할을 하니까. 그런데 후추는….
- 뿌릴 이유가 없다는 거야?
- 블랙페퍼는 그 향이 특히 고기와 잘 어울린다고 하지.
- 그럼 된 거 아냐?
- 그런데 독주하는 게 왠지 이해가 안 돼서. 왜 아무도 의문을 안 갖는지 모르겠어. '내 인생 이대로 괜찮은 걸까?'라는 생각들은 하면서. '고기에는 늘 소금, 후추면 되는 걸까?'라는 생각은 안 하나 봐.
- 누가 그런 생각을 하겠어!

요리에 맛을 더하는 가장 기본적인 방법이 소금을 뿌리는 것이라면 요리에 향을 내는 가장 기본적인 방법은 향신료를 뿌리는 것입니다. 그러므로 소금과 향신료의 조합은 무적이지요. 맛과 향의 상승효과를 기대할 수 있습니다. '페퍼&솔트'는 세계적으로 통용되는 방법이지만, 예를 들어 동유럽에는 '셀러리 솔트'라는 게 있습니다. 셀러리 씨와 소금을 1:3 정도의 비율로 섞은 것인데 요리의 밑준비에 사용합니다. 가령 고기에 뿌려서 구우면 정말이지 향기롭지요. 깔끔하고 상큼한 향과 고기즙과의 밸런스가 좋습니다.

요리에 맞는 소금과 향신료의 조합을 생각하는 것은 매우 즐거운 일입니다. 이미 세계 곳곳에는 그런 시도가 많이 이루어지고 있으며 일반적으로 '시즈닝(Seasoning)'이라고 불립니다. 재료나 요리에 맞춘 조합이 있으므로 소개해 드리겠습니다.

크레이지 솔트를 아시나요?

들어 본 적이 있다는 사람, 사용해 본 적이 있다는 사람이 많지 않을까 싶습니다. 요리의 밑준비나 마무리에 풍미를 더하기 위한 '시즈닝 솔트'입니다. 나는 오랫동안 크레이지 솔트라는 상품과는 거리를 뒀습니다. 미덥잖은 이름 탓에 몸에 좋지 않은 화학조미료가 듬뿍 들어가 있을 것만 같아 걱정이 되어서요. 제품의 정식 명칭은 '허브&스파이스 믹스 조미료'이고, 원산국은 미국. 그렇습니다. 수입산 조미료입니다. 광고 카피는 "셰프의 비장의 맛!". 고기, 생선, 채소는 물론이고 샐러드나 수프에도 다 잘 어울린다며 만능을 강조합니다. 괜히 수상쩍지 않나요? 어떤 재료에도 다 어울리다니 그런 미친 조미료가 있을까요. 아! 그래서 크레이지 솔트였네요.

어느 날 나는 마트에서 이 제품을 집어 들고 뒷면을 살펴보았습니다. 그리고는 깜짝 놀랐지요. 원재료 표기 칸에 '암염, 페퍼, 양파, 갈릭, 타임, 셀러리, 오레가노'가 쓰여 있더군요. 몇 번을 다시 봤습니다. 아무리 다시 봐도 다른 재료는 없더라고요. 네, 크레이지 솔트는 향신료와 소금으로 만들어진 것이었죠. 잘 살펴보니 '화학성분 100% 무첨가'라는 표시도 있더군요.

최근 국내에서도 시즈닝 제품이 자주 눈에 띄는데, 한 예로 파에야용 시즈닝에는 '치킨 부용 파우더, 채소 농축액, 파우더, 어패류 농축 파우더 조미료(아미노산 등), 산미료, 향료' 등이 들어 있습니다.

이처럼 대체로 각종 조미료가 들어가 있는데, 그런 반면 크레이지 솔트의 깔끔함이란! 순식간에 팬이 되고 말았죠. 크레이지 솔트의 원재료는 향신료와 소금만으로도 다양한 식재료나 요리가 충분히 맛있어진다는 것을 증명합니다. 미친 게 아니었어요. 그러니 여러분도 향신료와 소금의 조합을 여러 가지로 시험해 보기 바랍니다.

Just 5 Spices

[시즈닝의 예]

모두 5가지 향신료로!

향신료의 세계에서 '5'는 매직 넘버입니다.
5종류를 블렌딩 한 혼합 향신료는 세계 곳곳에 있거든요.

[육류]   [어패류]   [기타]

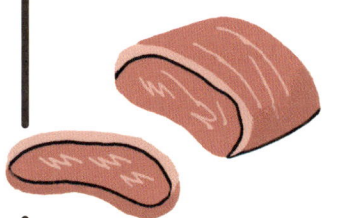  

스테이크
1. 갈릭
2. 블랙페퍼
3. 그린페퍼
4. 커민
5. 올스파이스

아콰 파차
1. 파슬리
2. 갈릭
3. 타임
4. 레드칠리
5. 바질

버섯 포일 구이
1. 블랙페퍼
2. 갈릭
3. 파슬리
4. 바질
5. 셀러리 씨

함박스테이크
1. 블랙페퍼
2. 넛맥
3. 갈릭
4. 파프리카
5. 오레가노

뫼니에르
1. 블랙페퍼
2. 셀러리 씨
3. 갈릭
4. 딜
5. 이탈리안 파슬리

타코스
1. 레드칠리
2. 커민
3. 갈릭
4. 오레가노
5. 그린칠리

허브 치킨
1. 로즈메리
2. 파슬리
3. 갈릭
4. 화이트페퍼
5. 타임

새우 소테
1. 갈릭
2. 펜넬
3. 파슬리
4. 로즈메리
5. 터메릭

아히요(Ajillo)
1. 갈릭
2. 레드칠리
3. 파슬리
4. 카다멈
5. 파프리카

향이 좋고 예쁘기까지 한 영양밥

향신료를 즐기는 풍요로운 생활을 실감하려면 주식(主食)에 도입하는 것이 빠를지도 모르겠습니다. 우리의 주식은 쌀이니만큼 밥과 향신료를 조합해 보는 것이죠. 뭔가 떠오르지 않나요? 그렇습니다. 향이 풍부한 영양솥밥. 세계에는 세계 3대 쌀 요리라는 것도 있다고 하는데, 바로 스페인의 파에야(Paella), 일본의 송이버섯 영양밥, 인도의 비리야니(Biryani)라고 합니다. 누가 정한 것인지는 모르겠지만요.

참고로 세계 3대 수프는 태국의 똠얌꿍(Tom Yum Goong), 프랑스의 부야베스(Bouillabaisse), 러시아의 보르시(Borshch), 여기에 중국의 상어 지느러미 수프를 포함하기도 한다니 세계 4대 수프가 되겠네요. 내친김에 세계 3대 요리는 중화요리, 터키 요리, 프랑스 요리. 세계 3대 진미는 송로버섯, 캐비어, 푸아그라입니다.

다시 영양밥 얘기로 돌아가서 앞서 소개한 쌀 요리 세 가지의 공통점을 들자면 향이 함께 한다는 점이지요. 파에야와 비리야니에 공통으로 사용되는 향신료는 사프란. 그러고 보니 인도에는 사프란 라이스라는 음식도 있습니다. 간편하게도 사프란을 넣어 짓기만 하면 됩니다. 파에야도 맛의 풍요로움은 현격하게 다르지만 비슷한 점은 요컨대 수프와 사프란으로 밥을 짓는다는 것이지요.

그런 점에서 보자면 여러 종류의 향신료를 활용해서 만드는 비리야니는 향신료 라이스의 왕이라고 해도 될 듯합니다. 하이데라바드(Hyderabad: 인도 안드라프라데시 주의 주도)의 비리야니 전문점을 취재하러 간 적이 있는데 그때 거기서 본 광경은 압권이었습니다. 숯불이 활활 타오르는 조리장에서 남자들이 큰 냄비 안에 요거트와 향신료에 절인 닭고기를 대량으로 집어넣고 있었지요. 그 위에 반 정도 익힌 쌀을 채워 넣더니 뚜껑을 닫고 숯불 위에 올리더군요. 그리고는 뚜껑 위에 벌겋게 타오르는 목탄을 올려 놓더라고요. 잠시 후 50인분 이상의 비리야니가 완성되었지요. 향긋한 냄새와 고슬고슬 잘 지어진 밥 속에 들어 있는 닭고기를 꺼내가며 엄청 맛있게 먹었던 기억이 있습니다.

그 후 비리야니에 대해서 공부했지요. 올드델리, 럭크나우, 하이데라바드, 콜카타 등 이슬람교의 영향이 남아 있는 거리에는 대부분 명물 비리야니가 존재합니다. 역사적, 문화적 측면은 차치하고 조리기법적인 측면에서 말하자면 향신료로 향을 더한 그레이비소스로 밥을 짓는 것은 기본이고 나머지는 최적의 가열 방법을 찾는 것이죠. 일본에서 말하는 '처음엔 약불, 나중엔 센 불'과 같은 식의 불 조절 방법이 몇 가지나 되는 모양이더군요.

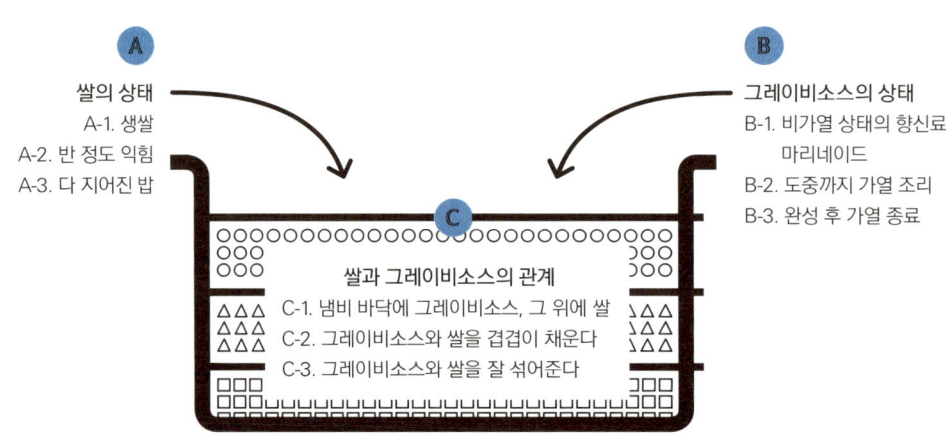

A 쌀의 상태
A-1. 생쌀
A-2. 반 정도 익힘
A-3. 다 지어진 밥

B 그레이비소스의 상태
B-1. 비가열 상태의 향신료 마리네이드
B-2. 도중까지 가열 조리
B-3. 완성 후 가열 종료

C 쌀과 그레이비소스의 관계
C-1. 냄비 바닥에 그레이비소스, 그 위에 쌀
C-2. 그레이비소스와 쌀을 겹겹이 채운다
C-3. 그레이비소스와 쌀을 잘 섞어준다

Rice Dishes
- 다키코미고항(일본식 영양솥밥) 레시피 -

RECIPE 1

초간단 일본식 사프란 라이스를 만들어 보자

재료 3~4인분

쌀 : 300g 사프란 : 2꼬집
올리브유 : 약간

만드는 방법

1. 쌀을 살살 씻어 솥에 넣고 적당량의 물(분량 외)을 넣는다.
2. 소량의 온수로 녹인 사프란을 넣고 올리브유를 첨가해 밥을 짓는다.

RECIPE 2

제법 그럴싸한 스페인식 파에야를 만들어 보자

→ 세계의 향신료 요리 (P115)

RECIPE 3

초간단 일본식 비리야니를 만들어 보자

재료 3~4인분

닭 넓적다리 살 : 200g
(껍질을 벗기고
 작은 한입 크기로 썰기)
[마리네이드용]
┌ 플레인 요거트 : 50g
│ 카레 가루 : 1큰술
└ 소금 : 1작은술

식물성 기름 : 1큰술
양파(슬라이스) : 작은 것 1/2개
쌀 (살살 씻어둔다) : 300g
민트 : 적당량
(있을 경우 성글게 다지기)

만드는 방법

1. 볼에 요거트와 카레 가루, 소금을 넣어서 잘 섞고 닭고기를 넣어 마리네이드 한다.
2. 냄비에 기름을 두르고 양파를 넣어서 잘 볶는다.
3. 마리네이드 한 닭고기를 액까지 전부 넣어 표면 전체가 노릇노릇해질 때까지 볶는다.
4. 밥솥에 쌀과 적당량의 물(분량 외)을 붓고 3을 섞어 넣어서 밥을 짓는다. 민트가 있다면 솔솔 뿌려준다.

RECIPE 4

제법 그럴싸한 인도식 비리야니를 만들어 보자

재료 3~4인분

닭 넓적다리 살 : 250g
(한입 크기로 썰기)

[마리네이드용]
┌ 플레인 요거트 : 100g
│ 마늘 (간 것) : 2쪽
│ 생강 (간 것) : 2쪽
└ 소금 : 1작은술

[파우더 스파이스]
┌ 코리앤더 : 1작은술
│ 커민 : 1작은술
│ 터메릭 : 1/2작은술
│ 레드칠리 : 1/2작은술
└ 가람 마살라 : 1/2작은술

[홀 스파이스]
┌ 빅카더멈 : 1개
│ 클로브 : 3개
│ 시나몬 : 1/2개
└ 블랙페퍼 : 10개

오일 : 2큰술
버터 : 20g
양파 (슬라이스) : 1개
그린칠리 (통썰기) : 2개
민트 잎 : 1/2 컵
토마토 : 1개
쌀 : 300g (물에 30분 불리고 건지기)
물 : 500㎖
사프란 (있을 경우) : 2꼬집

밑준비

마리네이드용 재료와 파우더 스파이스를 볼에 넣어 잘 섞은 다음 닭고기를 넣어 2시간 정도(가능하다면 하룻밤) 재운다.

만드는 방법

1. 냄비에 오일과 버터를 두르고 홀 스파이스를 볶는다.
2. 양파와 그린 칠리를 첨가해 갈색이 될 때까지 볶는다.
3. 민트 잎, 적당히 썬 토마토를 첨가해서 볶는다.
4. 재워 둔 닭고기를 마리네이드 액까지 전부 넣어서 볶는다.
5. 물을 부어 끓인 후 뚜껑을 연 상태에서 약불로 10분 정도 조린다.
6. 쌀을 넣고 소량의 온수에 풀어둔 사프란을 첨가해 센 불에서 끓인 후 뚜껑을 덮고 약불로 30분 정도 가열한다.

CHAPTER 2　　[MAKE]　　향신료를 사용해 요리하기

주말에는 허브로
수프를 만들어 보자

토요일은 수프의 날로 정하자
금요일 밤에 파티를 하자며 친구들을 불러 모아 닭고기 통구이를 해서 먹었잖아. 당신이 큼지막한 포크와 나이프로 통닭을 먹기 좋게 해체했고 뼈도 깔끔하게 발라냈지. 역시 솜씨가 좋던데? 모두가 주목해서 조금 긴장한 것 같긴 했지만 말이야. 닭고기와 함께 구웠던 채소의 껍질이랑 심 부분도 다 챙겨 두었거든. 아무리 취했어도 그것만은 잊지 않았으니, 그럼 잘 부탁해.

일요일은 포토푀(Pot-au-feu)의 날로 정하자
토요일 저녁에 먹었던 수프가 아직 많이 남아 있을 텐데…. 소금간은 이미 잘 배어 있지만 건더기가 없어 좀 허전할 거야. 감자, 당근, 양파 등이 있다면 네가 잘 하는 그 요리 만들 수 있잖아. 냉장고 열어 봐. 남은 베이컨이라도 있다면…, 근데 베이컨까지 넣으면 너무 사치일까? 뭔가 축하할만한 일이 있다면 딱 좋은데. 아무튼 잘 부탁해.

치킨 부용이라는 모두가 아는 수프가 있는데요, 이는 잘 생각해 보면 매우 특수한 요리입니다. 한번 떠올려 보세요. 닭 뼈와 쪼가리 채소와 물. 뭔지 아시겠어요? 본래 버리는 것들로 만들어졌습니다. 그런데 매우 맛있는 수프가 됩니다. 그것을 한층 더 맛있게 변신시키는 것이 향신료입니다. 수프를 만들 때 사용하는 부케 가르니. 이 향기가 육수의 감칠맛을 돋우어 줍니다. 향신료에 그런 역할이 있기 때문에 보통 버려질 만한 그런 식재료가 활용되는 것이지요.

덴마크의 수도 코펜하겐에 'Spisehuset Rub & Stub'이라는 레스토랑이 있습니다. 통칭 '쓰레기 레스토랑'이라고 불린다더군요. 식품 폐기물, 모양이 안 좋아서 팔리지 않는 농작물이나 유효기한이 지났지만 아직 먹을 수 있는 식재료 등을 이용해 음식을 만들어서 화제입니다.

'쓰레기 레스토랑'이라니 표현이 썩 좋지는 않지만, 향신료나 허브를 잘 이용하면 '찌꺼기 레스토랑'을 만들 수도 있겠네요. 월요일부터 금요일까지 여러분은 여러 가지 식재료를 사용해 요리를 하겠지요. 쪼가리 채소는 보관해 두었다가 그때그때 물과 함께 푹 끓여 보면 어떨까요? 보글보글 끓으면 거품을 걷어내고 다시 푹 끓이기만 하면 됩니다. 옆에 향신료가 있다면 그것으로 충분하죠. 부케 가르니의 명확한 정의는 없습니다. 잎 향신료, 이른바 허브가 중심이기는 하지만 날것이든 말린 것이든 상관없지요. 마음 가는 대로 팍팍 첨가해서 끓이기만 하면 됩니다. 매일이 수프 만들기 좋은 날이 되겠죠. 그럼 이제 수프의 시간을 가져볼까요?

Herby Soups
- 허브 수프 레시피 -

본격적인 부케 가르니 만들기

재료
- 셀러리 줄기 : 10cm×2개
- 파슬리 줄기 : 1~2개
- 타임 : 2줄기
- 로리에(월계수 잎) : 1장
- 면실 : 적당량

만드는 방법
파슬리 줄기, 타임, 로리에를 한데 모아 셀러리 줄기에 끼워 면실로 칭칭 감아 묶는다.

본격적인 치킨 부용 만들기

재료 1,500㎖ 분량
- 닭 뼈 : 2마리 분량
- 당근 껍질 : 2개 분량
- 양파 껍질 : 2개 분량
- 셀러리 : 1개
- 대파 머리 부분 : 1개
- 쪼가리 채소 (아무거나) : 적당량
- 부케 가르니 : 1다발
- 블랙페퍼 : 20개
- 물 : 3,000㎖
- 소금 : 적당량

만드는 방법
1. 닭 뼈를 잘 씻어 냄비에 물과 함께 넣고 가열한다.
2. 팔팔 끓기 전에 거품이 생기기 시작하면 국자로 제거하고 향미 채소와 부케 가르니, 블랙페퍼를 넣어 약불에서 1시간 정도 끓인다. 도중에 생기는 거품과 기름은 철저히 제거한다.
3. 다른 냄비에 체에 거른 수프, 닭 뼈와 향미 채소를 넣고 다시 1시간 정도 끓여서 건더기를 거른다.

 →  →  →

CHAPTER 2　　[MAKE]　　향신료를 사용해 요리하기

차이! 차이! 차이!

● 차이를 사랑하는 사람은~~~
　마음이 넓은 사람~~♪
● 뭐야, 갑자기?
● 차이 좋아해?
● 응, 좋아하지.
● 마음이 넓구나.
● 왜?
● 왜냐하면 차이는 품질이 나쁜 찻잎을 맛있게
　마시기 위해 궁리된 음료거든.
● 그게 뭐?
● 품질이 나쁜 찻잎이라도 좋다니
　마음이 넓다는 거지.
● 으~, 너는 정말 마음이 좁구나!

인도 북동쪽에 위치한 다르질링의 산간 지대에 찻잎을 따러 간 적이 있습니다. 퍼스트 플러시(First Flush)라고 불리는 봄에 딴 홍차의 신선한 향에 기분이 너무 좋아 잊을 수 없는 추억이 되었지요. 안개 같기도 아지랑이 같기도 한 희뿌연 공기에 어렴풋하게 시야가 차단된 산의 풍경을 앞에 두고 문득 깨달았습니다. 찻잎의 향기는 향신료와 같구나 하고.
다르질링 산에서 이렇게나 맛있는 찻잎을 딸 수 있는데 인도인은 홍차를 마시지 않습니다. 왜냐하면 다르질링 티는 해외에 비싸게 팔리니까요. 본인들이 마시는 것은 더 등급이 낮은 찻잎이지요. 그런 찻잎은 향기도 약합니다. 그래서 향신료나 설탕, 우유를 넣어 끓여서 풍미를 더해 즐기는 것이죠.
거리에서 부담없이 마실 수 있는 차이(Chai)에는 향신료조차 쓰지 않은 것이 많습니다. 달달한 밀크티. 어쩌면 그게 보통의 차이겠지요. 향신료도 비싸니까요. 향신료로 플레이버를 강하게 한 차이는 때로 마살라 차이라고 불리는 경우도 있습니다. 여기에 인도에서 만난 멋진 마살라 차이와 그 레시피를 소개하겠습니다.

차이를 만들 때의 힌트

찻잎과 함께 끓일 향신료는 자유롭게 선택하세요. 차이가 다른 요리와 결정적으로 다른 점은 향신료 그 자체가 입에 들어가지는 않는다는 점입니다. 향을 추출한 후 건더기를 걸러내므로 다소 모험을 해도 크게 실패할 일은 없습니다.

소량의 물과 향신료를 냄비에 넣어 가열한다. → 팔팔 끓여 바짝 조린다. → 한참 더 끓여서 향신료의 향이 물에 옮겨가기 시작하면 찻잎을 넣는다. → 잠시 더 끓이다가 우유와 설탕을 넣고 조금 더 조린다. 넘칠 것 같으면 불을 끈다.

거름망을 사용해 잎을 거른다. → 컵에 붓는다. 약간 깊이가 있는 컵과 깊이가 있는 받침 접시에 번갈아 차이를 부어 거품이 일도록 한다. → 화상을 입지 않도록 주의하면서 마신다.

길거리의 마살라 차이

길가에서 파는 차이는 예전에는 작은 옹기 컵에 넣어 주었습니다. 몇 가지 향신료와 찻잎을 오래 바짝 끓인 맛으로, 향신료와 찻잎이 아까워 가능한 한 소량을 넣고 센 불에서 팔팔 끓여 남김없이 향을 추출해냅니다. 거기에 설탕을 듬뿍 넣어 달달하게 완성시키지요.

사용하는 향신료
카더멈, 클로브, 시나몬, 진저

바라트 아주머니의 허브 차이

구자라트 주에 사는 지인 바라트의 친척집에 초대를 받아 갔을 때의 일입니다. 아주머니가 "차이라도 한잔 할래요?" 하며 푸릇푸릇한 잎을 찻잎과 함께 넣더라고요. 민트와 레몬그라스. 생 향신료를 차이에 사용하는 방법을 그때 알았습니다.

사용하는 향신료
레몬그라스, 민트, 진저

한밤중의 사프란 차이

콜카타의 어디였는지 기억이 가물가물하지만 한밤중까지 영업하던 차이 가게에 간 적이 있습니다. 차이를 시키고 돈을 내면 계산대에 있는 백발이 멋진 노인(아마도 주인장이겠죠)이 가까이에 있는 작은 화분에서 사프란을 따 차이 컵에 뿌려줍니다. 고급스러운 플레이버를 즐길 수 있었죠.

사용하는 향신료
진저, 사프란

마타르 차이(라자스탄 주)

마타르 씨는 라자스탄에서 호텔을 경영하고 있습니다. 호텔을 찾아갔더니 반가워하며 차이를 내오더군요. 마셔보니 강렬하게 자극적인 매운맛과 설탕의 단맛이 조화로운 굉장한 맛이었습니다. 이후 나도 마타르 차이를 부탁하게 되었습니다. 진저&페퍼 차이는 일본에서는 좀처럼 마실 수 없거든요.

사용하는 향신료
성글게 간 블랙페퍼, 진저 듬뿍

CHAPTER 2　　[MAKE]　　향신료를 사용해 요리하기

디저트,
그래놀라 만들기

- 요즘은 아침에 그래놀라를 먹고 있어.
- 아, '츠' 자가 붙는 그거 말이야? 푹 빠졌나 보네. 요즘 유행하는 것 같더라고.
- 역시 변함없이 냉정하네. 좀 순순히 받아들여도 좋을 텐데. 그런데 '츠' 자가 붙는다는 게 무슨 말이야?
- 그래놀라는 고쿠모츠(곡물), 너츠(견과류), 프루츠(과일), 하치미츠(벌꿀) 등을 섞어서 가열한 거잖아. 원재료 이름이 대체로 '츠'로 끝나거든.
- 듣고 보니 그러네. 그래서 뭐? 몸에 좋기만 한데.
- 그럴지도. 다만 고온으로 가열해서 만들기 때문에 효능 성분이 손실된다는 설도 있거든. 그래서 시판 제품은 비타민 등의 영양소를 나중에 첨가한 것이 많은 모양이야.
- 알미워. 아무렴 어때? 몸에 나쁘지 않을 것 같은데. 그렇다면 비타민 대신에 향신료라도 첨가해 보든가.
- 그거 좋은 생각이네!
- 이참에 한 마디만 하겠는데, 가열해서 싫은 거면 뮤즐리(Muesli)로 대신하는 방법도 있잖아. 단맛 성분이나 유분이 매우 적어서 몸에는 더 좋을 테니.
- 아~! 스위스에서 탄생한 굽지 않은 그래놀라 말이지?
- 응. 그것도 향신료와 사용할 수 있을 것 같은데.
- 그러게. 딱히 굽는 것에 대해서 반감이 있는 건 아니야. 향신료는 구운 과자와도 궁합이 좋거든.
- 그렇다면 내 특기 분야니 한번 해볼까?

기본 스파이스 그래놀라

재료 4인분

오트밀 : 100g
믹스 너츠 : 50g
믹스 드라이 프루츠 : 50g
벌꿀 : 25g
올리브유 : 25g
커민 씨 : 2.5g

만드는 방법

1. 볼에 재료를 전부 넣고 섞는다.
2. 팬에 골고루 채워 160℃의 오븐에서 15분 정도 굽다가 전체를 뒤집거나 섞은 후 15분 정도 더 굽는다.

주1 스파이스 그래놀라의 기본 배합은 다음과 같다.
　　곡물 : 너츠&프루츠 : 감미료 : 기름 : 먹는 스파이스
　　= 4 : 4 : 1 : 1 : 0.1
　　향신료는 아주 살짝 향이 나게 할 정도로 첨가한다.
주2 스파이스는 먹는 스파이스와 먹지 않는 스파이스를 구별한다.
　• 먹는 스파이스는 그릇에 담은 후 뿌려도 된다.
　• 먹지 않는 스파이스는 별도로 추출하거나 먹을 때 걷어내므로 많이 첨가해도 된다.
　• 먹지 않는 스파이스는 가루로 만들어서 섞는 방법도 있는데, 그 경우에는 소량을 구운 후에 뿌리는 정도로만 사용한다.
주3 완성된 스파이스 그래놀라를 우유, 요거트 등의 유제품이나 아이스크림, 초콜릿 등의 감미료와 배합하면 스파이스의 향이 두드러진다.

[스파이스 그래놀라 재료표 (예)]

곡물	너츠&프루츠	감미료	기름	먹는 스파이스	먹지 않는 스파이스
4	4	1	1	0.1	-
오트밀 호밀(납작보리) 박력분 전립분	아몬드 호두 캐슈너트 마카다미아너트 헤이즐넛 잣 드라이 망고 건포도 드라이 블루베리 코코넛 파인	벌꿀 메이플 시럽 설탕 흑설탕 기타 시럽	올리브유 포도씨유 호두유 유채씨유 버터	커민 씨 코리앤더(고수) 씨 펜넬 씨 참깨 씨 딜 씨 셀러리 씨 블랙페퍼 (페퍼 밀로 간 것) 캐러웨이 씨 각종 허브	카다멈 시나몬 클로브 로즈메리 스타 아니스 올스파이스

스파이시 바나나 케이크

재료 4인분

바나나 : 3개 (300g)
무염버터 : 100g
설탕 : 120g
달걀 : 1개
박력분 : 120g
베이킹파우더 : 10g
카다멈 : 1/4작은술
시나몬 : 1/8작은술

만드는 방법

1. 볼에 버터와 설탕을 넣고 크림 상태가 될 때까지 거품기로 섞은 다음 달걀을 넣고 섞는다.
2. 바나나를 포크로 잘 으깨서 섞어준다.
3. 박력분, 베이킹파우더, 스파이스를 함께 체 쳐 2에 넣고 고루 섞는다.
4. 유산지를 깐 파운드케이크 틀에 넣어 표면을 평평하게 한 후 180℃ 오븐에서 40분 정도 굽는다.

A. 깊은 맛
카다멈, 클로브, 시나몬, 넛맥, 올스파이스 등
B. 산뜻한 맛
커민, 코리앤더, 딜, 펜넬, 셀러리 등
C. 찌릿하게 매운맛
블랙페퍼, 레드칠리 등
D. 허브
로즈메리, 세이지, 타임, 바질 등
E. 악센트 역할
양귀비 씨, 참깨

	제법	주요 양과자	향신료
생과자	슈 과자류	에클레르, 슈크림	A / D
	스펀지케이크류	쇼트케이크, 롤케이크	A / D / E
	디저트류	크레이프, 팬케이크, 바바루아, 푸딩	C / D
	버터케이크류	치즈케이크, 파운드케이크, 프루츠케이크	B / D / E
	푀이타주	애플파이, 타르트, 밀푀유	B / D
	와플류	와플	A / B / D
건과자	캔디류	캐러멜, 드롭 캔디, 누가	A / D
	스낵과자류	콘 계열, 밀가루 계열, 포테이토 계열	C / D / E
	초콜릿류	커버링 초콜릿, 판 초콜릿	A / B / C
	비스킷류	크래커, 비스킷, 프레첼	B / D / E

CHAPTER 2　　[MAKE]　　향신료를 사용해 요리하기

야외에서 영웅이 되는
탄두리 치킨

RECIPE 1

오렌지색 탄두리 치킨

재료

뼈 붙은 닭 넓적다리 살 : 2개
[마리네이드용]
- 플레인 요거트 : 100g …… 흰색
- 마늘 (간 것) : 1쪽 …… 베이지색
- 생강 (간 것) : 1쪽 …… 베이지색
- 토마토케첩 : 2큰술 …… 빨간색
- 참기름 : 1큰술 …… 갈색
- 마멀레이드 : 1큰술 …… 오렌지색
- 소금 : 약간 …… 흰색 → 투명색

[파우더 스파이스]
- 파프리카 : 1작은술 …… 빨간색
- 커민 : 1작은술 …… 갈색
- 코리앤더 : 1작은술 …… 옅은 갈색
- 레드칠리 : 1/2작은술 …… 빨간색
- 가람 마살라 : 1/2작은술 …… 갈색

만드는 방법

1. 닭고기는 껍질을 제거하고 관절 부분에서 2개로 가른다.
2. 볼에 마리네이드용 재료와 파우더 스파이스를 넣고 잘 섞는다.
3. 닭고기를 2에 넣고 잘 재워 냉장고에 1시간 (가능하다면 하룻밤) 정도 둔다.
4. 200℃로 예열한 오븐에서 20~25분 정도 굽는다.

RECIPE 2

레몬색 탄두리 치킨

재료

뼈 붙은 닭 넓적다리 살 : 2개
[마리네이드용]
- 플레인 요거트 : 100g …… 흰색
- 마늘 (간 것) : 1쪽 …… 베이지색
- 생강 (간 것) : 1쪽 …… 베이지색
- 생크림 : 2큰술 …… 흰색
- 올리브유 : 1큰술 …… 투명색
- 치즈 가루 : 2큰술 …… 옅은 노란색
- 소금 : 약간 …… 흰색→투명색

[파우더 스파이스]
- 터메릭 : 1작은술 …… 노란색
- 화이트페퍼 : 1작은술 …… 흰색
- 카더멈 : 1작은술 …… 흰색
- 페뉴그릭 : 1/2작은술 …… 옅은 노란색
- 차트 마살라 (있을 경우) : 1/2작은술 …… 옅은 갈색

만드는 방법

1. 닭고기는 껍질을 제거하고 관절 부분에서 2개로 가른다.
2. 볼에 마리네이드용 재료와 파우더 스파이스를 넣고 잘 섞는다.
3. 닭고기를 2에 넣은 다음 잘 재워 냉장고에 2시간 (가능하다면 하룻밤) 정도 둔다.
4. 200℃로 예열한 오븐에서 20~25분 정도 굽는다.

바비큐(Barbecue)는 장작이나 숯을 사용해 장시간에 걸쳐 약불로 천천히 굽는 요리를 말합니다. 한편, 단시간에 직화 구이를 하는 경우는 그릴(Grill)이라고 하여 바비큐와 구별합니다. 다만, 일본에서는 야외에서 고기를 구워 먹는 행위나 조리방법을 가리켜 바비큐라고 부릅니다. "이번 주말에 바비큐 파티 어때?"라는 식으로 쓰이지요. 정육점에서 사 가지고 온 생고기에 소금과 후추를 뿌리고 구워서 즐기면 그것이 바비큐거든요. 소금 맛이 지겨우면 간장 베이스의 양념이나 바비큐 소스도 있지요. 그런데 그것 말고도 더욱 맛있게 즐기는 방법이 있답니다. 바로 '탄두르'죠. 탄두르는 주로 인도 요리에서 흔히 쓰이는 화덕을 말합니다. 커다란 항아리와 같은 용기 바닥에 벌겋게 달아오른 목탄을 넣고 뚜껑을 닫아 가열합니다. 화덕 안의 온도는 350℃에서 400℃ 정도까지 올라간다고 해요. 탄두리 치킨은 모두 아는 바와 같이 마리네이드 한 닭고기를 꼬치에 꽂아 굽는 것인데, 야외에서 이런 요리를 해낸다면 틀림없이 영웅이 되겠지요. 물론 탄두르(화덕)는 없지만 그래도 괜찮아요. 석쇠에서 구우면 되니까요.

바비큐를 하러 나가기 전에 닭고기를 마리네이드 해 둡니다. 모두의 주목을 끌 포인트는 두 종류의 탄두리 치킨을 준비하는 일. 맛뿐 아니라 색깔도 다르게 합니다. 향신료를 잘 이용하면 가능하거든요. 향신료에는 색깔을 내는 작용이 있으니까요. 또 마리네이드 할 다른 재료의 색과 맛도 중요합니다. 그림물감을 섞을 때처럼 즐기면서 준비해 보세요.

완성 후의 색깔을 머릿속으로 그리면서 레시피를 설계할 수 있게 되면 향신료를 사용하는 것이 즐거워집니다. 오렌지색과 레몬색뿐 아니라, 예를 들어 레몬색 탄두리 치킨 재료에서 터메릭 파우더를 빼면 화이트 탄두리 치킨이 되고, 민트나 샹차이, 파슬리와 같은 프레시 스파이스(허브)를 페이스트 상태로 만들어 마리네이드 하면 그린 탄두리 치킨이 완성됩니다. 블랙페퍼나 검정깨를 갈아서 듬뿍 사용하면 블랙 탄두리 치킨을 만들 수도 있습니다.

이쯤 되면 블루나 퍼플 탄두리 치킨도 가능하지 않을까요? 무지개나 마블 형태는 어때요? 그건 상상 속에서 해보는 것으로 하죠.

CHAPTER 2　　[MAKE]　　향신료를 사용해 요리하기

부타카쿠니 만세!
로스트비프 만세!

● 요즘 짧은 시간에 완성할 수 있는 간편 요리 레시피가 참 많잖아. 근데 왜 그 반대는 없을까?
● 그야 당연하지. 다들 바쁜데 누가 일부러 시간이 드는 일을 하고 싶어 하겠어!
● 그래도 시간이 해결해주는 것도 있거든. 힘든 일이나 슬픈 일이 있어도 시간이 지나면 잊을 수 있듯이.
● 그거랑 요리랑은 다르지 않나?
● 꼭 그렇지만도 않지. 시간을 충분히 들여야 맛있어지는 요리도 있는 법이라고. 카쿠니(돼지고기 조림)나 로스트비프처럼.
● 듣고 보니 그러네. 그래도 역시 번거롭긴 할 것 같아.
● 자, 이렇게 생각해 봐. 조리하는 데 드는 수고는 완성될 때까지 걸리는 시간에 비례하지 않아.
● 무슨 뜻이야?
● 무슨 말이냐면 예를 들어서 로스트비프에 1시간이 걸리든, 돼지고기 조림에 2시간이 걸리든 조리하는 내내 냄비 옆에 붙어 있어야 하는 게 아니라고. 그 사이에 영화를 한 편 볼 수도 있고 식탁에 앉아 소설 한 편을 읽을 수도 있지.
● 마리네이드 액에 하룻밤 재워 뒀다가 하는 요리는 그 사이에 푹 자면 된다는 얘긴가!
● 맞아. 바로 그 말이지. 그리고 향신료도 마찬가지야.
● 시간을 들여야 천천히 오랫동안 향이 난다고?
● 그렇지. 뿌린 순간 향을 발산하게 하는 방법도 있지만, 시간을 들여서 향이 서서히 식재료로 옮겨가게 하는 방법도 있거든.
● 그러니까, 시간이 걸리는 요리는 대단하다는 말이지.
● 어때? 꼭 짧은 시간에 하는 것만이 대단한 건 아니라는 생각이 들기 시작하지?
● 그러네. 그래도 시간이 오래 걸리는 요리는 역시 네가 하길 바라.

덩어리 고기로 조리하는 것을 동경하는 사람이 많을 거라 생각합니다. 시간은 걸려도 맛있다는 걸 모두 아니까요. 그런데 거기에 향신료를 투입하면 맛이 한층 더 좋아진다는 사실을 아는 사람은 많지 않을 것 같습니다. 덩어리 고기 요리의 대표 격인 부타카쿠니(돼지고기 조림)나 로스트비프만 해도 그렇습니다.

효과를 실감하려면 실제로 만들어 보는 수밖에 없겠죠. 덩어리 고기를 가열 조리할 때는 한 가지 규칙이 있습니다. 바로 '고온→저온→휴지'라는 순서를 지키는 일이지요. 이 규칙은 매우 중요합니다. 시작 단계의 고온 조리는 '마이야르 반응(Maillard reaction)'을 통해 맛을 창출하는 행위입니다. 그다음의 저온 조리는 고기를 천천히 가열해 섬유질을 파괴하지 않고 소재의 맛을 끌어내는 단계이고요. 마지막에는 휴지함으로써 맛이 배어 부드러워지는 것이지요.

이러한 과정 중 어느 타이밍엔가 향신료를 투입하는데, 대개는 고온 조리 전이나 후입니다. 즉 가장 시간이 걸리는 저온 조리를 하는 동안 고기와 향신료를 함께 둘 필요가 있기 때문이죠. 자, 그럼 이제 실천해 볼 차례입니다.

Rules
덩어리 고기를 가열 조리할 때의 규칙

1. 처음엔 고온 조리
2. 이어서 저온 조리
3. 마지막엔 휴지

RECIPE 1

초간단 부타카쿠니

재료 4인분

돼지 목심 (덩어리) : 600g
마늘 : 1쪽, 파 : 1개
생강 (껍질 벗긴 것) : 2쪽

[홀 스파이스]
스타 아니스 : 1개
클로브 : 3개
시나몬 : 1개

[조미료]
맛술 : 300㎖
물 : 300㎖
설탕 : 3큰술
간장 : 3큰술
식용유 : 약간
소금 : 약간

밑준비

돼지고기는 3~4cm 크기로 네모나게 썬다. 마늘과 생강은 칼등으로 두드려 으깬다. 파는 1cm 폭으로 어슷썰기 한다.

만드는 방법

1. 프라이팬에 식용유를 두르고 센 불에서 달군 후 돼지고기를 넣어 표면 전체를 잘 굽는다. ※고온 조리
2. 돼지고기를 적당한 냄비에 옮겨 담고 맛술과 물, 마늘, 생강, 파를 넣고 푹 조린다. 거품을 제거하고 홀 스파이스와 설탕을 넣은 다음 냄비 안에 쏙 들어가는 나무 뚜껑을 덮고 약불에서 1시간 정도 익힌다. 간장을 넣고 다시 뚜껑을 덮은 후 약불 상태에서 1시간 정도 더 가열한다. 소금으로 간을 맞춘다. 고기를 이쑤시개 등으로 찔러보고 쏙 들어가면 불을 끈다. ※저온 조리 ※향신료 투입
3. 30분 정도 상온에 뒀다가(필요하다면 다시 약불에서 가열한 후) 그릇에 담는다. ※휴지

RECIPE 2

초간단 로스트비프

재료 4인분

소 넓적다리 살 (덩어리) : 500g
소금 : 10g
블랙페퍼 (페퍼 밀에 간 것) : 적당량
넛맥 파우더 : 약간
마늘 : 적당량
뜨거운 물 : 1,000㎖
물 : 200㎖
기름 : 1~2작은술

밑준비

소고기는 실온에 2시간 정도 두었다가 표면 전체에 마늘의 자른 단면을 비벼서 마늘즙을 묻히고 소금을 친 후 블랙페퍼와 넛맥 파우더를 뿌린다. 밥솥에 뜨거운 물과 물을 넣고 보온으로 해둔다(온도는 70℃ 정도). ※향신료 투입

만드는 방법

1. 프라이팬에 기름을 두르고 센 불에서 달군 후 밑간한 고기를 넣고 표면 전체를 잘 굽는다. 고기를 살살 굴려가면서 굽는다. ※고온 조리
2. 밀폐 봉투에 담아 빨대를 꽂고 입구를 막은 후 공기를 빨아내고 나서 밀폐한다. 가능한 한 진공에 가까운 상태로 만든다. 밥솥의 온수 안에 넣고 보온 상태에서 40분 정도 조리한다. ※저온 조리
3. 고기를 꺼내 실내에 둔다. 열을 가한 시간과 같은 시간만큼 휴지시킨다. ※휴지

가미한 고추기름을
직접 만들다

기름을 사용하는 요리는 대개의 경우 향과 맛을 포개 가면서 만듭니다. 마파두부를 예로 들면 이해가 빠를 것 같습니다. 마파두부를 직접 만들어 본 적 있나요? 마트에서 구할 수 있는 마파두부용 소스를 사용해서 말고, 직접 만드는 것 말이에요. 만드는 방법은 대충 이런 식입니다.

마파두부 만드는 방법

냄비에 기름을 달궈 돼지고기 간 것을 볶으면서 마늘, 춘장, 두반장(豆瓣醬, Douban), 두시장(豆豉醬, Douchi : 검정콩을 소금에 절여 발효시켜 수분을 줄인 다음 페이스트 상태로 만든 조미료), 고춧가루를 첨가한다. 수프를 넣고 두부를 넣어 조미료(술, 간장, 소금)로 간을 한다. 물에 푼 전분을 넣어 걸쭉하게 만든 후 마지막에 고추기름과 산초를 뿌려 준다.

레시피에 사용된 재료는 다음과 같이 분류할 수 있습니다.

마파두부의 재료

- 기름, 고추기름 …… **기름의 향**

- 돼지고기 간 것, 두부 …… **주재료의 맛**

- 춘장, 두반장, 두시장 …… **발효 조미료의 맛**

- 맛술, 간장, 소금 …… **조미료의 맛**

- 고춧가루, 산초 …… **향신료의 향**

- 수프 …… **맛**

순서는 어떻든 간에 맛과 향을 층층이 포개 가고 있음을 알 수 있습니다. 그럼 마파두부에 사용되는 고추기름은 어떻게 만들까요?

고추기름(라유) 만드는 방법

고춧가루에 고온으로 가열한 파기름을 부어 섞는다.

그렇다면 고추기름에 사용되는 파기름은 어떻게 만들까요?

파기름 만드는 방법

마늘, 생강, 파를 기름에 달달 볶아서 건더기를 걸러낸다.

이 과정을 반대로 나열해서 정리해 볼까요. 기름에 파의 향을 입혀 파기름을 만들고, 거기에 고추의 향과 매운맛을 더해 고추기름을 만든 후, 각종 조미료와 주재료를 넣으면 마파두부가 완성됩니다.
그런데 한때 일본에서 '먹는 고추기름'이라는 제품이 한창 유행한 적이 있습니다. 도대체 뭐였을까요? 한마디로 설명하면 '간을 한 고추기름'입니다. 고추기름은 기름에 향과 매운맛만을 입힌 것이라 본래는 맛이 나지 않습니다. 그런데 거기에 소금과 설탕을 첨가하면 어떨까요? 당연히 맛이 느껴지겠지요. 그러니 보통의 고추기름은 밥에 뿌려 비벼 먹어도 맛이 없지만, '가미한 고추기름'은 밥에 비벼 먹으면 멈출 수가 없을 정도로 맛있는 것이죠.
이러한 사실에 주목해 맨 처음 '가미한 고추기름'을 개발한 것은 오키나와에 위치한 이시가키지마(石垣島)라는 섬에 있는 '펜긴

(辺銀) 식당으로, 2000년도에 '이시가키지마 라유'를 상품화했습니다. 정말 대단한 제품이었지요. 아이디어는 물론이고 맛까지도요. '이시가키지마 라유'의 원재료는 다음과 같습니다.

이시가키지마 라유의 재료

섬 고추, 강황, 필발(Piper longum), 이시가키 소금, 흑설탕, 마늘, 흰깨, 검정깨, 산초, 식물성 기름 (펭귄 식당의 웹사이트에서 발췌, 순서 무관)

원재료는 향신료와 소금과 설탕. 향신료가 맛을 돋우는 역할을 한다는 걸 펭귄 식당이 증명한 셈이죠. 이 제품이 히트를 치면서 대형 식품회사들까지 너도나도 나서서 '가미한 고추기름'을 만들기 시작합니다. 그런데 그 후에 출시된 각종 제품은 약간 느낌이 달랐는데, 모 식품회사의 원재료를 예로 살펴볼까요.

모 업체의 제품

식용 유채씨유, 튀긴 마늘, 식용 참기름, 고추, 튀긴 양파, 고추장, 설탕, 식염, 파프리카, 참깨가루, 양파 파우더, 분말 간장(보리를 포함), 조미료(아미노산), 산화방지제(비타민 E)

혹시 눈치채셨나요? 네, 바로 된장, 간장, 감칠맛 조미료가 들어 있습니다. "더욱 맛있게 만들자"는 의도였겠죠. 요리라는 게 맛과 향을 층층이 쌓아 가는 것이므로 어디까지 포갤 것이냐는 만드는 사람의 자유죠. 더하기 빼기를 통한 무수한 가능성 중에서 만드는 사람이 선택하면 그만입니다. 그럼 이제 고추기름을 직접 한번 만들어 볼까요.

RECIPE 1

'고추기름(라유)' 만들기

재료 4인분

식물성 기름 : 100㎖   마늘 : 2쪽   굵게 간 고추 : 3큰술
참기름 : 100㎖   생강 : 1쪽   곱게 간 고추 : 3큰술
대파 흰 부분 : 1/4개

만드는 방법

1. 볼에 고추를 넣어 둔다.
2. 냄비에 식물성 기름을 달구고 잘게 다진 마늘, 생강, 파의 흰 부분을 넣어 노르스름해질 때까지 달달 볶은 후 기름을 걸러 냄비에 다시 넣는다.
3. 거른 기름을 센 불에서 연기가 나기 직전까지 가열한 후 볼에 단번에 붓는다. 볼 안을 저어 보글보글했던 거품을 진정시킨 다음 참기름을 넣고 섞는다.

RECIPE 2

'가미한 고추기름' 만들기

재료 4인분

식물성 기름 : 300㎖   고춧가루 : 1큰술
대파 (녹색 부분) : 1개   설탕 : 2큰술
생강 (슬라이스) : 1쪽   소금 : 2작은술
말린 새우 (다지기) : 3큰술   참기름 : 100㎖
붉은 된장 : 50g   [토핑용]
다시마 차 (있을 경우) : 1큰술   · 튀긴 마늘 (잘게 다지기) : 적당량
두반장 : 2큰술   · 튀긴 양파 (잘게 다지기) : 적당량

만드는 방법

1. 볼에 붉은 된장, 다시마 차, 두반장, 고춧가루, 설탕, 소금을 넣어 잘 섞어둔다.
2. 냄비에 식물성 기름과 대파, 생강을 넣고 가열해 살짝 탈 정도로 튀겨낸 후 기름을 걸러 냄비에 다시 넣는다.
3. 말린 새우를 넣고 살짝 튀겨낸 후 불을 끄고 그대로 볼에 조금씩 넣으면서 섞는다.
4. 토핑 재료를 첨가해서 혼합한다.

• 샐러드유는 산화하기 쉬우므로 사용하지 않는다.

CHAPTER 2 [MAKE] 향신료를 사용해 요리하기

최고의 카레 가루 직접 만들기

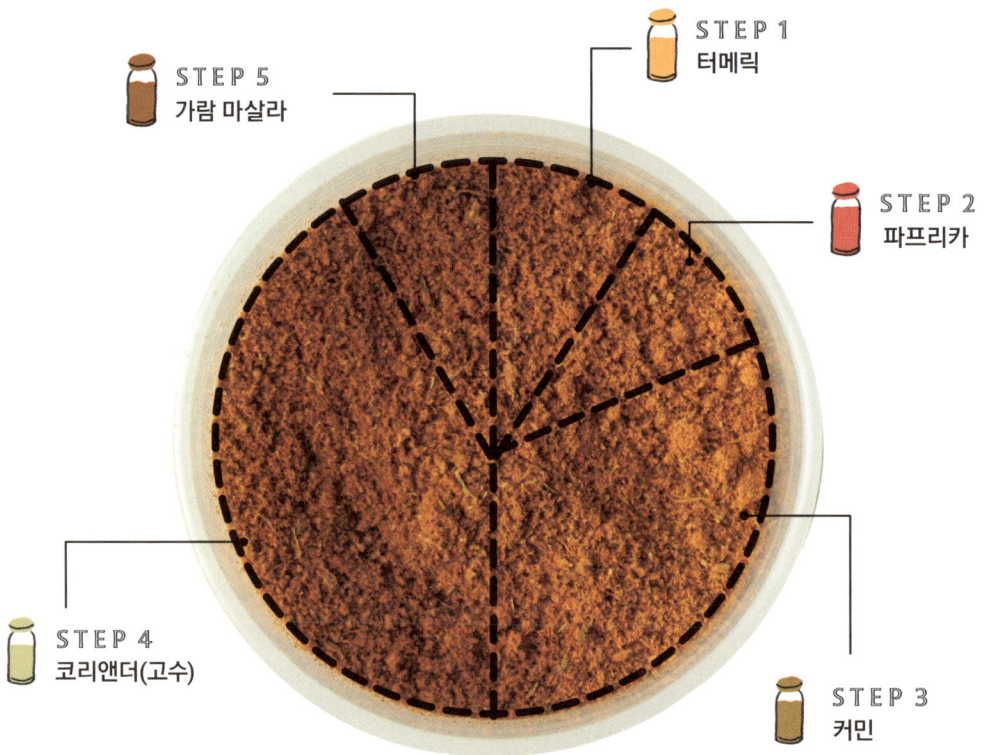

STEP 1 터메릭
STEP 2 파프리카
STEP 3 커민
STEP 4 코리앤더(고수)
STEP 5 가람 마살라

카레 가루도 직접 블렌딩 할 수 있다!

일본에서 가장 유명한 카레 가루에는 몇 종류의 향신료가 사용되는지 아세요? 30종류 이상입니다.
이처럼 유명한 카레 가루보다 더 좋은 향이 나는 카레 가루를 본인이 직접 만들 수도 있어요. 과연 몇 종류의 향신료가 필요할까요? 40종류? 50종류? 100종류?
정답은 5종류입니다. 이 다섯 가지 향신료로 만드는 카레 가루의 향이 얼마나 좋은지 경험해 보세요. 즐겁게 기본 향신료를 익히면서 어른부터 아이까지 누구나 좋아하는 최고의 카레 가루 만드는 방법을 배워 볼까요?

준비물

입구가 넓은 밀폐용기   작은 프라이팬
큰 스푼, 작은 스푼   고무 주걱

필요한 향신료

모두 분말 상태로 준비할 것

터메릭 : 1/2작은술
파프리카 (또는 레드칠리) : 1/2작은술
커민 : 2작은술
코리앤더 : 1큰술
가람 마살라 : 1/2작은술

STEP 0

먼저 모든 향신료를 나열해 놓고 색깔을 확인합니다. 터메릭(노란색), 파프리카(빨간색), 커민(갈색), 코리앤더(옅은 갈색), 가람 마살라(짙은 갈색).

STEP 1

각 향신료의 향을 하나씩 확인해 가면서 섞어 줍니다. 먼저 터메릭을 밀폐용기에 넣어 주세요. 아마도 터메릭 단독의 향을 직접 맡아본 사람은 의외로 드물 거예요. 흙냄새 같은 향이 납니다.

STEP 2

다음은 파프리카 또는 레드칠리. 이 둘의 차이는 매운맛이 있고 없고입니다. 취향에 따라 선택해 주세요. 나는 이 구수한 향을 매우 좋아합니다. 밀폐용기에 넣어 주세요. 노란색의 터메릭 위에 빨간색 층이 생기겠죠. 뚜껑을 닫고 흔들어서 잘 섞어주면 예쁜 오렌지색 가루로 변합니다. 뚜껑을 열어 향을 맡아보세요. 어때요? 터메릭과 파프리카가 섞인 향이 난다고요? 물론, 그렇겠죠.

STEP 3

이번엔 커민. 커민은 단독으로도 인상적인 향을 풍깁니다. 매우 독특해서 두드러지지요. 이 커민을 밀폐용기에 넣고 마구 흔들어줍니다. 방금 전까지 예쁜 오렌지색이었던 것이 사라져 조금 아쉽네요. 용기 뚜껑을 열고 향을 맡습니다. 어떤가요? 이쯤 되면 평소 접하는 카레 같은 향이 날지도 모르겠네요. 그렇습니다. 겨우 세 가지로도 카레 향을 낼 수 있답니다. 아직 아니라는 분은 다음 단계로 진행해 볼까요?

STEP 4

이제 코리앤더 차례입니다. 코리앤더는 조화의 향신료. 이걸 첨가하면 전체적으로 향기의 균형이 잡힙니다. 먼저 코리앤더만의 향을 맡아보세요. 달달하면서 산뜻한 향이 나지요. 내가 카레를 만들 때 가장 기대하고 의지하는 향이거든요. 자, 밀폐용기에 넣어 뚜껑을 닫고 마구 흔듭니다. 손목 스냅을 잘 이용해 보세요. 잘 섞였다면 향을 확인합니다. 어때요? 이제 완전히 카레 냄새가 나는 것 같죠?

STEP 5

마지막으로 가람 마살라 차례가 되었군요. 이 향신료는 굳이 없어도 상관 없습니다. 있으면 있는 대로 향을 더욱 부드럽게 만들어주는 역할을 합니다. 앞에서 "정답은 5종류입니다"라고 말은 했지만, 사실 가람 마살라는 대체로 다섯 가지 이상의 향신료가 혼합되어 있습니다. 좀 뻔뻔했나요? 아무튼 이것을 넣고 잘 섞은 후 향을 확인합니다. 우와, 제법 좋은 향이 나네요.

STEP 6

프라이팬을 약불에 올려 다섯 가지를 섞은 향신료를 살짝 볶습니다. 좋은 향이 솔솔 풍겨 나오겠죠. 태우지 않도록 주의하세요. 1분 정도면 충분합니다. 불을 끄고 그대로 두어 남은 열을 식힙니다. 열이 남아 있는 동안에 계속해서 좋은 향을 풍깁니다. 프라이팬의 내용물을 고무 주걱을 사용해서 밀폐용기에 다시 넣습니다. 뚜껑을 닫고 마법을 부리는 기분으로 살짝 흔들어 주세요. 이제 완성되었습니다. 혹시 가까이에 마트에서 판매하는 카레 가루가 있다면 꺼내서 향을 비교해 보세요. 그 어떤 카레 가루보다 자신이 직접 만든 수제 카레 가루의 향이 훨씬 풍부할 테니까요.

STEP 7

"어머, 아직 뭐가 더 남았어요?"라고 말하지 말아 주세요. 마지막은 보너스입니다. 카레 가루는 숙성시키면 향이 변화해 갑니다. 냉암소에 보관하면서 3일 후, 1주일 후, 10일 후, 1개월 후…. 조금씩 달라지는 향을 느껴보길 바랍니다. 정해진 숙성 기간은 없습니다. 자신이 느끼기에 좋은 향이 난다면 그때가 바로 사용할 때인 거죠. 행운을 빌게요.

CHAPTER 2　　[MAKE]　　향신료를 사용해 요리하기

직접 만든 최고의
카레 가루 활용하기

- 뭘 하길래 그렇게 즐거운 표정이야?
- 이거, 내가 좋아하거든.
  케첩과 마요네즈를 섞은 거.
- 아, 그거 맛있지.
- 혹시 오로라 보고 싶지 않아?
- 보고 싶네.
- 근데 볼 수가 없지?
- 그러게. 쉽게 볼 수 있는 게 아니지.
- 그래서 이거 만들고 있어. 오로라 소스!
- 어머나! 그런 이름이었어?
- 일본에서는 그렇게 불려.
  그런데 정식 오로라 소스는 베샤멜소스에
  토마토퓌레와 버터를 첨가한 소스라고 해.
  프랑스로 '오로르(aurore)'는 새벽이라는 의미거든.
  밝은 오렌지색을 띠어서 이런 이름이 붙은 거라네.
  여기에 카레 가루를 섞으면 카레 오로라 소스가
  되겠지.
- 오~호~! 그런 이름이구나?
- 아니. 내가 그렇게 부르는 거야.
  참고로 중농(中濃)소스에 마요네즈를 섞으면
  레인보우 소스가 돼.
- 그럼 케첩이랑 중농 소스를 섞으면?
- 미라주 소스. 아, 미라주는 신기루를 말해.
- 그렇구나. 전부 멋진 자연현상을 나타내는 이름이네.
- 그냥 내가 붙인 이름이야.
- 음. 그런 거야?
- 레인보우 소스에 카레 가루를 섞으면
  카레 레인보우 소스.
  미라주 소스에 카레 가루를 섞으면….
- 됐어! 그만해.

MAKE IT WITH
Curry Powder!

TYPE	MIXED WITH	SERVED WITH
A	케첩 + 카레 가루	소시지 (반죽한 것, 구운 것)
B	마요네즈 + 카레 가루	채소 스틱 (생채소)
C	중농 소스 + 카레 가루	커틀릿 (튀김)
D	케첩 + 마요네즈 + 카레 가루	어패류 카르파초, 만두
E	마요네즈 + 중농 소스 + 카레 가루	고로케, 굴 튀김
F	중농 소스 + 케첩 + 카레 가루	함박스테이크, 포테이토 샐러드

독일에는 카레 케첩이라는 게 있습니다. 카레 가루와 케첩을 섞은 것으로 이것을 소시지에 발라 먹는 음식이 카레 소시지(Curry wurst)입니다. 독일인의 국민 음식이라고 할 정도로 인기가 많지요. 마트 선반에는 일반 케첩 이외에 카레 케첩이라는 상품까지 진열되어 있습니다.

향긋한 카레 가루가 완성되었다면 여러 가지 조미료와 섞어 보세요. 카레 가루는 이른바 조미료입니다. 맛을 방해하지 않고 향을 입혀 한층 더 맛을 돋우는 역할을 하므로 케첩에 섞기만 해도 소시지가 맛있어집니다.

좋은 기회이니 직접 만든 수제 카레 가루로 신나게 즐겨 보세요. 주방에 늘 있게 마련인 케첩과 마요네즈와 중농 소스*. 이 세 가지로 완성되는 각종 소스에 카레 가루를 섞어 봅니다. 완성된 소스가 어떤 음식과 잘 어울릴지를 생각하는 것은 분명 즐거운 일이 될 테니까요.

* 중농 소스 : 우스터소스와 농후 소스(점도가 높은 우스터 소스)의 중간

RECIPE 1

그럭저럭 괜찮은 카레 케첩

재료 만들기 적당한 분량

올리브유 : 2큰술
작은 양파 (간 것) : 1개
마늘 (간 것) : 1쪽
카레 가루 : 1큰술
오렌지 껍질 (간 것) : 1작은술
오렌지 주스 : 100㎖
케첩 : 10㎖

만드는 방법

1. 작은 냄비에 올리브유를 둘러 가열한 후 작은 양파와 마늘을 넣고 노르스름해질 때까지 볶는다.
2. 카레 가루와 오렌지 껍질을 넣고 잘 섞는다.
3. 오렌지 주스, 케첩을 넣고 끓인 후 약불로 걸쭉해질 때까지 바짝 조린다.

CHAPTER 3

[SPICE]　　[SPICE]

COOK

향신료 카레 만들기

향신료 카레에 도전하다

어떤 세계에든 왕도를 걷고 싶어 하는 사람이 있습니다.
중심이 되는 것, 알기 쉬운 것, 인기 있는 것부터 공략하려는 사람이지요.
그래서 이번 장을 마련했습니다. 'COOK 향신료 카레 만들기'에서는 향신료를 사용해 카레를
만듭니다. 〈드라이 키마 카레〉로 향신료와 기름의 관계를 이해하고, 〈일본풍 카레우동〉으로
마무리에 향을 더하는 방법을 익히며, 〈스리랑카식 새우 카레〉로 로스팅의 위력을 느껴보고,
〈믹스 베지터블 코르마〉로 홀 스파이스의 대표격인 커민 씨에 대해서 알아보고,
〈스파이시 비프 카레〉를 통해 향신료를 푹 끓이는 과정을 살펴보겠습니다.
또, 〈남인도풍 치킨 카레〉로는 템퍼링(Tempering : 열처리)이라는 멋진 테크닉을 습득하고,
〈타이풍 피시 카레〉를 통해 신선한 향신료를 페이스트로 만들어 볼까 합니다.
〈포크 빈달루〉를 만들어 봄으로써 향신료를 사용해 마리네이드 하는 방법을 익히고,
〈본격 버터 치킨 카레〉 편에서는 오븐 구이를 해 봅니다.
그리고 보너스로 〈궁극의 카츠 카레〉에서는 토핑으로 얹을 돈가스에
향신료의 향을 입혀 볼 생각입니다.
이런저런 방법으로 향신료를 활용해 볼 텐데, 이처럼 여러 가지 카레를 만들다 보면
어느 사이엔가 온갖 향신료의 테크닉이 몸에 밸 거라 생각합니다.
맛은 물론이고 유익한 정보까지 습득할 수 있도록 이번 장을 설계해 봤습니다.

CONTENTS

P.080 향신료로 카레 만들기

P.082 드라이 키마 카레

P.084 일본풍 카레우동

P.086 스리랑카식 새우 카레

P.088 믹스 베지터블 코르마

P.090 스파이시 비프 카레

P.092 남인도풍 치킨 카레

P.094 타이풍 피시 카레

P.096 포크 빈달루

P.098 본격 버터 치킨 카레

P.100 궁극의 카츠 카레

P.102 AIR SPICE를 통해 배우는 향신료의 배합 밸런스

CHAPTER 3　[COOK]　향신료 카레 만들기

향신료로 카레 만들기

1　황금률

향과 맛을 차례로 포개는 것이 기본적인 규칙입니다.
구체적으로 어떤 식재료와 향신료가 들어가는지 예시를 보면서 상상해 보세요.

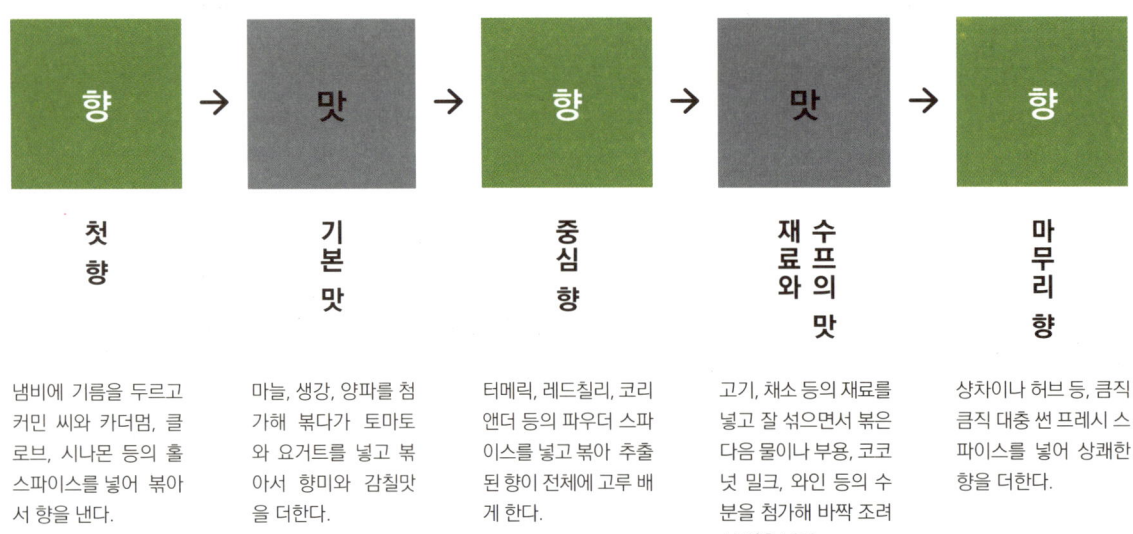

향 → 맛 → 향 → 맛 → 향

첫 향 / 기본 맛 / 중심 향 / 재료와 수프의 맛 / 마무리 향

냄비에 기름을 두르고 커민 씨와 카더멈, 클로브, 시나몬 등의 홀 스파이스를 넣어 볶아서 향을 낸다.

마늘, 생강, 양파를 첨가해 볶다가 토마토와 요거트를 넣고 볶아서 향미와 감칠맛을 더한다.

터메릭, 레드칠리, 코리앤더 등의 파우더 스파이스를 넣고 볶아 추출된 향이 전체에 고루 배게 한다.

고기, 채소 등의 재료를 넣고 잘 섞으면서 볶은 다음 물이나 부용, 코코넛 밀크, 와인 등의 수분을 첨가해 바싹 조려서 맛을 낸다.

샹차이나 허브 등, 큼직큼직 대충 썬 프레시 스파이스를 넣어 상쾌한 향을 더한다.

2　향신료 투입 순서

익는 데 시간이 오래 걸리는 향신료를 먼저 넣고 빨리 익는 것은 나중에 넣습니다.
이것은 요리의 기본이라고 할 수 있지요.

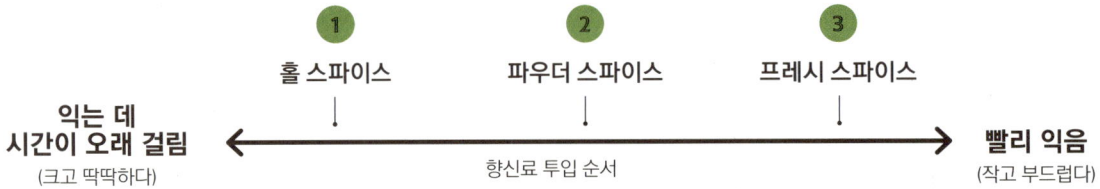

1 홀 스파이스　2 파우더 스파이스　3 프레시 스파이스

익는 데 시간이 오래 걸림 (크고 딱딱하다) ← 향신료 투입 순서 → 빨리 익음 (작고 부드럽다)

080

언젠간 꼭 향신료로 본격적인 카레를 만들어 보고 싶다. 그런 생각으로 이 멋진 향신료의 세계에 발을 들여놓은 사람이 아마 많을 텐데요. 카레는 향신료의 세계에서 4번 타자이자 홈런 타자입니다. 이렇게나 많은 향신료를 구사하여 만들 수 있는 요리는 달리 없거든요.

향신료를 사용해 만드는 카레에는 기본적인 규칙이 있습니다. 그것을 기억해 응용하면 거의 모든 카레를 만들 수 있지요.

3 향신료의 형상과 향의 성질

향은 신기합니다. 조리 시에 늦게 첨가하는 향일수록 먹을 때는 그 향이 일찍 느껴지거든요. 또, 먼저 넣은 것은 오히려 나중에야 느껴집니다. 그런 점을 계산해서 레시피를 만들 수 있다면 상당한 상급자라고 할 수 있죠.

 →  →

첫 향신료

홀 스파이스를 볶는 경우가 많고, 익히는 동안에도 조금씩 마지막까지 향을 발산합니다. 강한 인상을 남기려는 게 아니라 은근하게 향을 지속시키고 싶다면 처음에 사용하는 것이 좋지요.

중심이 되는 향신료

가루 상태로 만든 파우더 스파이스는 조리하는 중간에 넣습니다. 첨가한 직후부터 향이 나기 시작해 냄비 속 전체에 퍼지므로 카레의 중심이 되는 향이 탄생합니다. 메인 향으로 삼고 싶은 향신료는 바로 이 타이밍에 사용합니다.

마무리 향신료

주로 신선한 프레시 스파이스를 첨가합니다. 조리 마지막 단계에서 첨가해 섞어주면 선도가 좋은 향이 더해져서 카레 전체의 풍미가 한층 더 좋아집니다. 토핑으로 첨가하는 방법도 있듯이 어디까지나 악센트 역할이긴 하지만, 먹을 때 인상적인 향을 남깁니다.

4 향신료의 향을 끌어내는 방법

향은 향신료 안에 잠들어 있습니다. 그것을 끄집어내어 날아가지 못하도록 붙들어둬야 하는데, 그러기 위한 방법이 '가열'과 '기름'입니다.

가열

향신료의 향의 근원이 되는 에센셜 오일은 온도가 올라가면 휘발합니다. 그래서 볶거나 조리는 것이지요.

기름과의 융합

카레에 사용하는 향신료의 에센셜 오일은 대부분 기름에 의해 추출되기 쉬운 성질이 있습니다. 따뜻한 기름과 잘 섞어주면 좋지요. 그래서 끓일 때보다 볶을 때, 즉 유지 성분이 번져 나올 때 향신료를 사용하는 것이 효과적입니다.

CHAPTER 3 [COOK] 향신료 카레 만들기

1 COOK

LEVEL
★ ☆ ☆

[배울 수 있는 스킬]

향신료를 유지와 융합시키면 향을 한층 더 끌어낼 수 있다

분위기 있는 찻집에서
카레 가루만으로 만드는 깊은 맛의

드라이 키마 카레

혼잡한 인파를 뚫고 시끌벅적한 상점가를 요리조리 걷다가 집요하게 따라붙는 미행을 눈 깜짝할 사이에 따돌리는 범인과 같이 순식간에 몸을 감춥니다. 그리고 지하로 이어진 어스레한 계단을 내려가 묵직한 나무문을 열면 끼익 소리와 함께 뻥 뚫린 동굴과 같은 공간이 펼쳐집니다. 기분 좋은 커피 향을 맡으며 자리를 찾아 앉습니다. 웨이터가 다가와 상냥하게 묻습니다. "늘 드시는 걸로 드릴까요?" 나는 살짝 고개를 끄덕이곤 테이블을 비추는 오렌지색 램프의 불빛을 바라보며 기다립니다. 그리고 잠시 후 맛이 깊은 키마 카레가 테이블에 놓입니다. 간 고기의 기름기와 카레 가루가 멋지게 융합, 아니 융화되어 입에 넣으면 시간차를 두고 향이 퍼지기 시작하지요. 그래서 그 찻집의 카레를 찾지 않을 수가 없습니다.

재료 3~4인분

식물성 기름 : 2큰술
양파 (다진 것) : 1개
마늘 (간 것) : 1쪽
생강 (간 것) : 1쪽
토마토케첩 : 1큰술
간 고기 : 500g
[카레 가루 : 2큰술]
  ┌ 터메릭 : 1/2작은술
  │ 레드칠리 : 1/2작은술
  │ 커민 : 1/2작은술
  │ 코리앤더 : 1큰술
  └ 가람 마살라 : 약간
간장 : 1큰술
적포도주 : 50㎖
플레인 요거트 : 100g
완두콩 : 2캔
달걀노른자 : 4개 분량

만드는 방법

1. 냄비에 기름을 둘러 달군 후 양파를 넣고 표면이 노르스름해질 때까지 센 불에서 볶는다.
2. 마늘, 생강을 첨가해 100㎖의 물(분량 외)을 넣고 수분이 완전히 날아갈 때까지 볶는다.
3. 토마토케첩을 섞고 간 고기를 넣어서 볶는다(표면 전체가 잘 익어 기름기가 번져 나올 때까지).
4. 불을 약하게 줄이고 카레 가루를 첨가해서* 기름과 잘 섞이도록 1분 이상 볶는다.
5. 중불로 조절한 후 간장을 넣고 적포도주를 넣어 조린다. 플레인 요거트를 첨가해 섞고 완두콩을 넣어서 스윽 한 번 저어 뚜껑을 덮은 후 약불에서 15분 정도 조린다.
6. 그릇에 밥과 함께 담아 가운데 달걀노른자를 얹는다.

* 나무주걱으로 잘 섞으면서 볶아 가루 제형이 없어지도록 한다.

2 COOK

LEVEL
★ ☆ ☆

[배울 수 있는 스킬]

마무리에 프레시한 향을 더해준다

CHAPTER 3   [COOK]   향신료 카레 만들기

프레시 스파이스로 마무리해
깔끔한 맛을 살린

일본풍 카레우동

연말이 다가와 도시코시소바(年越し蕎麥: 일본에서 섣달 그믐날 밤에 지난해를 보내고 새해를 맞이하는 의미에서 먹는 메밀국수)라도 먹을까 싶어 밖으로 나갔습니다. 이럴 때는 오래된 가게가 정답이지요. 재즈 음악이 흐르는 요즘 느낌의 가게가 아니라, 가게 밖에 조릿대 잎이 흔들리는 그런 가게 말이에요. 8인용 테이블 구석자리에 앉아 메밀국수 대신 카레우동을 시켰습니다. 문득 대각선 방향을 쳐다보니 혼자 온 어르신이 조용히 술잔을 기울이고 있더군요. 그러고 보니 언젠가 누군가에게 이런 얘기를 들은 적이 있습니다. 인생의 경험이 쌓이면 여운을 안줏거리 삼아 술을 마실 수 있게 된다고. 카레우동은 경험이 미숙한 나에게도 충분히 맛있었습니다. 고명으로 얹은 신선한 파드득나물의 자극이 적당한 악센트가 되어 카레의 맛을 잡아주더군요. 그걸 먹으면서 마음을 다잡아 봤지요. 내일부터 다시 힘내자고.

재료 3~4인분

참기름 : 1과 1/2큰술
양파 (두껍게 슬라이스) : 2개
닭 날개 : 8개
[카레 가루 : 3큰술]
- 터메릭 : 1작은술
- 파프리카 : 1작은술
- 커민 : 1큰술
- 코리앤더 : 1큰술
- 가람 마살라 : 1작은술

소바용 맛간장 : 적당량
냉동 우동면 : 4인분
물에 푼 전분 : 6큰술
파드득나물 : 적당량
시치미토가라시 : 적당량

만드는 방법

1. 냄비에 기름을 두르고 양파를 넣어서 숨이 죽을 때까지 볶는다.
2. 닭 날개를 넣어 잘 섞어가면서 볶는다.
3. 카레 가루를 첨가해 전체가 어우러지도록 볶는다.
4. 소바용 맛간장을 부어 한 차례 끓으면 뚜껑을 덮고 약불에서 30분 정도 끓인다.
5. 우동면을 넣고 끓인다.
6. 물에 푼 전분을 첨가해 국물이 걸쭉해지면 <u>파드득 나물을 뿌리고 시치미토가라시를 뿌려준다.</u>*

* 마무리에 악센트 역할을 하는 향신료를 뿌려 섞어준다. 양은 취향에 맞게.

CHAPTER 3　[COOK]　향신료 카레 만들기

악마의 속삭임이 들리면 구수한 향이 나기 시작한다
카레 가루를 태워 만든

스리랑카식 새우 카레

[배울 수 있는 스킬]
**카레 가루를 볶아
향미를 강화한다**

3
COOK

LEVEL
★ ★ ☆

사랑 때문이라면 그리도 애를 태우면서, 왜 요리할 때는 태우는 것을 극도로 꺼리는 걸까요? 타면 쓰고 맛이 없어서? 타면 냄새가 역하고 쓰고 맛이 없다는 건 정말일까요? 내가 처음으로 탄 플레이버의 카레를 먹었던 것은 어느 거리의 오래된 카레 가게에서였습니다. 현미경을 들여다보듯이 흑갈색 카레 소스에 초점을 맞추니 탄 카레 가루 알갱이가 찔끔찔끔 보이더군요. 그런데 이 맛이 너무 좋았습니다. 커피든 초콜릿이든 로스팅이라는 과정이 따라붙는데요. 카레도 마찬가지입니다. 카레 가루를 볶아서 타기 직전에 불을 끕니다. 그 향이 어찌나 구수한지요! 믿어 보세요. 스리랑카에는 로스티드 카레 파우더라는 게 있을 정도니까요.

재료	3~4인분			밑준비

식물성 기름 : 3큰술　　　[카레 가루 : 3큰술]　　소금 : 1작은술　　　　　　밑준비
마늘 (다진 것) : 2쪽　　　　터메릭 : 1작은술　　　　코코넛 밀크 : 400㎖　　　새우는 껍질을 벗기지 않고
생강 (다진 것) : 2쪽　　　　파프리카 : 1작은술　　　새우 : 16마리 (480g)　　　등 부분의 내장만 제거해 둔다.
양파 (슬라이스) : 1개　　　　커민 : 1큰술　　　　　　(껍질 째, 가능하면 머리 포함)
　　　　　　　　　　　　　코리앤더 : 1큰술　　　　감자 (한입 크기) : 1개
　　　　　　　　　　　　　가람 마살라 : 1작은술　　판단 잎 : 적당량
　　　　　　　　　　　　　　　　　　　　　　　　설탕 : 2작은술

만드는 방법

1. 냄비에 기름을 두르고 마늘과 생강을 넣어 적당히 볶는다.
2. 양파를 넣고 표면이 갈색이 될 때까지 볶는다.
3. 카레 가루와 소금을 넣고 중불에서 3분 정도 구수한 향이 날 때까지 볶는다.*
4. 코코넛 밀크를 붓고 새우, 감자, 판단 잎, 설탕을 넣어 약불에서 20분 정도 푹 끓인다.

* 카레 가루를 확실하게 볶는다. 갈색 빛깔이 돌고 구수한 향이 날 때까지.

CHAPTER 3 　[COOK]　향신료 카레 만들기

LEVEL ★★☆

[배울 수 있는 스킬]
홀 스파이스의 향을 기름에 배게 한다

부담없이 인도를 느끼고 싶다면
커민 씨를 볶아 보자

믹스 베지터블 코르마

일본의 공항은 간장 냄새가 나고 한국의 공항은 김치 냄새가 난다는 얘기를 들어본 적이 있습니다. 그러고 보니 하와이 공항에서는 코코넛 냄새가 났던 기억이 있네요. 그럼 프랑스 공항에서는 분명 치즈 냄새가 나겠지요. 인도에는 벌써 여러 차례 다녀왔습니다만, 공항에 도착하면 왠지 커민 향이 나는 것 같아요. 하나의 향신료로 인도 요리를 떠올리게 하고 싶다면 커민 씨만 한 게 없지요. 기름에 볶기만 해도 마음은 이미 그 나라에 가 있습니다. 본격적인 향의 카레를 만들고 싶다면 이 향신료에서부터 시작해 보세요. 완성된 카레를 먹으면 가끔 커민이 입 안에서 톡 하고 터집니다. 그리고 그 순간 또 여행이 시작됩니다.

재료　3~4인분

식물성 기름 : 1큰술
[홀 스파이스]
- 커민 씨 : 1작은술

마늘 (다진 것) : 1쪽
생강 (다진 것) : 1쪽
양파 (슬라이스) : 1개
플레인 요거트 : 200g

[파우더 스파이스]
┌ 터메릭 : 1/2작은술
│ 레드칠리 : 1/2작은술
└ 코리앤더 : 1큰술

소금 : 1작은술
마늘 (작게 깍둑썰기) : 작은 것 1개
호박 (깍둑썰기) : 1/4개
강낭콩 (2㎝ 폭으로 썰기) : 20개
가지 (깍둑썰기) : 소 2개
생크림 : 100㎖
버터 : 20g

밑준비

가지는 가능하면
밀가루 옷을 입히지 않고
그대로 기름에 튀겨 둔다.

만드는 방법

1. 냄비에 기름을 뜨겁게 달궈 커민 씨를 넣고 볶는다.＊ 주변에 보글보글 거품이 생기면서 짙은 갈색이 될 때까지.
2. 마늘, 생강을 넣고 노릇노릇 볶다가 양파를 넣고 노르스름해질 때까지 볶는다.
3. 플레인 요거트를 첨가해 잘 섞으면서 수분이 적당히 날아갈 때까지 볶는다.
4. 파우더 스파이스와 소금을 넣고 볶는다.
5. 채소를 전부 넣고 뚜껑을 닫아 약불에서 30분 정도 익힌다.
6. 뚜껑을 열어 생크림을 넣고 섞은 다음 버터를 첨가해 2~3분 정도 조린다.

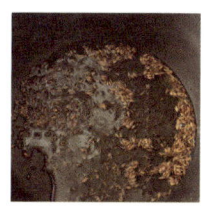

＊ 약간 심하다 싶을 정도로
짙은 갈색이 될 때까지
열을 가해도 괜찮다.

5 COOK

LEVEL
★ ☆ ☆

[배울 수 있는 스킬]
천천히 오래 조려서 향을 추출한다

CHAPTER 3 　[COOK]　향신료 카레 만들기

소고기가 녹아 없어질 만큼 익으면
서서히 향의 서곡이 시작된다

스파이시 비프 카레

"우리 초등학교 때 미술시간에 스크래치 아트 했었잖아."
그 시절이 그립다는 듯 말을 꺼냈습니다.
"그렇게 폼 잡고 이야기할 것 까지야…."
그녀가 말했습니다.
스케치북에 그림물감으로 여러 가지 색을 칠하고 그 위를 검은 크레용으로 마구 칠해 온통 까맣게 뒤덮어 놓은 후 이쑤시개 같은 걸로 긁어내면 예쁜 무지개 색이 나타나지요. 향신료도 마찬가지입니다. 맨 처음 첨가한 향신료의 향은 마지막에야 모습을 드러내거든요. 원형 그대로의 향신료는 익으려면 시간이 걸리므로 처음에 볶습니다. 천천히 오래오래 시간을 들여야 향이 추출되고 그래서 마지막에야 슬며시 느껴집니다. 숨어 있던 향신료가 드디어 본성을 드러내는 것이지요.

재료　3~4인분

식물성 기름 : 1큰술
[홀 스파이스]
┌ 카더멈 : 5개
│ 클로브 : 7개
└ 시나몬 : 1개
양파 (슬라이스) : 큰 것 1개
생강 (간 것) : 2쪽
토마토퓌레 : 4큰술
[파우더 스파이스]
┌ 터메릭 : 1/2작은술
│ 레드칠리 : 1/2~1작은술
│ 커민 : 2작은술
└ 코리앤더 : 1큰술
소금 : 1/2작은술
소 안심살 (한입 크기) : 500g
적포도주 : 500㎖
치킨 부용 : 400㎖
간장 : 1큰술
블루베리 잼 : 1큰술

만드는 방법

1. 냄비에 기름과 홀 스파이스를 넣고 약불에 올려 향이 서서히 기름에 배게 한다(카더멈이 부풀어 오를 때까지).
2. 양파를 넣어 갈색이 될 때까지 볶고 생강을 첨가해 수분이 날아갈 때까지 볶는다.
3. 토마토퓌레를 넣고 섞어가면서 볶는다.
4. 파우더 스파이스와 소금을 첨가해서 볶는다.
5. 다른 프라이팬에 약간의 기름(분량 외)을 달궈 소금 후추로 맛을 낸 소고기를 넣고 표면 전체가 노릇노릇해질 때까지 잘 익힌 후 적포도주를 부어 알코올 성분을 날린 후 냄비에 넣는다.
6. 치킨 부용을 부어 끓이고 간장과 잼을 첨가해 약불에서 뚜껑을 덮고 1시간 정도 조린다.*

* 카더멈은 천천히 오래 가열해야 향이 추출되고 카레 소스 전체에 배어든다.

CHAPTER 3　　[COOK]　향신료 카레 만들기

전문가처럼 보이는 템퍼링 법으로
향의 폭죽을 쏘아올리자

남인도풍 치킨 카레

【 배울 수 있는 스킬 】
향신료 투입 순서로 향을 조절한다

6
COOK

LEVEL
★★★

나는 예전부터 과묵한 사람을 동경했습니다. 나처럼 말 많은 사람은 왠지 믿음직하지 못한 것 같아서요. 가만히 입 다물고 있다가 마지막에 불쑥 한마디 꺼내면 폭죽의 스타 마인(Mine, 공중으로 쏘아올리는 폭죽)처럼 그 말이 사방팔방으로 날아가 상대방을 감쌉니다. 그리고 눈앞에 있던 그 사람은 밤하늘을 올려다보며 빛의 샤워를 하는 것 마냥 맑게 갠 얼굴이 됩니다. 그렇습니다. 마지막 말에 무게감이 커지는 것이지요. 그래서 인기도 많고요. 나는 향신료를 사용할 때면 가끔 그런 생각을 떠올립니다. 요리를 마무리할 때 첨가하는 템퍼링 향신료는 향을 전면에 퍼뜨리거든요. 분명 먹는 사람을 감동에 휩싸이게 하겠죠!

재료 3~4인분

식물성 기름 : 2큰술
[홀 스파이스]
　카더멈 : 4개
　클로브 : 6개
　시나몬 : 1/2개
　메이스 (있을 경우) : 2꼬집
마늘 (다진 것) : 1쪽
생강 (다진 것) : 2쪽
양파 (슬라이스) : 1개
토마토퓌레 : 3큰술
[파우더 스파이스]
　터메릭 : 1/2작은술
　파프리카 : 1작은술
　코리앤더 : 1큰술 넘치게
소금 : 1작은술
닭 넓적다리 살 : 500g
물 : 200㎖
코코넛 밀크 : 200㎖
[템퍼링용]
　식물성 기름 : 2큰술
　머스터드 씨 : 1/2작은술
　붉은 고추 (씨 제거한 것) : 2개
　펜넬 씨 : 1/2작은술
　우라드 달 (있을 경우) : 1작은술

* 보글보글 힘찬 소리와 함께 향이 피어오른다.

만드는 방법

1. 냄비에 기름과 홀 스파이스를 넣고 약불에서 가열하여 천천히 향을 이동시킨다(카더멈이 부풀어 오를 때까지).
2. 마늘, 생강을 첨가해 적당히 볶다가 양파를 첨가해 갈색 빛깔이 돌 때까지 볶는다.
3. 토마토퓌레를 넣고 고루 섞어가면서 볶는다.
4. 파우더 스파이스와 소금을 첨가해서 볶는다.
5. 닭고기를 넣고 표면 전체가 노릇노릇해질 때까지 볶는다.
6. 물을 붓고 끓이다가 코코넛 밀크를 넣고 한 번 더 끓인다. 약불로 줄인 후 뚜껑을 덮고 30분 정도 조린다.
7. 자그만 프라이팬에 템퍼링용 기름을 달궈 향신료를 넣고 볶는다. 가능하면 프라이팬을 기울여 기름을 한쪽으로 모아서 머스터드 씨가 잠기도록 하면서 볶는다. 펜넬 씨가 갈색 빛을 띠면 조리던 기름을 통째로 냄비에 옮겨 넣고 섞어 준다.

7 COOK

LEVEL ★★★

[배울 수 있는 스킬]
향신료를 페이스트로 만들어 향기를 강화한다

CHAPTER 3　　[COOK]　　향신료 카레 만들기

타이 카레 페이스트를
직접 만들 수 있다는 놀라움과 기쁨을

타이풍 피시 카레

잘 단련된 몸을 가진 축구 선수는 심플한 유니폼을 입고 그 자리에 가만히 서 있기만 해도 멋있습니다. 그 자체로 그림이 되는 것이죠. 유행하는 패션으로 몸을 치장하고 멋진 가방을 들 필요도 없지요. 그건 마치 질 좋은 프레시 스파이스와 같습니다. 갈아 으깨기만 해도 믿을 수 없을 정도로 풍부한 향을 발산합니다. 재빠르게 달리는 모습이 서 있는 것보다 멋있게 보이는 것과 같죠. 그렇다면 향신료 페이스트를 가열 조리해서 카레로 만드는 행위는 어떨까요? 두말할 필요도 없이 에이스 스트라이커가 프리킥을 차는 것과 같지요. 어려운 레시피나 손이 많이 가는 과정이라고는 전혀 없는 카레. 아마도 직접 골대를 흔드는 것 같은 맛으로 완성될 것입니다.

재료　3~4인분

[타이 카레 페이스트용]
- 레몬그라스 : 1개 분량
  (있을 경우, 줄기 아래 부분)
- 마늘 : 2쪽
- 생강 : 2쪽
- 바질 : 6줄기
- 샹차이 : 3개
- 그린칠리 : 4개
- 까뻬 : 1작은술
  (카피, Kapi : 태국 새우장)
  (없을 경우에는 젓갈 : 1큰술)
- 물 : 약간

코코넛 밀크 : 400㎖
방어 (한입 크기) : 4조각
채소 : 적당량
남플라 : 1큰술
(Nampla : 발효 생선 소스)

만드는 방법

1. 페이스트용 재료를 믹서에 넣어 페이스트로 만든다.
2. 냄비에 코코넛 밀크를 넣고 불에 올려 기름기가 분리될 때까지 바글바글 끓인다.
3. 카레 페이스트를 첨가해 잘 섞어준다.*
4. 방어와 채소, 남플라를 넣고 끓인다.

[페이스트를 볶는 방법]
코코넛 밀크 캔은 브랜드에 따라 기름기가 분리되지 않는 경우도 있습니다. 그럴 땐 냄비에 기름(식물성 2큰술)을 둘러서 달군 후 먼저 페이스트를 볶습니다.

* 페이스트의 신선한 향이 마지막까지 냄비 안에 남는다.

CHAPTER 3　　[COOK]　　향신료 카레 만들기

8 COOK

LEVEL ★★★

[배울 수 있는 스킬]

고기에 풍미를 더해주는 마리네이드 기술

마리네이드의 위력을 이용하면
향신료의 매력을 실감할 수 있다

포크 빈달루

- 3.14159265358979….
- 그거 원주율이지?
- 응, 용케 알아맞혔네.
- '3.14'는 누구나 알고 있으니까. 그런데 그렇게 길게 말하지는 못하지.
- 초등학생 때 라이벌이 있었거든. 그 녀석한테 지기 싫어서 열심히 외웠더랬지. 그땐 100자리 가까이 기억하고 있었던 것 같은데….
- 그렇게나? 진짜 지기 싫었나 보네.
- 예전부터 지기 싫어하는 성격이었으니까. 그런데 어렸을 때 머릿속에 집어넣은 건 좀처럼 잊어버리질 않더라.
- '향신료도 마찬가지'라고 말하려는 거지?
- 오우~! 정답. 더 정확하게 말하면 고기에 향신료를 마리네이드 하는 것과 같아. 끓이는 동안에 향이 빠져나가지만 고기 안에 향이 남거든.
- 그 향은 먹을 때 되살아나는 거지?
- 빙고~! 그러니까 향신료 마리네이드는 오래전에 암기했던 원주율 같은 거야.

재료　3~4인분

[마리네이드용]
- 마늘 (간 것) : 2쪽
- 생강 (간 것) : 1쪽
- 매실주 : 50㎖
- 소금 : 1작은술
- 설탕 : 2작은술

[파우더 스파이스]
- 터메릭 : 1/2작은술
- 레드칠리 : 1큰술
- 코리앤더 : 1큰술
- 블랙페퍼 : 1/2작은술
- 머스터드 (있을 경우) : 1작은술

돼지 목심 : 500g
(덩어리, 한입 크기)
식물성 기름 : 3큰술
양파 (슬라이스) : 1개
토마토퓌레 : 3큰술
물 : 400㎖

[마무리 향신료]
- 가람 마살라 : 1/2작은술

밑준비

마리네이드용 재료와 파우더 스파이스를 볼에 넣어 잘 섞고 돼지고기를 넣어 버무린 다음 랩을 씌워 냉장고에 2시간 동안(가능하다면 하룻밤) 둔다.*

만드는 방법

1. 냄비에 기름을 달궈 양파를 넣고 노르스름해질 때까지 볶는다.
2. 토마토퓌레를 넣어서 볶는다.
3. 마리네이드 한 돼지고기를 마리네이드 액과 함께 넣고 표면 전체가 노릇노릇해질 때까지 볶는다.
4. 물을 넣고 한차례 끓으면 약불로 줄여서 1시간 정도 조린다.
5. 가람 마살라를 섞어준다.

* 최대 48시간까지.
마리네이드 시간이 길면 길수록 맛이 좋아진다.

CHAPTER 3　　[COOK]　　향신료 카레 만들기

9 COOK

LEVEL
★ ★ ☆

[배울 수 있는 스킬]
향을 중층적으로 느끼게 하는 설계

완성된 맛, 그 이상의 완성도
비밀은 향을 쌓는 데 있다

본격 버터 치킨 카레

낡아서 더 이상 사용하지 않는 창고처럼 창문도 없이 그저 넓기만 한 공간에서 화가는 무심히 그림만 그립니다. 그리고 숨 막힐 것 같은 집중력으로 한 장의 추상화를 완성합니다. 그곳에 한 사람의 큐레이터가 찾아오더니 아틀리에에서 그림을 꺼내 햇살이 들어오는 커다란 레스토랑 창가 벽에 걸어 놓습니다. 그림은 마치 숨결을 되찾기라도 한 듯 생생하게 사람들을 매료합니다. 버터 치킨은 그런 카레입니다. 원래 향이 강한 탄두리 치킨을 만들어 그대로도 충분히 맛있는데 그것을 재료로 카레를 만들거든요.

재료　3~4인분

뼈 붙은 닭 넓적다리 살 : 600g
(큼직큼직하게 썬 것)

[마리네이드용]
├ 플레인 요거트 : 100g
├ 마늘 (간 것) : 1쪽
├ 생강 (간 것) : 1쪽
├ 머스터드 오일 (있을 경우) : 약간
├ 레몬즙 : 1/2개 분량
└ 소금 : 1작은술

[파우더 스파이스]
├ 터메릭 : 1/2작은술
├ 레드칠리 : 1작은술
├ 파프리카 : 1작은술
├ 커민 : 2작은술
├ 코리앤더 : 1작은술
└ 가람 마살라 : 1/2작은술

버터 : 50g

[홀 스파이스]
├ 카더멈 : 5개
├ 클로브 : 7개
├ 시나몬 : 1개
└ 스타아니스 : 1개 (있을 경우)

토마토퓌레 : 100㎖
생크림 : 200㎖
벌꿀 : 1큰술
카수리 메티 (Kasoori Methi) : 1/2컵
(= 페누그릭 잎, 있을 경우)

밑준비

닭고기에 소금, 후추(분량 외)를 뿌려 15분 정도 두었다가 키친타월 등으로 표면을 확실하게 닦아 둔다.

만드는 방법

1. 볼에 마리네이드용 재료와 파우더 스파이스를 넣고 잘 섞은 후 닭고기를 넣어서 잘 버무려 랩을 씌우고 2시간 정도(가능하다면 하룻밤) 둔다.
2. 내열 접시에 1을 마리네이드 액과 함께 넣어 250℃로 가열한 오븐에서 20분 정도 굽는다.
3. 냄비에 버터와 홀 스파이스를 넣고 약불로 가열하면서 천천히 향이 배게 한다(카더멈이 부풀어 오를 때까지).
4. 2의 닭고기(탄두리 치킨)를 <u>마리네이드 액과 함께 넣고</u>* 토마토퓌레를 첨가해서 중불로 조린다.
5. 생크림과 벌꿀을 첨가해 약불에서 10분 정도 조린다.
6. 카수리 메티를 손으로 비벼서 첨가해 섞어주고 1~2분 정도 끓인다.

* 오븐에 구울 수 없는 상황이라면 이때 생고기를 마리네이드 액과 함께 넣어 볶아도 된다.

CHAPTER 3 　　[COOK]　　향신료 카레 만들기

10 COOK

LEVEL ★★☆

[배울 수 있는 스킬]

향신료로 밑간을 한다 (풍미를 더해 준다)

파리에 가게를 낼 수 있을지도?
밑간을 해 풍미를 더한

궁극의 카츠 카레

그 사람은 내가 아무리 매력적인 카레 얘기를 해줘도 전혀 관심을 보이질 않아요. 얼굴에서 미소가 떠나질 않는데 아마도 내일 떠날 프랑스 여행에 마음을 뺏긴 듯합니다. 뭐든 직접적으로 표현하는 건 별로인 걸까요? 변화구를 잘 던질 수 있다면…. 향신료도 마찬가지입니다. 토핑에 향신료를 살짝 숨겨 놓으면 신선한 놀라움을 연출할 수 있습니다. "언젠간 파리에 카츠 카레 전문점을 내려고 하는데 말이야." 그녀의 표정이 꽃이 핀 것처럼 환해졌습니다. 나는 장래의 꿈을 정했습니다.

재료　3~4인분

[돈가스용]
- 돼지 목심(돈가스용) : 8장
- 셀러리 씨 : 적당량
  (없을 경우 커민 씨)
- 밀가루 : 적당량
- 달걀 : 적당량
- 빵가루 : 적당량

식물성 기름 : 1큰술
마늘 (다진 것) : 1쪽
생강 (다진 것) : 1쪽
셀러리 (슬라이스) : 1/3개
양파 (슬라이스) : 작은 것 2개
홀토마토 : 200g

[파우더 스파이스]
- 터메릭 : 1/2작은술
- 레드칠리 : 1/2작은술
- 페뉴그릭 : 1/2작은술
- 카더멈 : 1/2작은술
- 파프리카 : 1작은술
- 커민 : 1작은술
- 코리앤더 : 2작은술

소금 : 1/2작은술
치킨 부용 : 400㎖
맛술 : 1큰술
간장 : 1작은술
당근 : 1개
호박 : 1/4개

밑준비

돼지고기를 반으로 잘라 소금(분량 외)과 셀러리 씨를 뿌려 둔다.* 커민 씨를 사용할 경우 절구로 성글게 빻는다. 튀김옷을 준비한다. 돼지고기에 밀가루를 뿌리고 잘 푼 달걀을 발라 빵가루를 단단히 묻혀 둔다.

만드는 방법

1. 냄비에 기름을 달궈 마늘, 생강을 넣고 갈색이 될 때까지 볶는다.
2. 셀러리와 양파를 넣어 전체가 잘 구워질 때까지 볶는다.
3. 홀토마토를 첨가해 확실하게 수분이 날아갈 때까지 볶는다.
4. 파우더 스파이스와 소금을 첨가해 섞으면서 볶는다.
5. 치킨 부용, 맛술, 간장을 첨가해 끓인다.
6. 적당히 썬 당근, 호박을 넣어 뚜껑을 닫고 약불에서 30분 정도 조린다.
7. 열을 식힌 후 믹서로 페이스트를 만들어 냄비에 다시 넣고 가열한다.
8. 돈가스를 튀겨 밥과 카레 소스와 함께 그릇에 담는다.

*　셀러리 씨를 많이 뿌리거나 블랙페퍼를 첨가해도 좋다.

101

CHAPTER 3　[COOK]　향신료 카레 만들기

AIR SPICE를 통해 배우는 향신료의 배합 밸런스

카레에 사용하는 향신료의 배합은 천차만별입니다. 각 향신료의 개성을 살리면서 전체 밸런스를 생각해 조합 비율을 결정해야 하죠. 한 가지 카레에 사용하는 향신료는 홀 스파이스(통 상태)와 파우더 스파이스(분말 상태)를 포함해 총 10종류 정도가 가장 좋습니다. 그 이상의 향신료를 사용하면 각각의 개성을 살리지 못할 뿐 아니라, 잡미가 생겨 향의 방향성(芳香性)이 분명치 않은 카레가 되고 맙니다.

무슨 재료를 메인으로 사용할 것인지, 어떤 소스의 풍미로 마무리할 것인지, 색감이나 걸쭉함은 어느 정도로 할 것인지 등등을 생각하면서 향신료 배합을 설계하는 것은 즐거운 작업입니다.

그런데 이것 역시 어느 정도의 경험이 없으면 쉽지만은 않지요. 그래서 AIR SPICE라는 실제 향신료 세트 상품에서 향신료의 배합 밸런스를 배워 보기로 하겠습니다.

AIR SPICE란　http://www.airspice.jp(일본어 사이트)
매달 받아볼 수 있는 본격 카레 레시피가 첨부된 향신료 세트 서비스입니다. 다달이 다른 종류의 카레를 4인분 만들어 볼 수 있는 홀 스파이스와 파우더 스파이스의 믹스 상품이 레시피와 함께 배달됩니다. 오리지널 레시피를 이 책의 저자인 미즈노 진스케(水野 仁輔)가 개발하고 향신료 배합은 카레 별로 블렌딩 합니다. 인도에서 조달해 블렌딩 했기에 신선한 향을 즐길 수 있습니다. 사용하는 향신료는 그램 단위로 공개되어 있으므로, 직접 단품 향신료를 구매하고 조합해서 만들어 보는 것도 가능합니다.

VOL.00 - AIR SPICE
기본 치킨 카레

심플한데 맛이 깊은 치킨 카레입니다. 홀 스파이스와 파우더 스파이스를 나눠 적당한 때 넣는 것이 핵심입니다. 직접 만들었을 때의 감동을 꼭 느껴 보세요.

홀
1. 시나몬 : 3.0g
2. 커민 씨 : 2.0g
3. 클로브 : 1.0g
4. 메이스 : 0.5g

파우더
1. 코리앤더(고수) : 5.5g
2. 카다멈 : 2.0g
3. 파프리카 : 1.5g
4. 터메릭 : 1.5g
5. 페뉴그릭 : 1.5g
6. 레드칠리 : 0.5g

홀

파우더

VOL.01 - AIR SPICE
키마 카레

홀 스파이스의 향을 기름에 확실하게 배게 한 후 간 고기에서 나오는 기름기와의 융합을 통해서 풍기는 부드러운 향을 고기에 다시 배게 합니다. 물을 사용하지 않는 참신한 카레입니다.

홀
1. 블랙페퍼 : 3.5g
2. 카시아 : 3g
3. 레드칠리 : 3g
4. 로리에(월계수 잎) : 1g
5. 클로브 : 1g

파우더
1. 코리앤더 : 7g
2. 카더멈 : 3g
3. 터메릭 : 1.5g
4. 레드칠리 : 0.5g

홀

파우더

VOL.02 - AIR SPICE
믹스 베지터블 카레

신선한 색감과 산뜻한 맛이 특징인 채소 카레. 터메릭의 존재감이 두드러지고 건어물 육수와 잘 섞여 채소 그 자체의 맛을 더욱 살려 줍니다.

홀
1. 커민 씨 : 2.5g
2. 펜넬 씨 : 2.5g
3. 딜 씨 : 0.5g
4. 페뉴그릭 씨 : 0.2g

파우더
1. 코리앤더 : 5g
2. 터메릭 : 2.5g
3. 화이트페퍼 : 2.5g
4. 페뉴그릭 잎 : 1.5g
5. 옐로 머스터드 : 1.5g
6. 흥거 : 0.2g

홀

파우더

CHAPTER 3 　　[COOK]　　향신료 카레 만들기

VOL.03 — AIR SPICE
비프 카레

깊은 색감과 맛이 특징인 소고기 카레. 확실하게 볶아서 수분을 제거한 양파와 양을 늘려 사용한 파우더 스파이스를 오랫동안 푹 끓임으로써 농후한 맛이 탄생됩니다.

홀
1. 카시아 : 3g
2. 카더멈 : 1.5g
3. 클로브 : 1.5g

파우더
1. 코리앤더 : 7g
2. 터메릭 : 2.5g
3. 펜넬 : 2.5g
4. 블랙페퍼 : 2g
5. 가람 마살라 : 2g
6. 레드칠리 : 1g

홀

파우더

VOL.04 — AIR SPICE
병아리콩 카레

스파이시하고 부드러운 풍미를 즐길 수 있는 콩 카레. 적당히 형태가 으스러진 콩의 폭신폭신함과 생강이나 그린칠리의 산뜻한 풍미가 균형을 잘 이루는 카레입니다.

홀
1. 커민 씨 : 5g
2. 캐러웨이 씨 : 1g
3. 펜넬 씨 : 1g

파우더
1. 차트 마살라 : 5.5g
2. 코리앤더 : 5g
3. 터메릭 : 1.5g
4. 레드칠리 : 1.5g
5. 흥거 : 0.2g

홀

파우더

VOL.05 - AIR SPICE
포크 카레

톡 쏘는 신맛이 신선한 돼지고기 카레. 수분을 없애기 위해 볶아낸 향신료를 페이스트 상태로 만들어 마리네이드 합니다. 돼지고기에 스민 풍미가 이 카레의 인상을 강하게 남겨 줍니다.

홀
1. 블랙페퍼 : 6g
2. 옐로 머스터드 씨 : 4g
3. 커민 씨 : 4g
4. 클로브 : 1g

파우더
1. 레드칠리 : 3g
2. 가람 마살라 : 3g
3. 코리앤더 : 2g
4. 터메릭 : 1.5g

홀　　　　　　　파우더

VOL.06 - AIR SPICE
참돔 카레

식감이 산뜻하면서도 맛이 깊은 카레. 살짝 쓴맛이 나면서 톡 쏘는 매운맛도 있고, 코코넛 밀크의 단맛과 레몬의 신맛도 느껴집니다. 향신료의 향이 생선의 비린내를 잡아줘서 깔끔합니다.

홀
1. 커민 씨 : 2.5g
2. 브라운 머스터드 씨 : 1.5g
3. 페뉴그릭 씨 : 1g
4. 펜넬 씨 : 1g

파우더
1. 코리앤더 : 5g
2. 파프리카 : 3g
3. 레드칠리 : 3g
4. 암추르 : 3g
5. 터메릭 : 1.5g

홀　　　　　　　파우더

VOL.07 - AIR SPICE
새우 카레

풍부한 풍미의 밥도둑 새우 카레. 간 양파와 향신료를 볶아서 농후한 맛의 베이스가 완성되면 육수의 감칠맛이 알맞게 추출된 새우와 잘 어우러집니다.

홀
1. 브라운 머스터드 씨 : 1.5g
2. 칼롱지 : 1.0g
3. 펜넬 씨 : 1.0g
4. 셀러리 씨 : 1.0g
5. 페뉴그릭 씨 : 0.5g

파우더
1. 코리앤더 : 8.0g
2. 파프리카 : 3.0g
3. 가람 마살라 : 2.0g
4. 터메릭 : 1.5g
5. 메이스 : 0.5g

홀

파우더

VOL.08 - AIR SPICE
머튼 카레

유제품의 깊은 맛을 느낄 수 있는 양고기 카레(Mutton Curry). 요거트, 우유, 생크림을 사용해 소스가 걸쭉하며, 고급스러운 맛으로 밥뿐 아니라 빵과도 잘 어울립니다.

홀
1. 시나몬 : 3.0g
2. 포피(양귀비) 씨 : 1.5g
3. 클로브 : 1.0g
4. 빅카더멈 : 1.0g
5. 시나몬 잎 : 1.0g

파우더
1. 그린카더멈 : 4.0g
2. 커민 : 3.0g
3. 코리앤더 : 3.0g
4. 화이트페퍼 : 2.0g

홀

파우더

VOL.09 - AIR SPICE
사그 카레

산뜻한 향이 인상적인 시금치 카레(Saag Curry). 그린칠리나 딜과 같은 프레시 스파이스의 향이 중요합니다. 블렌딩을 통해 탄생한 파란 채소의 풍미를 즐겨 보세요.

홀
1. 레드칠리 : 3.0g
2. 커민 씨 : 2.0g
3. 셀러리 씨 : 1.0g
4. 칼롱지 : 1.0g
5. 페뉴그릭 씨 : 0.5g

파우더
1. 코리앤더 : 5.5g
2. 페뉴그릭 잎 : 1.5g
3. 파프리카 : 1.5g
4. 옐로 머스터드 : 1.5g
5. 가람 마살라 : 1.5g

홀

파우더

VOL.10 - AIR SPICE
버터 치킨 카레

걸쭉하고 농후하여 인기가 많은 닭고기 카레. 향신료의 자극적인 향과 매운맛, 레몬의 신맛, 벌꿀의 단맛, 버터와 생크림의 진한 맛 모두가 하나로 융합됩니다.

홀
1. 시나몬 : 4.0g
2. 클로브 : 1.5g
3. 그린카더멈 : 1.5g
4. 메이스 : 0.5g

파우더
1. 카더멈 : 3.5g
2. 파프리카 : 3.0g
3. 코리앤더 : 2.5g
4. 가람 마살라 : 1.0g
5. 페뉴그릭 잎 : 0.8g
6. 카슈미르 칠리 : 0.7g

홀

파우더

VOL.11 - AIR SPICE
콜리플라워 카레

심플한 향신료를 사용해 깔끔하게 먹을 수 있는 채소 카레. 듬뿍 사용한 요거트와 살짝 사용한 우엉의 풍미가 콜리플라워의 맛을 돋우어 줍니다.

홀
1. 펜넬 씨 : 2.0g
2. 커민 씨 : 2.0g
3. 딜 씨 : 0.7g
4. 셀러리 씨 : 0.7g
5. 아지웨인 씨 : 0.2g

파우더
1. 코리앤더 : 6.0g
2. 파프리카 : 2.8g
3. 터메릭 : 2.5g
4. 페뉴그릭 : 1.2g
5. 흥거 : 0.2g

홀

파우더

VOL.12 - AIR SPICE
바지락 카레

경험해 보지 않은 맛으로 맛의 놀라움을 즐길 수 있는 바지락 카레. 바지락 육수와 코코넛 밀크의 감칠맛에 마무리로 첨가하는 진한 향의 향신료가 잘 어울립니다.

홀
1. 레드칠리 : 2.0g
2. 우라드 달 : 2.0g
3. 브라운 머스터드 씨 : 1.5g
4. 셀러리 씨 : 1.0g
5. 펜넬 씨 : 0.7g
6. 페뉴그릭 씨 : 0.5g

파우더
1. 코리앤더 : 5.5g
2. 암추르 : 3.0g
3. 터메릭 : 2.5g
4. 메이스 : 0.5g

홀

파우더

VOL.13 - AIR SPICE
환상적인 비프 카레

살짝 매콤달콤하며 무엇보다 깊은 맛을 즐길 수 있는 비프 카레. 토마토와 요거트의 더블 베이스에 약간 독특한 향신료의 향이 잘 어우러집니다. 소고기의 풍미도 즐길 수 있습니다.

홀
1. 시나몬 : 3.0g
2. 카더멈 : 1.5g
3. 클로브 : 1.0g
4. 빅카더멈 : 0.8g

파우더
1. 코리앤더 : 5.0g
2. 커민 : 4.5g
3. 가람 마살라 : 2.5g
4. 레드칠리 : 1.5g
5. 터메릭 : 1.0g
6. 화이트페퍼 : 1.0g

홀　　　　　파우더

VOL.14 - AIR SPICE
인도네시안 카레

레몬그라스와 카피르라임 잎이 아로마틱 한 향을 풍기는 피시 카레입니다. 인도네시아 북 술라웨시 주 마나도 지역의 '이칸 투투르가(Ikan tuturuga)'라는 요리에서 영감을 얻었습니다.

홀
1. 레몬그라스 : 4.0g
2. 레드칠리 : 1.0g
3. 진저 슬라이스 : 1.0g
4. 카피르라임 잎 : 1.0g

파우더
1. 코리앤더 : 4.5g
2. 카레 가루 : 2.5g
3. 터메릭 : 2.0g
4. 진저 : 2.0g
5. 화이트페퍼 : 0.5g

홀　　　　　파우더

CHAPTER 4

[SPICE] [SPICE]

JOURNEY

향신료와 함께 하는 여행

세계는 향신료 요리로 가득하다

모르는 곳을 여행하는 것은 참 좋습니다.
미지의 세계와 만날 수 있으니까요.
자극적이고 충실하며 마치 자신의 가능성이 넓어진 것 같은 적극적인 기분이 듭니다.
'JOURNEY 향신료와 함께 하는 여행'이라는 이번 장에서는 향신료를 통해 세계 곳곳을 여행합니다.
이탈리아의 '카르보나라'에는 블랙페퍼를 빼놓을 수 없는데, 왜 그런지 이유를 아시나요?
맛있으니까. 당연합니다. 그런데 그것 말고도 이유가 더 있습니다.
그럼 프랑스의 '부야베스'에는 어떤 향신료가 사용될까요?
어떻게 해서 그런 맛있는 요리가 탄생했는지 궁금하지요?
러시아의 '보르시'나 '비프 스트로가노프'와 같은 유명한 요리에도 향신료가 쓰입니다.
실제로 만들어 볼 수 있도록 레시피도 소개할게요.
아는 사람은 다 안다는 말레이시아의 '피시 헤드 카레'나 최근 유행하는 페루의 '세비체'도 있습니다.
우리가 이미 알고 있는 요리나 어디선가 들어본 적 있는 요리만으로는 여행을 한다는 느낌이 부족하겠죠.
터키에는 신기한 이름의 요리가 있습니다. '기절한 이슬람 성직자'라는 의미의 '파틀르잔 이맘 바이르디
(Patlıcan Imam Bayildi)'나 '여인의 허벅지'라는 의미의 '카든부두 쾨프테(Kadınbudu Köfte)' 등등.
어때요? 마구 흥미가 생기죠. 향신료를 들고 여행할 필요는 없습니다.
향신료는 세계 각지에 있으니까요. 자, 출발해볼까요~!

CONTENTS

P.112	P.114	P.118	P.119	P.120
세계의 주방에서 탄생한 향신료 요리 총집합	유럽	중동	남아시아	동남아시아

P.121	P.122	P.123	P.123	P.125
동아시아	북아메리카	남아메리카	아프리카	향신료의 역사

CHAPTER 4　　[JOURNEY]　　향신료와 함께 하는 여행

세계의 주방에서 탄생한
향신료 요리 총집합

● 이제 곧 생일인데, 뭐 갖고 싶은 거 없어?
● 그러게. 작은 지구본이 갖고 싶네.
● 지구본?
● 응. 가까이에 두고 한가할 때마다 빙글빙글
　돌려가면서 이런저런 생각을 해볼까 해서.
● 세계 곳곳으로 먹거리 여행을 떠나 보겠다는 말씀?
● 아마도. 맛있는 게 많을 거야.
　세계 각지의 향신료 요리를 위한 여행.
　눈을 감고 지구본을 돌리다가
　어느 한 곳을 딱 찍는 거지.
● 그 나라에 가는 거야? 왠지 재밌을 것 같다.
● 같이 갈래?
● 음…, 유럽이라면 따라가고 싶기도 하네.
● 그럼 처음부터 유럽 쪽을 많이 찍어둘까?

세계 곳곳을 여행하면서 여러 가지 향신료 요리를 접해보고 싶다는 생각을 아주 오래전부터 해왔습니다. 블렌딩 스파이스에 관한 페이지에서도 소개한 바와 같이 향신료를 사용한 요리는 세계 곳곳에 있거든요. 많은 시간을 들여 세계 일주를 할 형편은 안 되므로 시간이 될 때마다 꾸준히 여행을 해나갈 수밖에요. 국내에 있을 때는 상상을 하면서 즐기고, 레시피를 참고로 해 구할 수 있는 재료를 가지고 만들어 보지요. 요리를 할 때면 왠지 그 나라를 여행하는 기분에 빠질 수 있습니다.
언젠간 가보고 싶다고 생각한 나라의, 언젠간 꼭 먹어보고 싶다고 생각한 요리를 소개해 드리겠습니다. 함께 이국의 요리에 대해 생각해 볼까요?

World Spice Dishes

- 세계의 향신료 요리 -

아일랜드
- 벨파스트에 있는 펍(Pub)의 스튜
- 골웨이의 향기로운 굴 요리
- 더블린의 기네스 맥주에 어울리는 향신료 요리

스페인
- 바스크 지방의 가스트로노미(Gastronomy)
- 바르셀로나의 향긋한 올리브유 요리
- 발렌시아의 허브 요리

포르투갈
- 샤베스의 파프리카를 사용한 초리조
- 코빌량의 사프란 수프
- 마데이라 섬의 스파이시 생선 요리

그리스
- 이오안니나의 스모크 연어
- 스타마타(Stamata)의 와인을 사용한 요리
- 테살로니키 시가지의 식당 요리

모로코
- 테투안의 치킨 요리
- 남모로코 지방의 자타르(Zaatar)를 사용한 요리
- 마라케시 제마 엘 프나 광장의 포장마차 요리

터키
- 이스탄불의 스파이시 플레이트
- 남아나톨리아의 매운 요리
- 에게해 지방의 신선한 생선 요리

인도
- 러크나우의 크리미 토마토 코르마
- 케랄라의 풍미 가득한 매운맛 피시 카레
- 올드델리의 탄두리 치킨

태국
- 치앙마이의 면 요리, 카오소이
- 푸켓의 스파이시 시푸드
- 콘깬의 숯불구이 매운맛 치킨, 까이양

인도네시아
- 수마트라 섬의 소고기 스파이시 조림, 렌당
- 자바 섬의 잭프루츠 카레
- 발리 섬의 시푸드 바비큐

베트남
- 후에의 향기로운 궁정 요리 풀코스
- 호찌민의 전형적인 스파이시 요리
- 껀터의 이국적인 누들

말레이시아
- 켈란탄 주의 파란 밥 정식, 나시 끄라부
- 파항 주의 스파이시 생선 요리
- 페라크 주의 자극적인 말레이풍 중화요리

아메리카
- 캘리포니아의 큼지막한 바지락 요리
- 뉴올리언스의 스파이시 케이준 요리
- 브루클린의 핫도그

카리브
- 자메이카의 자극적인 저크 치킨
- 쿠바의 프레시 허브를 사용한 모히토
- 아이티의 크레올 요리

멕시코
- 소노라 주의 거대한 스테이크
- 할라파의 세계에서 제일 매운 할라페뇨 요리
- 할리스코의 테킬라 소스 요리

113

europe
유럽

( ) 이탈리아

카르보나라(Carbonara)

로마에서 탄생한 베이컨과 달걀을 사용한 파스타. 마무리 포인트로 블랙페퍼를 사용합니다. 이 블랙페퍼가 원래는 숯불에서 나오는 검댕이었다고 해요. 숯 장인이 먹던 파스타에 숯가루가 튀면서 파스타에 섞였는데 어쩔 수 없이 그냥 먹었더니 의외로 맛이 있었던 거죠. 그것을 블랙페퍼로 대용하기로 했다고 하는데 믿거나 말거나입니다. 로마의 방언에 목탄을 만드는 숯구이 장인을 가리켜 'Carbonari'라고 부르는데 그것이 이름의 유래입니다. 그렇다면 블랙페퍼가 없는 카르보나라는 카르보나라가 아닌 걸까요.

재료 2인분

달걀 : 2개
치즈 : 20~30g
(파르미지아노 레지아노)
올리브유 : 3큰술
마늘 (으깬 것) : 2쪽
판체타 : 70g
(먹기 좋은 크기로 자른 것)
백포도주 : 2큰술
스파게티 : 200g
후추 : 듬뿍

만드는 방법

1. 볼에 치즈와 달걀을 넣고 잘 섞어 둔다.
2. 프라이팬에 올리브유를 두르고 마늘을 넣어 약불에서 잘 익힌다. 기름에 향이 배게 한다.
3. 중불에서 판체타를 넣어 볶다가 백포도주를 부어 볶는다.
4. 삶은 스파게티를 넣어 잘 섞어준다.
5. 불을 끄고 1을 첨가하면서 재빨리 섞는다.
6. 그릇에 담아 후추를 뿌린다.

( ) 이탈리아

살팀보카(Saltimbocca)

얇게 썬 송아지 고기에 생햄이나 세이지를 얹고 버터에 굽는 요리. '살팀보카'는 이탈리아어로 '입 안에 뛰어들다'라는 의미입니다.

( ) 이탈리아

제노베제(Genovese)

바질에 파르미지아노 레지아노, 마늘, 올리브유 등을 첨가해 페이스트 상태로 만든 소스로 이탈리아 제노바 지방에서 탄생했습니다. 정식으로는 페스토라고 불리며 페스토 제노베제라는 파스타가 존재합니다. 소고기를 적포도주로 바짝 끓인 소스를 사용해 만듭니다.

( ) 이탈리아

포카치아(Focaccia)

올리브유와 로즈메리를 비롯한 허브로 향을 입힌 넓적한 빵.

( ) 그리스

무사카(Moussaka)

내열 접시에 '가지, 미트소스, 가지, 미트소스'의 순서로 넣고 맨 위에 화이트소스를 뿌려 오븐에서 굽습니다. 미트소스에는 오레가노, 시나몬, 로리에(월계수 잎) 등을 첨가하고 화이트소스에는 블랙페퍼나 넛맥을 첨가합니다.

( ) 그리스

수블라키(Souvlaki)

그리스의 고기 꼬치구이. 오레가노나 블랙페퍼로 향을 입힙니다.

🇫🇷 프랑스 남부

부야베스(Bouillabaisse)

해산물을 푹 끓여 사프란으로 색과 향을 입힌 이 수프 요리는 프랑스 남부의 향토 요리로 유명합니다. 시작은 마르세이유의 어부가 만든 것이라고 전해지고 있습니다. 직접 잡은 생선 중에서 볼품이 없거나 살이 적거나 독이 있을 것 같아 상품이 되지 못하는 것들을 커다란 냄비에 넣고 푹 고아서 식사로 삼았다고 하네요. 그러다가 마침내 프랑스 남부의 향토 요리로 각광을 받으면서 점점 세련되게 바뀝니다. 현재 이 요리가 너무 유명해진 마르세이유에서는 '부야베스 헌장'이 있어 사용하는 생선의 종류나 제공 스타일이 정해져 있다고 합니다.

재료 5~6인분

올리브유 : 50㎖
[채소]
┌ 마늘 (슬라이스) : 1쪽
│ 양파 (슬라이스) : 2개
│ 셀러리 (슬라이스) : 1/3개
│ 당근 (슬라이스) : 1/2개
└ 토마토 (대충 썰기) : 3개
생선 서덜 (살을 발라내고 남은 것) : 약 1kg
백포도주 : 300㎖
물 : 3ℓ
페르노 (리큐르) : 10㎖
치킨 부용 : 30g
사프란 : 2꼬집
허브류 (펜넬, 딜, 파슬리 등) : 적당량
[건더기용 생선]
┌ 제철 흰살생선 2종류 : 각 4토막
│ (참돔, 성대 등)
│ 새우 : 4마리 (가능하면 머리 포함)
└ 기타 어패류 무엇이든 : 적당량
[루유]
┌ 감자 (삶아서 으깬 것) : 3개
│ 생선 수프 : 2~3큰술
└ 노른자 : 1개 분량
바게트 : 적당량
가루 치즈 : 적당량

만드는 방법

1. 수프를 만든다 : 냄비에 올리브유를 두르고 모든 채소를 넣어서 잘 볶는다.
2. 프라이팬에 올리브유를 달궈 생선살을 바르고 난 나머지 서덜을 잘 볶아서 1의 채소(냄비)에 첨가하고, 건더기 재료 이외의 재료도 모두 넣어서 중불에서 30분 정도 푹 끓인다. 소쿠리를 사용해 건더기를 으깨면서 걸러낸 육수를 냄비에 다시 넣어 둔다.
3. 건더기 재료를 조리한다 : 프라이팬에 건더기용 생선을 넣고 익을 때까지 올리브유로 볶는다.
4. 루유(Rouille)를 만든다 : 루유용 재료를 모두 볼에 넣어 섞어준다.
5. 수프를 그릇에 붓고 각각의 그릇에 담긴 해산물, 루유, 바게트, 가루 치즈와 함께 차려 낸다. 취향에 따라 수프에 건더기 재료를 넣어 먹는다.

🇪🇸 스페인

파에야(Paella)

파에야는 발렌시아 지방에서 탄생한 요리로 발렌시아 언어로 프라이팬이라는 의미입니다. 파엘라라고도 하지요. 참고로 파에야를 만드는 사람이 여성이면 '파에제라(Paellers)', 남성이면 '파에제로(Paellero)'라고 부른다고 합니다.

재료 3~4인분

쌀 : 300g
모로코 강낭콩 (3cm 폭으로 자른 것) : 6개
병아리콩 (삶은 것) : 150㎖
뼈 붙은 닭 넓적다리 살 (토막썰기) : 600g
마늘 (다진 것) : 1쪽
양파 (다진 것) : 1/4개
올리브유 : 2큰술
소금 : 적당량
후추 : 적당량
[수프]
┌ 수프 : 600㎖
│ (끓는 물에 콩소메 소스를 푼 것)
│ 토마토 페이스트 : 2큰술
│ 사프란 : 1꼬집
│ 양파 껍질 : 적당량
│ 파슬리 줄기 : 적당량
└ 소금 : 1/2작은술
레몬 (적당한 크기로 썬 것) : 적당량

만드는 방법

1. 지름 30cm 정도의 큼지막한 프라이팬 (혹은 파에야용 프라이팬)에 올리브유를 달궈 닭고기를 넣고 표면 전체가 익을 때까지 구워서 꺼내 둔다.
2. 양파와 마늘을 넣고 중불에서 숨이 죽을 때까지 볶는다.
3. 쌀을 첨가해 섞으면서 볶는다.
4. 불을 끄고 닭고기, 병아리콩, 강낭콩을 넣어 섞고, 만들어 둔 수프를 넣은 다음 알루미늄 포일로 덮고 냄비 뚜껑을 닫는다. 중불에서 5~6분 끓이다가 불을 아주 약하게 줄여 20분 정도 더 끓인다.
5. 쌀이 익으면 뚜껑을 열고 포일을 제거한 다음 센 불로 바꿔 살짝 눌어붙게 한다.

🇪🇸 스페인

가스파초(Gazpacho)

마늘을 베이스로 하여 올리브유, 토마토, 파프리카, 커민 등으로 풍미를 살린 차가운 수프.

CHAPTER 4　[JOURNEY]　향신료와 함께 하는 여행

🇵🇹 포르투갈

파스텔 드 바칼랴우 (Pastel de Bacalhau)

이탈리안 파슬리, 넛맥, 블랙페퍼 등을 사용하는, 말린 대구를 넣은 고로케.

🇬🇧 영국

셰퍼드 파이(Shepherd's pie)

다진 고기와 삶은 감자로 만드는 영국의 대표적인 가정요리입니다. 코티지 파이라고도 부르지만 정확하게는 사용하는 고기가 다릅니다. 코티지(Cottage : 시골의 작은 집) 파이는 소고기를 사용하고, 셰퍼드(Shepherd : 양치기) 파이는 양고기를 사용하죠. 양치기가 즐겨 먹었다는 얘기일까요? 19세기 영국에서는 '선데이 로스트(Sunday Roast)'라고 불리곤 했습니다. 일요일 점심에 로스트 한 큼지막한 덩어리 고기를 모두 함께 먹는데, 그 고기가 남으면 월요일 이후 다양한 요리로 모습을 바꾸게 됩니다. 그 대표적인 것이 셰퍼드 파이였습니다. 고기의 풍미를 살리기 위해 향신료가 필요했던 것이지요.

재료　3~4인분

감자 : 5개 (약 400g)
버터 : 20g
올리브유 : 2작은술
마늘 (다진 것) : 1쪽
양파 (다진 것) : 작은 것 1/2개
당근 (다진 것) : 작은 것 1/2개
토마토퓌레 : 1큰술
다진 고기 (양고기가 가장 좋음) : 450g
소금 후추 : 적당량
밀가루 : 2작은술
시나몬 파우더 : 약간
타임 : 약간
치킨 부용 (수프 스톡) : 150㎖
우스터소스 : 1작은술
리크 (Leek, 작게 네모 썰기) : 1/2개
가루 치즈 (체다가 가장 좋음) : 2~3큰술

밑준비

감자는 삶아서 으깨어 버터와 잘 섞어둔다.

만드는 방법

1. 냄비에 올리브유를 달궈 마늘, 양파, 당근을 넣고 볶는다. 토마토퓌레를 첨가해 수분이 날아갈 때까지 잘 저어 그릇에 담아둔다.
2. 빈 냄비에 다진 고기를 넣고 소금 후추로 간을 하여 볶는다.
3. 꺼내 두었던 채소를 다시 넣고 밀가루, 시나몬 파우더, 타임을 넣고, 수프스톡과 우스터소스를 첨가해 5분 정도 끓인다.
4. 내열 접시에 옮겨 담고 으깬 감자와 리크를 넣고 가루 치즈를 뿌려 180℃의 오븐에서 10분간 굽는다.

🇮🇪 아일랜드

아이리시 스튜(Irish stew)

아일랜드의 전통 음식으로, 고기와 감자 등을 주재료로 오랫동안 끓인 요리. 양고기(Mutton)와 양파, 감자 등에 타임, 블랙페퍼, 파슬리를 첨가해 수프스톡을 넣고 끓인 스튜입니다.

🇩🇪 독일

사우어크라우트(Sauerkraut)

양배추를 젖산 발효시킨 절임. 채썰기한 양배추에 소금과 주니퍼, 딜 씨, 캐러웨이 등의 향신료를 섞어서 만듭니다.

🇧🇪 벨기에

백포도주 홍합찜 (Moules à la marinières)

벨기에를 대표하는 요리. 셀러리, 갈릭, 파슬리, 로리에 등이 사용됩니다.

🇧🇪 벨기에

카르보나드(Carbonnade)

소고기를 맥주에 끓인 향토요리. 로리에, 타임, 프렌치 머스터드, 클로브, 블랙페퍼 등을 사용해서 푹 끓인 것입니다.

🇳🇱 네덜란드

에르텐 수프(Erwtensoep)

셀러리, 파슬리, 로리에를 사용해 베이컨이나 채소를 푹 끓인 요리.

🇳🇱 네덜란드

얀 하겔 비스킷 (Jan Hagel Cookies)

시나몬 풍미의 비스킷.

🇳🇴 노르웨이

노르웨이식 미트볼(Kjøttkaker)

넛맥, 진저, 블랙페퍼 등을 사용한 미트볼 요리.

🇳🇴 노르웨이

피시카 수파(Fiskesuppe)

딜이나 차이브 등 각종 허브를 사용하는 생선 스튜.

🇫🇮 핀란드

버섯 크림수프(Sienikeitto)

딜을 사용하는 버섯 크림수프.

🇺🇦 우크라이나

보르시(Borshch)

빨간색 비트가 인상적인, 러시아를 대표하는 수프 요리입니다. 원래는 우크라이나의 향토요리로, '보르시'라는 말은 우크라이나어로 풀이나 약초를 달인 즙을 의미한다고 합니다. 즉 허브가 매우 중요한 역할을 한다는 뜻이지요. 먹을 때는 스메타나(Smetana)라는 사워크림을 곁들입니다.

재료 3~4인분

돼지 갈빗살 : 200g
콩소메 수프용 고형 소스 : 4개
물 : 2,000㎖
비트 : 1개
양파 (슬라이스) : 1개
당근 (슬라이스) : 작은 것 1개
양배추 (슬라이스) : 1/4개
토마토퓨레 : 4큰술
소시지 (한입 크기) : 1팩
클로브 : 7~8개
블랙페퍼 : 20개
소금 : 약간
설탕 : 약간
식초 : 약간
사워크림 : 적당량
딜 : 적당량
이탈리안 파슬리 : 적당량

만드는 방법

1. 냄비에 돼지고기와 콩소메, 물을 넣고 끓여서 거품을 걷어낸 후 약불에서 1시간 정도 푹 끓인다.
2. 다른 냄비에 비트를 삶아 익으면 껍질을 벗겨 슬라이스 한다.
3. 프라이팬에 기름을 달궈 양파와 당근을 넣어서 볶는다.
4. 1의 냄비에 비트, 양파, 당근, 양배추, 토마토퓨레, 소시지, 클로브, 블랙페퍼, 소금, 설탕, 식초를 넣고 끓인다.
5. 그릇에 담아 사워크림을 곁들이고 취향에 따라 딜이나 파슬리를 뿌려준다.

🇷🇺 러시아

비프 스트로가노프 (Beef Stroganoff)

이 요리 이름은 16세기 초반 우랄 지방에서 영화를 누렸던 스트로가노프 가문에 전해지던 것에서 유래했다고 하는데, 그와는 다른 시대에 살았던 두 사람의 스트로가노프 씨에 의한 것이라는 설도 있습니다. 먼저 한 사람은 알렉산드르 세르게이비치 스트로가노프(Alexander Ser geyevich Stroganov, 1733년~1811년)로, 그가 나이를 먹고 이가 빠지자 좋아하는 비프스테이크를 먹을 수 없게 되면서 소고기를 부드럽게 푹 익혔다는 설이 있고요, 또 한 사람은 알렉산드르 그리고리비치 스트로가노프(Alexandre Grigoryevich Stroganov, 1797년~1891년)로, 그가 주최한 식사 모임을 위해 개발되었다고 하는 설이 있습니다. 한밤중에 살짝 배가 고파진 그가 이미 잠이 든 고용인을 차마 깨우지 못해 부엌에 있는 재료로 만들었다고 하는 설, 스트로가노프 가문의 요리사가 실수로 소스를 태워 버렸는데 먹어 보니 맛이 있어서 먹기 시작했다는 설 등등 정말 여러 가지 설이 섞여 있습니다. 여러분은 어떤 설을 믿을 건가요?

재료 3~4인분

버터 : 100g
클로브 : 3개
양파 (슬라이스) : 큰 것 1개
밀가루 : 적당량
소고기 안심살 : 500g
(한입 크기로 자른 것)
양송이버섯 (슬라이스) : 12개
겨자 알갱이 : 1작은술
퐁드보 : 400㎖
(Fond de Veau, 송아지 육수)
생크림 : 200㎖
레몬즙 : 1/2개 분량
파프리카 파우더 : 1작은술
딜 (있을 경우, 얼추썰기) : 적당량

만드는 방법

1. 프라이팬에 50g의 버터와 클로브를 넣어서 볶다가 양파를 첨가해 갈색 빛이 돌 때까지 볶은 후 꺼내 둔다.
2. 빈 프라이팬에 나머지 버터를 달궈 소금 후추(분량 외) 간을 하고 밀가루를 살짝 묻힌 소고기를 넣어 표면이 노르스름해질 때까지 볶는다.
3. 양송이를 넣어 조금 더 볶다가 겨자와 1의 볶은 양파를 첨가해 섞는다.
4. 퐁드보를 넣어 센 불에서 걸쭉해질 때까지 끓인다.
5. 생크림, 레몬즙, 파프리카 파우더를 첨가해 끓인다. 딜을 넣는다.

🇵🇱 폴란드

비고스(Bigos)

'사냥꾼의 스튜'를 의미하는 폴란드, 리투아니아, 벨라루스의 전통 요리. 각 가정에서 양배추나 소고기 등 여러 가지 재료를 넣고 푹 끓여 만드는데, 재료를 계속 추가해 가면서 1주일 이상 먹는 경우도 있습니다.

CHAPTER 4 [JOURNEY] 향신료와 함께 하는 여행

🇷🇺 🇺🇦 러시아, 우크라이나

치킨 키예프(Chicken Kiev)

닭 가슴살을 두드려 얇게 펴서 식힌 허브 버터를 감싸 만드는 커틀릿. 타라곤, 파슬리, 차이브(쪽파) 등의 허브가 사용됩니다.

🇭🇺 헝가리

구야시(Gulyás)

소고기와 채소를 푹 끓인 수프 같기도 하고 스튜 같기도 한 요리. 헝가리 특산 파프리카 파우더가 듬뿍 사용되며 캐러웨이 씨, 로리에 등도 사용됩니다. 독일어로는 '굴라시(Goulash)'라고 불리지요.

middle east 중동

🇹🇷 터키

파틀르잔 이맘 바이르디 (Patlıcan Imam Bayildi)

오래전 터키의 한 승려가…, 하고 노래하고 싶을 만큼 독특한 이름의 요리가 있습니다. 그 이름은 바로 "기절한 이슬람 성직자". 그렇습니다. 이 가지 요리를 먹고 맛이 기가 막혀 기절했다고 합니다. 파틀르잔(=가지), 이맘(=성직자), 바이르디(=기절). 정말일까요?

재료 4인분

가지 : 4개
(꼭지를 그대로 두고 줄무늬 형태로 껍질을 벗긴 것)
올리브유 : 3큰술
마늘 (다진 것) : 1쪽
그린칠리 (다진 것) : 1개
양파 (잘게 네모썰기) : 1개
토마토 (잘게 네모썰기) : 1개
소금 : 1/2작은술
설탕 : 1작은술
레몬즙 : 약간
물 : 200㎖
이탈리안 파슬리 : 적당량

만드는 방법

1. 가지를 소금물에 잠시 담갔다가 물기를 제거한다.
2. 프라이팬에 올리브유를 두르고 가지를 구워 꺼내 둔다.
3. 빈 프라이팬에 마늘, 그린칠리, 양파, 토마토를 넣어 숨이 죽을 때까지 볶다가 소금, 설탕을 뿌려 섞어준 후 레몬즙을 첨가한다.
4. 가지에 칼집을 넣어 볶은 채소를 채워 넣는다. 프라이팬에 속 채운 가지를 가지런히 넣고 가지가 절반쯤 잠길 정도로 물을 부어 뚜껑을 덮고 약불에서 20분 정도 푹 끓인다.
5. 그릇에 담아 열을 없앤 후 냉장고에서 식혀 먹기 직전에 이탈리안 파슬리를 뿌려준다.

🇹🇷 터키

카든부두 쾨프테 (Kadınbudu Köfte)

아 미트볼 요리는 식감이 부드러워 "여인의 허벅지"라고 불린다고 합니다. 터키의 요리 이름은 재미있네요.

재료 4인분

쌀 (딱딱하게 삶은 것) : 30g
소고기 (다진 것) : 400g
양파 (다진 것) : 작은 것 1개
파슬리 (다진 것) : 1개
마늘 (다진 것) : 1쪽
소금 : 1작은술
빵가루 : 3큰술
밀가루 : 적당량
달걀 : 1개

[파우더 향신료]
블랙페퍼 : 2작은술
레드칠리 : 1작은술
커민 : 1작은술
시나몬 (있을 경우) : 약간
올스파이스 (있을 경우) : 약간

만드는 방법

1. 볼에 밀가루와 달걀 이외의 모든 재료를 넣고 잘 섞어서 골프공 크기로 모양을 만든다.
2. 밀가루를 묻히고 푼 달걀을 묻힌 후 기름에 튀겨낸다.

🇹🇷 터키

시시 케밥(Shish Kebab)

타임, 블랙페퍼, 그린칠리 등으로 풍미를 낸 양고기 꼬치구이.

🇱🇧 레바논

타불레(Tabbouleh)

잘게 썬 대량의 파슬리를 올리브유, 레몬즙, 민트 등으로 고루 섞어 무친 샐러드.

🇸🇦 사우디아라비아

캅사(Kabsa)

터메릭, 커민, 코리앤더, 카더멈, 클로브, 시나몬, 사프란, 블랙페퍼, 넛맥 등을 사용한 볶음밥과 같은 쌀 요리.

south asia
남아시아

🇾🇪 예맨

살타(Saltah)

페뉴그릭 씨를 물에 우리고 고기나 쌀과 함께 터메릭, 커민, 레드칠리, 블랙페퍼 등을 넣어 조리하는 냄비 요리.

🇮🇳 인도

사손 카 사그(Sarson ka Saag)

북인도 펀자브 주에서 생산되는 푸른 채소를 사용한 카레입니다. 겨자 잎이 제철인 시기에 흔히 만들어 먹습니다. 진한 맛이 특징으로 아이에서부터 어른에 이르기까지 인기가 많습니다. 마키 디 로티라고 불리는 옥수수 가루로 만든 빵과 함께 먹는 것이 기본 스타일이죠. 현지에서는 겨자 잎이나 시금치 이외에 여러 가지 푸른 잎채소, 허브를 사용하는 것이 주를 이룹니다.

재료 3~4인분

- 머스터드 잎 : 6다발
- 시금치 : 2다발
- 페뉴그릭 잎 : 2다발
- 딜 : 1다발
- 그린칠리 : 4개
- 머스터드 오일 : 3큰술
- 마늘 : 작은 것 10쪽
- 생강 : 5cm
- 양파 (다진 것) : 중간 것 1개
- 토마토 (다진 것) : 4개
- 소금 : 적당량
- 레드칠리 파우더 : 1작은술
- 콘스타치 : 50g
- 기 (Ghee, 인도산 버터기름) : 2큰술
- 레몬즙 : 1개 분량
- 재거리 (Jaggery, 인도산 흑설탕) : 50g

만드는 방법

1. 푸른 잎채소의 꼭지를 따 듬성듬성 썰어서 냄비에 넣고 재료가 잠길락 말락 할 정도로 물을 부은 다음 그린칠리 절반을 첨가한다. 뚜껑을 닫고 팔팔 끓여 부드러워질 때까지 익힌다. 열이 식을 때까지 기다렸다가 푸드프로세서를 사용해 거친 퓌레 상태로 만든다.
2. 프라이팬에 머스터드 오일을 두르고 기름이 달궈지면 나머지 그린칠리, 마늘, 생강을 넣어 금빛이 돌 때까지 볶는다.
3. 양파를 넣고 살짝 갈색빛깔이 돌 때까지 볶는다.
4. 토마토를 넣고 소금과 레드칠리 파우더를 넣어 토마토가 부드러워질 때까지 볶는다.
5. 콘스타치를 넣어 몇 분 정도 저어주면서 볶는다.
6. 퓌레 상태의 푸른 채소와 기를 넣어 푸른 채소가 흐물흐물해질 때까지 중불에서 20~30분 정도 끓인다.
7. 불을 줄이고 레몬즙, 재거리를 넣고 섞어준다.

🇵🇰 파키스탄

비프니하리(beef nihari)

소고기를 부드럽게 조린 맵고 스파이시한 요리. 대부분이 이슬람교도인 파키스탄에서는, 돼지고기는 먹지 않지만 소고기는 먹습니다. 인도 주변 여러 나라의 요리 중에서도 밀가루를 오래 끓이는 보기 드문 형태의 카레입니다. 탄두르라고 불리는 가마를 사용해 하룻밤에 걸쳐 저온에서 천천히 조리하는 경우도 있다고 합니다.

재료 3~4인분

- 기 (Ghee, 인도산 버터기름) : 100g
- 마늘 (다진 것) : 2쪽
- 생강 (다진 것) : 2쪽
- 양파 (다진 것) : 큰 것 1개
- 홀 토마토 : 400g
- 소 정강이 살 : 1kg
  (뼈가 붙어 있는 덩어리 고기)

[향신료 파우더]
- 커민 : 1큰술
- 파프리카 : 1큰술
- 레드칠리 : 2작은술
- 가람 마살라 : 1작은술
- 블랙페퍼 : 1/2작은술
- 클로브 : 1/4작은술
- 블랙커민 (있을 경우) : 1/4작은술
- 아니스 (있을 경우) : 1/4작은술
- 소금 : 1작은술
- 밀가루 : 100g
- 물 : 4,000㎖
- 레몬 : 1개

[토핑]
- 생강 (채썰기) : 적당량
- 그린 칠리 (어슷썰기) : 적당량
- 고수 (얼추썰기) : 적당량

만드는 방법

1. 냄비에 기를 달궈 마늘과 생강을 넣고 빛깔이 돌 때까지 볶는다.
2. 양파를 첨가해 짙은 갈색이 될 때까지 볶는다.
3. 홀토마토를 넣어 수분을 제거하면서 볶는다.
4. 소 정강이 살을 넣고 표면 전체가 익을 때까지 볶는다.
5. 향신료 파우더와 소금을 넣어 섞어가면서 볶는다.
6. 적당량의 물(분량 외)에 푼 밀가루를 첨가해서 좀 더 볶는다.
7. 물을 붓고 끓으면 뚜껑을 닫고 약불에서 3시간 정도 푹 끓인다. 때때로 뚜껑을 열어 저어준다.
8. 고기가 흐물흐물 부드러워지면 레몬즙을 짜 넣고 한 번 섞어준 후 그릇에 담아 토핑을 올린다.

🇱🇰 스리랑카

라이스 & 카레(Rice & Curry)

스리랑카의 정식 메뉴. 라이스와 카레 이외에 향신료를 사용한 여러 종류의 반찬이 한 쟁반에 나열된 형태로 제공됩니다. 고명으로 파파덤(Papadum)이라고 불리는 콩 과자를 얹어내는 경우가 많습니다.

southeast asia
동남아시아

🇳🇵 네팔

달밧(Dal Bhat)

네팔을 대표하는 정식 메뉴. 달(Dal : 마른 콩류에 향신료를 넣고 끓인 스튜)과 밧(Bhat : 흰쌀 밥)에 타카(Tarkari : 반찬), 아차르(Achar : 절임)가 세팅됩니다. 카레가 나오는 경우도 있습니다.

🇳🇵 네팔

모모(Momo)

티베트에서 탄생한 찐만두. 만두소 재료는 주로 물소, 닭고기, 채소 3종이 주를 이루지요. 찌는 것이 일반적이지만 굽거나 튀기는 경우도 있습니다.

🇧🇩 방글라데시

머체르 졸(Macher jhol)

머스터드 오일이나 머스터드 페이스트를 사용한 산뜻한 생선 카레. 담수어를 사용하는 경우가 많지만, 그중에서도 '일리쉬(Ilish) 혹은 힐사(Hilsa)'라고 불리는 생선은 최고급 생선으로 인기가 많습니다.

🇧🇩 방글라데시

칭리 말라이 카레 (Chingri Malai Curry)

벵골 요리를 대표하는 인기 새우 카레. 새우 육수와 코코넛 밀크의 농후한 맛을 즐길 수 있습니다. 코코넛 껍데기를 그릇으로 이용하는 경우도 있답니다.

🇸🇬 싱가포르

피시 헤드 카레 (Fish Head Curry)

명칭 그대로 생선 대가리가 들어간 카레입니다. 다민족 국가인 싱가포르에는 인도 남부 타밀나두(Tamil Nadu) 주에서 건너온 이주민이 많이 살았습니다. 그들은 영국 통치 하의 싱가포르에 일자리를 찾아 이주해왔던 것이지요. 이런 시대적 배경으로 19세기에 탄생한 카레입니다. 영국인이나 중국인이 손질하고 남은 생선의 뼈, 대가리 등을 버리는 것을 보고 인도인이 "이렇게 맛있는 부위를 버리다니 아깝다."며 그것을 사용해 카레를 만들었다고 합니다. 일본 속담 중에 '버리는 신이 있으면 줍는 신도 있다'는 말이 떠오르네요. 아무튼 지금은 싱가포르의 명물 요리 중 하나가 되었습니다.

재료 4인분

생선 대가리 : 2마리 분량

[생선 밑간용]
- 터메릭 파우더 : 1작은술
- 소금 : 1작은술

타마린드 : 45g
식용유 : 1큰술

[홀 스파이스]
- 머스터드 씨 : 1작은술
- 레드칠리 : 4개

마늘 (다진 것) : 2쪽
생강 (다진 것) : 2쪽
양파 (슬라이스) : 2개
그린칠리 (어슷썰기) : 6개
토마토 (얼추썰기) : 3개

[파우더 스파이스]
- 터메릭 : 1/2작은술
- 페뉴그릭 : 1/2작은술
- 레드칠리 : 1작은술
- 파프리카 : 1작은술
- 커민 : 2작은술
- 코리앤더 : 1큰술

소금 : 1작은술 넘치게
카레 잎 (있을 경우) : 20장

밑준비

1. 생선 대가리는 비늘을 제거하고 소금과 터메릭 파우더를 묻혀서 15분 정도 그대로 두었다가 뜨거운 물에 헹궈 소쿠리에 받쳐 둔다.
2. 타마린드를 600㎖의 미지근한 물에 불려 물기를 짠 후 즙을 내둔다.

만드는 방법

1. 냄비에 식용유를 달궈 홀 스파이스를 넣고 머스터드 씨가 튀기 시작할 때까지 볶는다.
2. 마늘과 생강을 넣어 노르스름해질 때까지 볶고 그린칠리, 양파를 넣어 짙은 갈색 빛이 돌 때까지 볶는다.
3. 토마토를 넣고 수분을 날리면서 볶는다.
4. 파우더 스파이스와 소금을 섞는다.
5. 타마린드 즙을 넣어 살짝 익힌다.
6. 생선 대가리를 넣고 약불에서 30분 정도 끓인다.
7. 카레 잎을 손으로 비벼서 넣고 섞어준다.

🇹🇭 타이

똠얌꿍(Tom Yum Goong)

고추의 매운맛, 라임의 신맛, 레몬그라스나 카피르라임 잎 등의 상큼한 향이 특징입니다. 세계 3대 수프 요리 중 하나로 알려져 있습니다.

⭐ 베트남

반쎄오(Bánh xèo)

베트남식 부침개. 터메릭을 섞어 넣은 밀가루 반죽을 얇게 구워서 숙주나물, 새우, 돼지고기, 허브(고수, 바질, 민트, 깻잎) 등의 재료를 끼워 넣고 먹습니다.

🔴 인도네시아

나시고렝(Nasi Goreng)

말레이어로 '볶음밥'을 의미하는 요리. 코코넛 밀크에 쌀을 담갔다가 밥을 지어서 만듭니다. 레몬그라스 등의 허브가 사용되는 것도 특징의 하나이죠.

🔵 필리핀

포크 아도보(Pork Adobo)

필리핀의 국민음식이라고 불릴 정도로 사랑받는 조림 요리. 식초와 함께 갈릭, 로리에 등의 향신료를 넣고 고기를 재워두므로, 부드럽게 조려질 뿐 아니라 풍미도 좋습니다.

east asia
동아시아

🔴 중국

동파육

동파육(東坡肉)은 돼지고기를 푹 조리는 항저우(杭州) 지방의 명물 요리입니다. 풍미를 내기 위해서 스타아니스, 시나몬, 클로브 등이 사용되는 경우도 있습니다. 이 요리를 개발한 사람은 11세기에 활약했던 시인 소동파라고 합니다. 정치적 문제로 유배되어 간 황저우(黃州)에서 날이 개면 밭을 갈고 비가 오면 책을 읽는 삶을 살아가던 그는 황저우의 돼지고기에 관심을 가지면서 동파육의 원형이라고 할 수 있는 돼지고기 간장조림 홍소육(紅燒肉)을 고안했습니다. 그 후 이주한 항저우(杭州)에서 집안 요리사에게 돼지고기와 소흥주(紹興酒)를 사용해 홍소육을 만들도록 했고, 이 요리를 맛본 항저우 사람들이 그 맛을 칭찬하며 '동파육'이라는 이름을 붙이면서 널리 알려지게 되었다고 합니다.

재료 4인분

돼지고기 : 600g
(가능하면 껍데기가 붙어 있는 것)
식용유 : 1큰술, 물 : 2,000㎖
닭 뼈 육수 가루 (있을 경우) : 1큰술
스타아니스 : 1개, 오향 가루 : 약간
대파 (초록색 부분) : 2개 분량
생강 (슬라이스) : 1/2쪽
[조미료]
　소흥주 : 200㎖
　설탕 : 2큰술 조금 모자라게
　콩으로만 담근 진간장 : 3큰술
　굴소스 : 1큰술 넘치게
물에 푼 전분 : 적당량

만드는 방법

1. 돼지고기는 5㎝ 크기로 썰어 끓는 물에 10분간 삶아준다.
2. 뜨겁게 달군 프라이팬에 식용유를 두르고 돼지고기를 넣어 표면 전체가 노릇노릇해질 때까지 굽는다.
3. 압력솥에 물과 닭 뼈 육수 가루를 넣고 불에 올려 한차례 끓어오르면 돼지고기와 스타아니스, 오향 가루, 대파, 생강을 넣고 뚜껑을 닫아 압력을 가하면서 20분 정도 푹 끓인다.
4. 불을 끄고 압력을 뺀 다음 조미료를 첨가하고 뚜껑을 닫아 다시 압력을 가하면서 15분 정도 조린다.
5. 냄비에 남아 있는 즙을 적당량 프라이팬에 옮겨 담아 졸여서 물에 푼 전분을 섞어 소스로 쓴다.

🔴 중국

마파두부

청나라 시대에 청두(成都)라는 지역에 살던 진(陳) 씨 부인이 남아 있는 재료로 만든 것이 마파두부의 시작입니다. 얼굴에 마마 자국이 있었던 탓에 '진마파(陳麻婆)'라고 불렸고 그로 인해 요리의 이름이 '진마파두부'가 되었다고 합니다. 고추의 매운맛과 산초의 '얼얼한 맛'이 특징입니다.

재료 3~4인분

식용유 : 3큰술
돼지고기 (간 것) : 100g
마늘 (다진 것) : 1쪽
두반장 : 1큰술
춘장 : 1큰술
목면 두부 (2㎝ 크기로 네모썰기) : 2모
간장 : 3큰술
후추 : 약간
맛술 : 2큰술
대파 (다진 것) : 1/2쪽
물에 푼 전분 : 2큰술
고추기름 : 적당량, 산초 : 적당량

CHAPTER 4 [JOURNEY] 향신료와 함께 하는 여행

만드는 방법

1. 냄비에 기름을 두르고 돼지고기를 넣어 잘 볶는다.
2. 마늘, 두반장, 춘장을 넣고 볶아서 향을 낸다.
3. 두부를 넣고 간장, 후추, 맛술을 넣어 잘 끓여준다.
4. 대파를 첨가하고 물에 푼 전분을 빙 둘러가면서 넣어 걸쭉하게 만들어준다.
5. 고추기름을 냄비 면에 붙여서 한 바퀴 돌려가면서 넣고 섞어준 후 산초를 뿌린다.

한국
비빔밥

그릇에 밥과 고기, 나물, 달걀 등의 재료를 담아 비벼서 먹는 요리. 한 해의 마지막 날 음식을 남긴 채 새해를 맞지 않기 위해 남은 밥에 반찬을 모두 넣고 비벼서 밤참으로 먹었던 풍습으로부터 비빔밥이 유래했다는 설이 있습니다.

한국
삼계탕

한국을 대표하는 요리. 닭고기, 인삼 등의 각종 한방재료, 찹쌀, 호두, 잣, 마늘 등을 넣어 푹 고아줍니다. 보양식으로 많은 사랑을 받고 있습니다.

---

north america
북아메리카

🇺🇸 미국 루이지애나
검보(Gumbo)

고기나 새우를 채소와 함께 푹 끓인 스튜 요리로, 밥 위에 얹은 상태로 제공됩니다. 오크라가 들어간 차림이 주를 이루는데, 그 이유는 '검보'라는 말이 아프리카에서 오크라를 가리키는 말이기 때문이라고 합니다. '신성한 삼위일체'라고 불리는 채소(양파, 셀러리, 피망)도 흔히 사용됩니다. 사용하는 향신료는 로리에, 타임, 레드칠리, 블랙페퍼 등. 남프랑스 요리인 부야베스의 영향을 받았다는 얘기도 있습니다. 고기를 사용하지 않는 채소 검보도 있으며, 새 친구가 생겼으면 하는 바람이 담겨 있다고 합니다.

재료   3~4인분

[루(Roux)]
- 버터 : 50g
- 밀가루 : 4큰술

식용유 : 4큰술
마늘 (다진 것) : 2쪽
양파 (다진 것) : 1개
셀러리 (다진 것) : 1개
피망 (다진 것) : 2개
소금 : 1작은술
치킨 부용 : 600㎖
해산물 (아무거나) : 400g 정도
오크라 (1cm 폭으로 자른 것) : 20개

[향신료]
- 로리에 : 1장
- 타임 : 약간
- 레드칠리 가루 : 1/2작은술
- 블랙페퍼 : 약간

레몬즙 : 약간

만드는 방법

1. 루(Roux)를 만든다 : 냄비에 버터를 약불에서 녹여 밀가루를 넣고 노스름해질 때까지 볶는다. 불을 끄고 열을 식힌다.
2. 프라이팬에 식용유를 두르고 마늘, 양파, 셀러리, 피망을 순서대로 넣은 다음 소금을 첨가해 전체가 익을 때까지 볶는다.
3. 불을 끄고 루를 넣고 치킨 부용을 넣어서 저어준다.
4. 해산물, 오크라, 향신료를 넣어 약불에서 30분 정도 끓여준다. 마무리에 레몬즙을 넣어 섞는다.

🇺🇸 미국 루이지애나
잠발라야(Jambalaya)

스페인의 파에야에서 기원했다고 하는 스파이시한 쌀 요리. 고기, 소시지, 해산물, 양파, 셀러리, 그린페퍼와 함께 쌀을 오븐에서 익힙니다.

🇺🇸 미국 북동부
클램 차우더(Clam Chowder)

조개를 사용한 크림수프로 파슬리를 뿌려서 풍미를 중층적으로 느낄 수 있습니다. 미국 동해안의 뉴잉글랜드에서 탄생했다고 합니다. 우유를 베이스로 하여 흰색을 띠는 타입은 '보스

턴 클램 차우더', 토마토를 베이스로 하여 붉은색을 띠는 타입은 '맨해튼풍 클램 차우더'라고 불린다는데, 보스턴 근변에 표착한 프랑스인 어부의 발상이었다는 얘기가 있습니다.

south america
남아메리카

🇲🇽 멕시코

과카몰리(Guacamole)

멕시코 특산 아보카도로 만드는 딥(dip : 감자튀김 등을 찍어 먹는 양념소스)으로 고수 등 허브의 풍미가 강한 게 특징입니다. 토르티야 칩(Tortilla chip)에 발라 먹는 것이 일반적입니다.

🇲🇽 멕시코

칠리 콘 카르네 (Chilli con Carne)

간 고기와 콩을 고추와 함께 조린 요리. 오레가노, 커민, 파프리카, 레드칠리 등을 혼합한 '칠리 파우더'가 사용되는 경우가 많습니다.

🇧🇷 브라질

무케카(Moqueca)

생선이나 채소를 코리앤더, 차이브 등과 함께 조린 해산물 스튜.

🇵🇪 페루

세비체(Ceviche)

페루 요리를 대표하는 해산물 마리네이드로 각종 고추나 마늘을 사용해서 만듭니다. 레몬이나 라임, 그리고 향신료로 해산물을 마리네이드 하여 만듭니다.

africa
아프리카

🇹🇳 튀니지

쿠스쿠스(Couscous)

쿠스쿠스라는 좁쌀 모양의 파스타에 고기나 채소 등을 넣어 끓인 수프를 부어 먹는 요리. 쿠스쿠스는 시칠리아의 전통요리이기도 하며 주로 지중해 주변국에서 사랑받는 음식으로 지역에 따라 맛이 조금씩 다릅니다.

재료 4인분

쿠스쿠스 : 2컵
올리브유 : 2큰술
양파 (빗모양썰기) : 1/2개
소금 : 1큰술
토마토퓌레 : 100㎖
타빌 : 1큰술
(코리앤더, 캐러웨이, 커민, 갈릭 등을 혼합)
레드칠리 : 1작은술
블랙페퍼 : 약간
닭 날개 : 8개
물 : 600㎖
설탕 : 1작은술
병아리콩 (삶은 것) : 1/2컵
당근 : 2개
무 : 1/8개
가지 : 2개
피망 (세로로 1/4로 썰기) : 2개
잣 : 적당량
건포도 : 적당량

밑준비

볼에 쿠스쿠스, 올리브유 2큰술, 약간의 소금(분량 외)을 넣어 섞고 뜨거운 물을 부어 다시 섞은 다음 소쿠리에 건져 두었다가 쿠스쿠스를 다시 볼에 넣어 5분 정도 둔다. 랩을 씌우지 않고 그대로 전자레인지에서 10분 정도 가열한다.

만드는 방법

1. 냄비에 올리브유(분량 외)를 두르고 양파를 넣고 소금을 뿌려서 숨이 죽을 때까지 볶는다. 토마토퓌레를 첨가해 수분을 날리면서 볶는다.
2. 타빌, 레드칠리, 블랙페퍼를 넣어 볶아준다.
3. 닭 날개를 넣어 표면 전체가 노르스름해질 때까지 볶는다.
4. 물을 붓고 끓인 후 설탕과 병아리콩, 적당히 썬 당근, 무를 첨가해 뚜껑을 닫고 약불에서 20분 정도 익힌다.
5. 적당히 썬 가지와 피망을 넣고 3분 정도 더 끓인다.
6. 쿠스쿠스를 넣어 전체를 섞어주면서 살짝 익힌 후 그릇에 담아 잣과 건포도를 그 위에 뿌려준다.

🇹🇳 튀니지

브릭(Brick)

커민, 파프리카, 파슬리 등을 사용하는 튀김 파이.

🇲🇦 모로코

타진(Tajine)

고기와 채소를 향신료와 함께 저온에서 천천히 끓인 냄비 요리. 터메릭, 시나몬, 사프란, 커민, 파프리카 등 다양한 향신료가 사용됩니다.

🇪🇬 이집트

마하시(Mahashi)

롤 양배추와 같이 채소를 채워 넣은 요리. 올스파이스 등의 향신료를 사용하는 경우도 있습니다.

🇪🇬 이집트

코샤리(Kushari)

밥이나 마카로니, 스파게티, 콩, 튀긴 마늘 등을 섞은 요리.

🇸🇳 세네갈

마페(Mafe)

땅콩 페이스트를 넣은 토마토소스에 풍미를 입힌 카레와 같은 요리.

🇳🇬 나이지리아

스야(Suya)

자극적인 향신료로 볶은 부드러운 양고기(Lamb) 요리.

🇪🇹 에티오피아

와트(Wat)

채소와 고기 등을 맵게 끓인 요리. 인제라(Injera)라고 하는 크레이프(Crêpe) 모양의 주식에 싸서 먹습니다.

🇰🇪 케냐

만다지(Mandazi)

살짝 달콤하면서 짭조름한 맛으로, 인도의 사모사(Samosa)와 같은 튀긴 빵.

🇿🇦 남아프리카

버니 차우(Bunny Chow)

빵을 반 자르고 속을 파내서 카레를 채워 넣은 아프리카식 카레빵.

🇿🇦 남아프리카

부르보스(Boerewors)

술안주로 딱 좋은 스파이시 소시지.

🇿🇦 남아프리카

보보티(Bobotie)

향신료의 향을 더한 저민 고기에 달걀을 얹은 미트로프(Meatloaf)와 비슷한 음식입니다. 진저, 마조람 등 각각의 향신료가 개별적으로 사용되는데, 최근에는 카레 카루를 대용하는 경우도 많은 것 같습니다.

* 4장(章)에 게재한 사진은 모두 이미지입니다.

세상에서 향신료가 사라져 버린다면……

세계 곳곳에서 사랑받는 향신료 요리들을 살펴봤습니다. 그런데 이들 요리는 '향신료 요리'라는 장르로 묶이는 것이 아닙니다. 예부터 일상적으로 만들어 먹어왔던 요리에 향신료가 사용되었던 것일 뿐이거든요. 그러니까 그 요리가 먹고 싶으니 향신료를 사야겠다는 것과는 차원이 다른 얘기죠.

만일 세상에서 향신료가 사라져 버린다면 평소 즐기는 음식을 만들고 싶어도 만들 수 없어 곤란해지겠는데요? 앞으로도 이곳저곳을 여행하며 생활과 밀접한 관련이 있는 향신료라는 존재를 더욱 가까이서 접해 볼 수 있었으면 하는 바람입니다.

향신료의 역사
HISTORY OF SPICES

- 전에 지구본 갖고 싶다고 했잖아?
- 어. 기억하고 있었네.
- 기억하고만 있었겠어? 찾으러 갔었다고. 여러 가지가 있더라. 가게에서 보는데 문득 중학교 때 생각이 나더라고.
- 지구본과 중학교라….
- 세계사 수업 시간에 대항해시대라는 게 나오잖아. 그땐 관심이 없어서 흘려들었지만 지금 보니 향신료를 찾아 여행을 떠났던 거 아니었나?
- 맞아. 물론 여행이라고는 말할 수 없을 정도로 참혹했던 것 같지만. 그리고 결국에는 나라끼리 전쟁을 하고 살육이 벌어지기까지…. 그보다 네가 그렇게 향신료에 관심을 갖게 되다니 놀라운데?
- 나도 놀라고 있어. 있잖아, 향신료의 역사에 대해서 좀 더 알고 싶은데. 말해 줄래?
- 내일 아침까지 걸릴 텐데, 괜찮겠어?
- 막차 시간 전까지 어떻게 안 될까?

● 만병통치약으로서의 향신료

고대 그리스 시대부터 중세에 이르기까지 오랫동안 향신료는 사치품으로 부와 권력의 상징이었어. 그 가치는 황금에 버금갈 정도였지. 중세 베네치아에서는 거대한 부를 가져다주는 페퍼를 '천국의 씨앗'이라고 불렀다고 해.
고대인들은 향신료에 약효가 있다고 믿었지. 고대 로마 시대에 활약했던 디오스코리데스가 『약물지(De Materia Medica)』에 사프란의 약효에 대해 언급하기도 했거든.
'혈색을 좋게 하는 작용이 있고, 포도주와 함께 섭취하면 숙취 제거에 효과가 있다. 모유에 섞어서 바르면 눈의 충혈을 억제한다. (중략) 또는 강장제가 되기도 하고, 바르면 단독(丹毒)으로 인한 염증을 진정시키며, 귀의 염증에도 효과적이다.'라고.
이처럼 만병통치약 같은 식물이 있다니, 모두들 탐구심에 불이 붙었겠지. 수학자 피타고라스는 향신료에 대해서 이런 말을 했어.
"머스터드만큼 뇌수와 코를 자극하는 것은 없다."
뇌수를 자극한다니 미약(媚藥)과 같은 존재지. 고대 로마인은 고가의 사프란을 베개에 채워 넣었다고 해. 그 이유는 사프란이 기분 좋은 수면을 약속해주고 게다가 미약으로서의 효과가 있다고 믿었기 때문이래.

> ● 향신료는 약으로 귀중하게 여겨졌다는 거네.
> ● 뿐만 아니라 비일상적인 쾌락을 약속해주는 미약이기도 했던 거지.
> ● 그렇다면 꽤나 가치 있는 존재였겠군.
> ● 그러니까 많은 사람이 혈안이 되어서 찾으려고 했던 거겠지.
> ● 모험이 시작되는 거구나.

● 육지와 바다의 향신료 로드

로마제국이 쇠퇴하고 중세 봉건사회가 시작되어도 사람들은 변함없이 향신료를 찾아다녔어. 그 시절에 '육지의 실크로드'라고 불리는 육로 무역 루트가 확립되었거든. 동남아시아에서 중국을 거쳐 중앙아시아로 향신료를 운반하기 위한 루트지. 무역을 중개했던 것은 페르시아 제국이야.
그런데 이 교역에는 한 가지 문제가 있었어. 육로로는 한 번에 대량의 향신료를 운반할 수 없었던 거야. 그래서 한 번에 대량의 향신료를 운반하는 수단으로 페르시아 제국이 개척에 착수한 게 바로 '바다의 실크로드'야. 동남아시아의 향신료를 육로로 운반하는 것이 아니라 해로로 운반하는 거지. 그 항로는 중국 남쪽에서 바다로 나가 동중국해, 남중국해, 인도양을 거쳐 인도 남단을 돌아 거기서부터 북상해서 아라비아반도에 이르는 루트였지.
이 루트의 개발은 페르시아 제국 대신 세력을 확대하고 있었던 이슬람 세력이 성공시켰어. 아라비아반도에 도달한 향신료는 아라비아반도 남쪽에 위치한 만을 따라 아프리카 대륙의 끄트머리(유라시아 대륙으로 이어지는 지역)의 항구까지 도착하면 유럽이 바로 코앞이거든. 배로 운반하면 육로를 이용하는 경우보다 훨씬 많은 향신료를 운반할 수 있었던 거야. 그야말로 획기적인 루트였지.
이 '향신료 로드'를 활용한 것은 베네치아였던 것 같아. 베네치아 상인들의 부에 대한 집착은 대단했거든. 각종 위험을 무릅쓰며 상선을 바다의 실크로드로 내보내 아시아 제국과 직접 교역을 하고 대상을 육지의 실크로드로 보내 향신료를 입수했어. 여기서 후세에 전해지는 모험가를 탄생시키게 된 거야. 바로 마르코 폴로 말이야.
그가 『동방견문록』을 출판한 건 유명한 일이었지. 유럽인이 최초로 남긴 아시아에 관한 기록이었으니까. 그는 자신이 방문했던 적 없는 일본(지팡구 Zipangu)을 황금의 나라라고 표현하면서 다음과 같은 내용을 남겼지.
"이 나라에서는 곳곳에서 황금이 발견되므로 백성들은 누구나 막대한 황금을 소유하고 있다. 대륙에서 누구도 이 나라에 갔던 적이 없다. 상인조차 찾아가지 않으니 풍부한 이 황금은 여태 한 번도 국외로 반출된 적이 없다."
바다의 실크로드를 이용해 동남아시아의 여러 나라를 방문한 마르코 폴로는 그 지역에 풍부하게 있는 페퍼, 넛맥,

클로브 등의 향신료를 보았고, 또 그것을 찾아 해외에서 찾아오는 상선 무리들을 직접 목격하면서 향신료를 둘러싼 왕성한 교역을 "필설로는 다할 수 없다."라고 기록했다고 해.

1299년 오스만 제국이 세력을 확장해 현재의 터키 주변을 지배하고 육지의 실크로드에 의한 동서무역의 중계지로 번성하게 돼. 그들은 영토 내를 통과하는 자에게 고액의 세금을 물렸어.

오스만 제국을 육로로 우회하는 것은 지리적으로 상당한 위험이 따랐거든. '육지가 안 된다면 바다'라고 생각했을지도 몰라. 그런데 바다의 실크로드에서는, 동남아시아의 교역은 중국인이나 말레이인이, 인도의 교역 특히 인도양 주변은 이슬람 세력이, 아라비아반도를 벗어나 유럽으로 건너는 마지막 관문에는 이집트인이 있었거든.

- 얘기를 듣고 있자니 돈 냄새가 마구 풍기는데.
- 향신료를 둘러싼 이권과 돈이 꿈틀거리는 시대였으니까.
- 모두 욕심쟁이들이네.
- 유럽인들 입장에서 보면 동남아시아는 꿈의 섬들이었을 거야.
- 그래서 독차지하고 싶은 마음을 먹었구나.
- 맞아. 그리고 마침내 그 대항해시대가 막을 열게 되는 거지.

● 콜럼버스의 신대륙 발견

대항해시대의 향신료를 둘러싼 모험은 어느 사이엔가 국가적 차원의 도전으로 바뀌어 가게 돼. 유럽 국가들이 중개국을 피해 직접 향신료를 입수하는 루트는 아프리카의 남단을 돌아가는 것이었지. 그런데 당시 그건 무모한 모험가나 하는 일이라고 여겨졌어. 왜냐하면 포르투갈의 리스본에서 조금 남쪽으로 내려간 곳, 즉 아프리카 북부의 보자도르 곶 너머의 바다가 펄펄 끓는다는 미신이 있었기 때문이지.

이 미신을 깨뜨린 사람이 '항해왕 헨리'로 알려진 포르투갈의 왕자 엔히크(Henrique)였어. 1434년 누구나가 두려워하는 보자도르 곶을 넘는 데 성공을 해. 그것만으로도 위대한 업적이긴 했지만, 최남단까지는 한참 멀었지. 아프리카 대륙 최남단을 지나 인도에 이르는 항로를 발견한 사람은 '바르톨로메우 디아스'라는 남자야. 포르투갈 국왕의 명령을 받고 출항한 그는 바다에서 폭풍우를 만나 헤매다가 결국 희망봉을 발견하는데 이것이 인도 항로 발견의 첫걸음이 되었지. 1488년의 일이야.

발견 당시는 디아스가 겪은 고난 때문에 '폭풍의 곶'이라는 이름을 붙였는데, 포르투갈은 자국의 장래 발전을 기원하며 '폭풍의 곶'과는 정반대인 '희망봉'이라는 이름으로 바꿨다고 해.

포르투갈의 과감한 도전에 경쟁심을 불태웠던 것이 바로 이웃나라인 스페인이야. 대항해가 국책인 이상, 국가로서의 결정권과 그것을 수행하는 재력을 쥐고 있는 인물, 그리고 그것을 토대로 실제로 항해에 나갈 용기와 실행력이 있는 인물이 두루 필요하게 된 거지. 즉 국왕이라는 지지자와 임무를 수행할 모험가 말이야. 누가 누구에게 걸 것인지. 향신료를 둘러싼 거대한 도박이 펼쳐지게 되었어.

모험가로서 세계적으로 명성을 떨치고 있었던 사람으로는 세 사람이 있었어. 콜럼버스, 바스코 다 가마, 마젤란.

크리스토퍼 콜럼버스(1451~1506)는 북이탈리아(지금의 제노바) 출신의 직물공이었는데 20대 후반에 선원이 되어 독학으로 항해학을 공부해. 그는 키도 크고 잘생기고 자신만만했으며 야심가였다고 해. 게다가 계획을 수행하는 계산력도 가지고 있었지. 모험가로서 아무런 실적도 없고 배경도 없었던 그는 총독의 딸과 결혼하면서 자신의 지위를 높였어.

아프리카 남단을 목표로 한 항해가 주류였던 시대에 콜럼버스는 상당히 독특한 발상을 가지고 있었는데, 그것은 대서양을 서쪽으로 이동해가다 보면 언젠간 인도 대륙에 도착할 거라는 생각이었지. 그를 선택한 사람은 스페인의 이자벨 여왕이었어.

아프리카 항로에서 성과를 올린 포르투갈에 뒤쳐져 초조했던 스페인은 무조건 그가 필요했던 거지. 포르투갈에 대한 경쟁심을 불태우던 스페인 여왕과 돈벌이에 혈안이었던 그의 출신지 제노바 상인들이 그에게 걸었던 거지.

1492년 여름, 콜럼버스는 팔로스 항구를 출항해서 순조롭게 서쪽으로 진행해 카리브해에 떠 있는 섬들을 발견하면서 항해를 이어나가게 돼. 콜럼버스에게는 인도 대륙으로 가는 여로였겠지만, 실제로 도착한 것은 아메리카 대륙이었어.

아메리카에는 페퍼나 클로브가 없었지만, 대신에 칠리(고추)가 있었지. 콜럼버스는 그 후의 항해로 도미니카, 그리고 자메이카에도 도달했지만 인도에 닿지는 못했어.

- 콜럼버스는 마지막까지 아메리카를 인도라고 생각했던 거야?
- 글쎄. 어땠을까? 하지만 미국 선주민을 인디언이라고 부르는 걸 보면 착각했던 것은 틀림없는 것 같아.
- 블랙페퍼를 손에 넣으려다가 레드칠리를 발견했다는 것도 재미있네.
- 두 가지 향신료 모두 매운맛이 나지. 그것을 계기로 레드칠리는 세계 곳곳에서 재배되게 돼.
- 그럼, 매운 요리를 좋아하는 사람들은 콜럼버스에게 감사해야겠네.
- 그렇지. 자, 그럼 다음 모험가에 대해서도 얘기해 볼까?

마젤란에 의한 세계일주

콜럼버스가 이루지 못한 인도 도착을 실현한 모험가는 포르투갈 출신의 바스코 다 가마(1460경~1524)라는 사람이야. 그는 1497년에 포르투갈을 출항해서 10개월 후 인도의 말라바르 해안에 도착해.

말라바르 해안은 페퍼 산지였지. 육지의 실크로드도 바다의 실크로드도 이용하지 않고 신규 항로를 통해 향신료가 직접 유럽에 반입된 것은 큰 사건이 되었어. 이로 인해 오랫동안 인도양을 독점적으로 지배해 왔던 이슬람 세력은 쇠퇴하고 향신료를 둘러싼 유럽 각국의 대립이 더욱 부상하게 되었지.

포르투갈에 선수를 뺏긴 스페인은 이를 갈았어. 그런 스페인의 자존심을 과시하는 데 성공한 사람이 마젤란(1480경~1521)이야. 마젤란은 포르투갈 사람인데, 자국의 마누엘 왕을 접견하고 선장으로 동남아시아로 떠나는 모험에 지원했지만 퇴짜를 맞게 돼. 그때 그를 도운 사람이 스페인 국왕 카를로스 1세야.

마젤란의 계획은 콜럼버스와 마찬가지로 대서양을 서쪽으로 이동해서 인도에 도착한다고 하는 것이었는데, 1519년에 출항한 마젤란은 남아메리카를 돌아 태평양을 횡단하여 약 2년 후에 몰루카 제도(말루쿠 제도)에 도착해. 그리고 1521년에 세브 섬에서 현지인과 싸우다가 사망하지. 그 후 살아남은 부하들이 1522년에 스페인으로 귀항하면서 세계 일주를 달성하게 된 거야.

대항해시대의 전반전은 주로 스페인과 포르투갈의 대립이었다고 할 수 있지. 결과적으로는 포르투갈의 압도적인 승리라고 할 수 있지만 말이야. 페퍼를 시작으로 넛맥, 클로브 등 당시 귀하게 여겼던 향신료들을 손에 넣은 것은 포르투갈이었으니까.

한편, 향신료의 원산지인 아시아에서는 포르투갈의 착취와 살상에 증오심이 커지면서 종종 반란이 일어났어. 그러다 보니 포르투갈의 세력은 서서히 약화되어 갔고, 그 틈을 타 세력을 펴 나가기 시작한 것이 네덜란드야.

포르투갈이 당시 인도와 몰루카 제도를 중심으로 지배하고 있었기에 네덜란드는 그곳을 피해 자바 섬과 수마트라 섬을 목표로 삼았어. 그리고 1595년 자바 섬의 항구마을에 상륙하여 향신료 교역의 거점을 마련하고 두 번째 원정대를 파견해서 1602년에 네덜란드 동인도 회사를 설립하게 되는데, 방법이 교활했지.

그들은 자신들이 손에 넣을 수 있는 향신료의 희소가치를 높이려고 일정 지역 이외에서 자라는 향신료 나무들을 뿌리째 뽑아서 없애 버렸어. 네덜란드는 향신료 교역을 독점할 수 있는 환경을 손에 넣었고, 게다가 값을 올리기까지 했어.

네덜란드에 뒤쳐져서 움직이기 시작한 영국의 경우는 1601년 랭커스터(James Lancaster)가 이끄는 상선대가 런던 상인의 기대를 한 몸에 받고 출항해. 이 원정이 성공하면서 영국은 수마트라 섬에 발판을 구축하게 되지만, 그곳은 이미 네덜란드의 영향력이 미치고 있었지.

- 포르투갈의 성공에 스페인이 질투했구나.
- 그래도 결과적으로는 포르투갈이 이겼어.
- 두 나라가 싸우는 동안 네덜란드는 기선을 잡았고 말이야.
- 희소가치를 높이려고 식물을 태워 없애다니 실로 대담하지.
- 그런 상황에 영국까지 발을 들여놓은 거네?
- 향신료를 둘러싸고 각 나라가 본격적인 전쟁에 돌입하는 전야였다고 할 수 있지.

● 향신료를 둘러싼 각국의 전쟁

1601년 네덜란드는 스페인 해군과 전투를 벌여 지브롤터 만(灣)에서 승리를 거둬. 그것을 시작으로 향료의 제도(몰루카 제도)나 반다 제도에 대한 압력을 강화하기 시작해. 영국은 네덜란드에 여러 차례 싸움을 걸지만, 결국 네덜란드에 굴복하고 향료의 제도에서 쫓겨나지.

이 무렵 의외의 발상으로 향신료 조달을 시도한 나라가 프랑스였어. 1770년경 모리셔스의 행정관이자 식물학자였던 프랑스인 피에르 푸와브르(Pierre Poivre)가 몰루카 제도로 쳐들어가 네덜란드 몰래 클로브의 묘목을 빼내 와서 프랑스가 지배하는 섬에 옮겨 심어 키웠던 거야.

1975년에는 영국 함대가 네덜란드가 지배하는 말라카를 습격해 지배하에 두는 데 성공을 해. 그리고 향료의 제도를 수중에 넣은 영국은 넛맥의 묘목을 반출하여 페낭 섬에 옮겨 심어.

상당히 늦게 향신료 전쟁에 참전한 프랑스는 인도 일부를 지배하며 독자적으로 교역을 계속하지만, 결국은 영국에 굴복하게 돼. 1760년 인도의 패권을 다투던 영국과 프랑스의 공방에 결착이 나거든. 그 후 영국의 인도 지배는 인도가 독립할 때까지 오래도록 이어지게 되었지.

- 결국 향신료를 둘러싼 역사는 한마디로 말해서 인간의 욕망을 둘러싼 역사였다는 얘기야.
- 생각했던 거랑 뭔가 다르네.
- 미약에 취하고 싶어 하는 사람들을 상대로 돈을 벌려던 장사치들이 몰렸던 초창기가 오히려 조금은 건전했다고 해야 하려나.
- 모험가들도 순수한 마음으로 항로를 개척했다고 생각하고 싶네.
- 그런 측면도 있었겠지. 하지만 대모험에는 재력이 필요하잖아. 각 나라의 국왕이 나서서 지원하기 시작하면서부터 양상이 달라졌을지도. 식물학자까지 끌어들여 나라끼리 전쟁을 했으니. 하지만 향신료의 잘못은 아니라고.
- 누가 뭐래? 향신료가 얼마나 매력적인 것인지는 잘 알았어. 그런 향신료를 지금은 손쉽게 구할 수 있으니 행복한 일이네.
- 맞아. 너랑 내가 싸울 필요는 없지.
- 향신료가 좋아지기 시작한 것 같아.

CHAPTER 5

[SPICE]

EXPERIENCE

향신료 체험하기

향신료는 몸에 좋아?

더 맛있고 더 건강한 삶을 원한다면 너무 욕심이 큰 걸까요?
어쩌면 향신료가 우리의 건강에 도움을 줄 수 있을지도 모르겠습니다.
'EXPERIENCE 향신료 체험하기'라는
이번 장에서는 향신료의 효능을 체험해 보도록 하겠습니다.
막연히 향신료는 몸에 좋다 또는 좋을 것 같다고 생각하는 사람이 많을 것 같은데,
구체적으로 무엇이 어떤 작용을 하고 어떻게 해서 몸에 좋은지를 알기는 쉽지 않지요.
이번 장에서 무슨 효능이나 비법 같은 것을 알려 드리는 것은 아닙니다.
물론 향신료에 여러 가지 약효가 있다고는 해요.
그것을 어떻게 이해하고 어떻게 자신의 생활에 활용하면 좋을지는 사람에 따라 달라지겠죠.
'한방의학'의 세계에서 사용되는 한방약 성분에는 시나몬, 클로브, 펜넬 등의 향신료가 즐비합니다.
'아유르베다(Ayurveda)'라고 불리는 인도의 전승의학에서도 향신료는 크게 활약하지요.
'서양의학'의 세계에서는 향신료의 효능에 관한 엄청난 수량의 논문이 존재합니다.
해석은 각각 다르겠지만요. 한편으로 '약선(藥膳)'이라는 말도 일반적으로 사용되고 있습니다.
요컨대 향신료는 여기저기서 서로 끌어당기려는 인기스타라고 할 수 있습니다.
그러니 우리 몸에 유익한 영향을 줄지도 모르는 향신료의 특징을 잘 파악해
일상생활에 활용할 만한 힌트를 놓치지 마세요.

CONTENTS

P.132 세계의 전통의학

P.134 한방의학과 향신료

P.138 아유르베다와 향신료

P.142 서양의학과 향신료

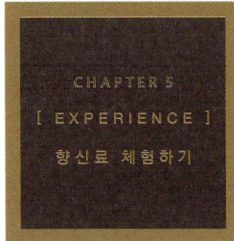

CHAPTER 5
[EXPERIENCE]
향신료 체험하기

세계의 전통의학

향신료에는 개별적으로 다양한 효능이 있다고 합니다.
그런 효능을 활용해 예로부터 세계 곳곳에서 여러 가지 의학이 발달해 왔습니다.

- 향신료 몸에 좋은 거 맞지?
- 그렇지. 나는 남들보다 향신료를 많이 섭취하는 편이라 한 번도 감기에 걸려 본 적이 없어.
- 또 농담한다.
- 아냐. 아는 사람 중에 인도 요리 셰프가 있는데, 그 친구가 그렇게 호언장담하거든.
- 아무튼 그런 말이 아니라, 향신료에 여러 가지 약효가 있지 않냐고?
- 있다고들 하지.
- 웬일로 오늘은 대답이 조심스럽대?
- 평소 향신료를 자주 섭취하는 나는 내 몸이 건강한 상태라고 생각은 해. 그런데 그게 향신료 덕분인지 어쩐지는 모르겠어.
- 그럼 어떻게 하면 알 수 있어?
- 향신료 섭취를 중단해 보면 알 수 있지 않을까. 반년 섭취하고, 반년 끊는 거야. 자기 몸을 사용한 인체실험. 그걸 몇 년 반복하면 향신료의 효과를 알 수 있을지도 모르지.
- 그걸 실천하는 건 쉽지 않을 것 같은데….
- 몸에 좋냐, 어떠냐 하는 것은 즉 자기 자신과 마주하는 거라고 생각해. 사실은 너하고도 마주하고 싶은데 말이야.
- 누구랑 마주하든지 상관없지만 말이야. 좀 더 간단명료하게 향신료가 몸에 좋은지 어떤지를 알려 줬으면 좋겠네.
- 몸에 좋아.
- 어머나! 대답이 시원하네.
- 음, 솔직히 말하면 나도 잘 모르겠어. 향신료에 약효가 있다고 일반적으로는 말하는데, 다양한 의학 분야에서 그 나름의 방법으로 증명하고 있는 것 같아. 하지만 뭘 어떻게 사용하면 어디에 효과가 있는지, 도대체 누가 약속해 줄까.
- 듣고 보니 그러네. 어떤 향신료가 내게는 맞아도 다른 사람에겐 안 맞을 수도 있으니까.
- 그 반대도 있을 테고. 또, 오늘은 효과가 있어도 내일은 별 효과가 없을지도.
- 컨디션에 따라 달라질 수도 있고.
- 아유르베다에서는 효과가 있다고 해도 동양의학에서는 효과가 없다고 할지도 모르고.
- 그리고 또 그 반대도 있어?
- 한편으로 서양의학에서의 견해도 신경 쓰이지.
- 어쩌면 어느 나라에서 태어나 자랐느냐에 따라서 달라질 수도?

- 인도 5천년의 역사를 자랑하는 아유르베다는 인도에서 태어나 자란 인도인의 심신과 대화하면서 진화해 왔을 텐데, 과연 일본의 풍토에서 생활하는 일본인인 내게도 적용될까 싶기도 하고.
- 자신에게 맞는 의학이나 향신료를 발견하는 것이 중요하겠네.
- 그러니까 말했잖아. 자기 자신과 마주해야 한다고.
- 나랑은 마주하지 않아도 되고~ 흠, 뭔가 어렵네.
- 뭐, 믿는 사람은 구원받는다는 얘기일 수도 있고…. 나는 의심이 많은 편이라서 말이야. 아무튼 나로서는 향신료의 약효나 향신료와 건강의 관계는 잘 몰라. 그러니까 그 부분은 잘 아시는 선생님께 들어 보기로 하자.
- 좋아. 찬성!
- 그런데 하는 말을 다 곧이곧대로 받아들여서는 안 돼. 각 분야에서 다양한 견해가 있으니까. 음, 그렇구나 하는 정도로 머릿속에 담아두고, 그 후에 자기 자신과 마주해야 한다고.
- 어휴, 너랑 얘기하다 보면 왠지 피곤하고 힘들어.
- 그래, 그럼 '터메릭 라테'라도 한 잔 마셔 볼래?
- 그거, 효과 있어?
- 글쎄.

세상에는 다양한 의학이 있고 각각 나름의 발전을 이루어 왔습니다. 그리고 어떤 의학에서든 무언가를 섭취하는 행위와 건강은 떼어놓을 수 없는 것임이 틀림없습니다. 그렇다면 현재 향신료라고 불리는 것들은 오랫동안 인간의 몸을 지탱하고 만들어 왔다는 얘기가 됩니다. 여기서는 먼저 세계 각지의 여러 가지 의학의 존재를 염두에 두기로 하겠습니다.

세계 3대 전통의학

< 인도 >
아유르베다

인도에서 5천년의 역사를 지녔다고 하는 전통의학. 산스크리트어인 아유스(Ayus/생명)와 베다(Veda/과학)를 조합한 말입니다.

< 중국 >
중국 전통의학

중국에서 수천 년의 역사를 지녔다고 하는 전통의학. 생리학, 병리학, 약학 등 중국 고대 철학의 영향을 받은 기초 이론과 임상경험에 근거하고 있습니다.

< 중동 >
유나니 의학
Unani medicine

고대 그리스의 의학을 기원으로 하는 전통의학. 자연치유와 질병의 예방을 중시하며 현재도 인도 아대륙(현재 남아시아에서 인도, 파키스탄, 방글라데시, 네팔, 부탄, 스리랑카 등의 나라가 위치한 지역)의 이슬람 문화권에서 행해지고 있습니다.

기타 세계의 의학

< 일본 >
한방의학

중국 전통의학의 영향을 받아 일본에서 발달한 의료

< 티베트 >
티베트 의학

아유르베다를 토대로 티베트 라마승들에 의해 전해지는 전통의학

< 몽골 >
몽골 의학

중국 전통의학과 아유르베다를 기초로 몽골의 풍토에 맞춘 의학

< 그리스 >
그리스 의학

바빌로니아와 이집트 의학의 영향을 받아 탄생한 체액의 균형을 중시하는 의학

< 남아프리카 >
남아프리카 전통의학

[무티(Muthi), 인양가(Inyanga), 상고마(Sangoma)] 무티(약)에 의한 인양가, 기도나 주술에 의해 치유하는 의학

< 한국 >
한의학

중국 전통의학을 토대로 한반도에서 삼국시대 경부터 발달한 의학

< 아랍 >
아라비아 의학

그리스 의학 등을 토대로 인도와 중국의 의학이 혼합되어서 탄생한 약물 지식이 풍부한 의학

< 남인도 >
싯다 의학

[아유르베다의 기원?] 1만 2천년 전에 시작됐다고 말해지며 남인도, 타밀 지방에 전해지는 의학

버마 전통의학

타이 전통의학

페르시아 의학

이슬람 의학

이집트 의학

바빌로니아 의학

아메리카 선주민의 허브 의학

기타 의학적 수법

피토케미컬
Phytochemical

동종 요법
Homeopathy

자연요법
Naturopathy

메디컬 허브
Medicinal Herbs

아로마테라피
Aromatherapy

카이로프랙틱
Chiropractic

한방의학과 향신료

일본에는 한방이라는 독자적인 의학이 있으며 예로부터 향신료는 한방약의 원료로 활용되어 왔습니다. 인도나 중국의 전통의학에 뿌리를 둔 것입니다.

향신료로 만드는 요리는 몸에 좋다

● 선생님, 약선 요리라는 말을 가끔 접하게 되는데 한방과 관계가 있는 것인가요?

일본에는 한방이라는 독자적인 의학이 있는데 예로부터 향신료는 한방약의 원료로 활용되어 왔습니다. 인도나 중국의 전통의학에 뿌리를 가지고 있지요. '약선(藥膳)'이라는 말은 일본에서 독자적으로 탄생한 것입니다. 중국에서는 통용되지 않아요.

● '의식동원(醫食同源)'이라는 말도 있지요?

그렇죠. 거의 같은 시기에 나온 말인데. 예전에는 '약식동원(藥食同源)'이라고 했었죠. 그런데 '약'이라는 글자를 사용하면 약사법에 걸려서 표현을 바꿨지요.

● 그렇다면 '약선'도 약사법을 피하기 위한 표현이었던 거네요?

맞아요. 약이 아니라 음식이라는 걸 나타내는 거죠. 그래서 의료 전문가는 '의식동원'이나 '약선'이라는 말을 별로 사용하고 싶어 하지 않아요. 원래 '선(膳)'이라는 말은 '몸에 좋다'고 하는 의미입니다. 그래서 '약선'이라고 쓰면 '두통이 아프다'라는 식의 표현이 된다고 할 수 있어요. 예로부터 일본에서는 몸에 좋은 음식을 먹는 것을 '선'이라는 한 글자로 표현했었죠.

● 아, 그렇군요. 그런데 지금은 '약선'이라는 단어가 널리 퍼져서 여기저기서 사용하고 있잖아요. 생각해 보면 국가 자격도 아니고 규정도 없으니까, 누구나 사용할 수 있는 거죠. 그렇다면 약선 요리와 한방의학은 관계가 없는 건가요?

예를 들어 카레는 아유르베다에서 기원한 것이라고 할 수 있죠.

● 카레를 만드는 데 사용하는 향신료 중에는 한방약 성분과 같은 것이 많잖아요.

한방약이라고 하면 모두 중국을 생각하는데, 한방약의 기초는 사실 아유르베다의 영향이 크다고 할 수 있어요. 인도인 승려가 불교를 포교하기 위해 대거 중국으로 건너갔던 시대가 있었지요.

● 그렇군요. 생약이라는 말을 들어 본 적 있습니다만, 생약과 한방약은 어떤 관계가 있나요?

생약은 식물, 동물, 광물 등 여러 가지 천연물 가운데 약효를 지닌 것을 가리킵니다. 그런 생약을 몇 가지 조합해서 처방하는 것이 한방약이지요.

● 네, 그럼 생약이 향신료이고, 한방약이 카레라는 말이겠네요. 음, 뭐 그렇게 말할 수도 있겠지만…. 굳이 따지자면 카레에 사용하는 향신료는 한방약 재료로도 쓰인다는 해석이 바르겠죠.

● 그럼 향신료는 약인 거네요?

사실 약과 음식의 경계가 뚜렷하지 않습니다. 한방에서는 상약(상품), 중약(중품), 하약(하품)이라는 것이 있는데, 서양의학의 약은 하약에 해당하죠. 상약과 중약에 향신료에 해당하는 것이 많아요. 질병을 직접 고치는 것은 하약입니다. 하지만 부작용을 수반할 가능성이 있기 때문에 그것을 저지하기 위해 상약, 중약을 넣지요. 그러므로 상과 중에는 작용이 없어도 돼요. 그것도 약이라는 얘기죠. 그런데 서양의학의 개념에서는 약은 몸에 작용이 있는 것이어야 한다는 말이죠. 같은 약이라는 말을 사용해도 정의가 다릅니다.

● 그러게요. 카레를 먹고 부작용이 생긴다면 큰일일 테니까요.

향신료에 의한 양생과 미병

● 한방에서는 식사를 '양생(養生)'의 일부라고 여긴다고 들은 적이 있는데요.

병이 생기면 의사가 중심이 되어 치료를 합니다. 양생은 그 직전에 해야 하는 행위입니다. 이 양생에는 '치료를 위한 양생'과 '예방을 위한 양생'이 있습니다. 치료를 위한 양생은 환자가 스스로 실천하는 건강관리입니다.

● 구체적으로 어떤 행동을 실천해야 하나요? 염분이나 당분, 칼로리를 제한하는지요.

그런 건 굳이 말하자면 서양의학적인 건강관리입니다. 서양의학에서는 질병을 몸의 일부분의 이변이라고 파악하는 데 반해 한방의학에서는 전신의 균형이 깨진 것으로 파악하지요. 그래서 질병의 내용뿐 아니라, 그 사람의 체질이나 기질, 연령 등을 종합적으로 판단해서 식사 관리를 합니다.

● 그렇다면 사람에 따라서 양생 방법은 달라지겠네요.

"서양의학은 질병을 고치고, 한방의학은 환자를 고친다."라는 말이 있을 정도이니, 양쪽의 견해는 역시 다르다고 할 수 있죠.

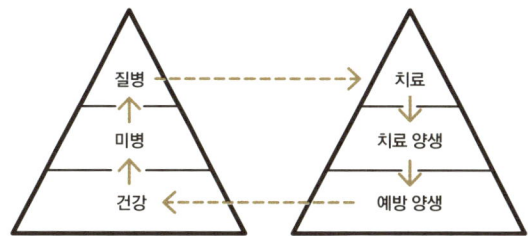

● 흥미롭네요. 예방을 위한 양생은 어떤 건가요?
특별한 치료를 받지 않는 사람을 위한, 건강의 토대 같은 것입니다. 무얼 먹느냐, 동시에 어떻게 먹을 것이냐가 중요해집니다. 쉽게 말하면 개인의 소화 흡수 능력에 맞는 양을 규칙적으로 먹어야 합니다.
● 오후 3시면 간식을 먹는다든가 술 마신 후엔 해장 삼아 라면을 먹는다든가 하는 건요?
양생이라는 관점에서는 권장할 수 없는 행위죠. 덧붙여 좋아한다고 해서 어떤 특정 음식만을 계속 먹는 것도 좋지 않아요. 성인병에 걸릴 위험이 있거든요.
● 당뇨병이나 암, 뇌경색과 같은 본격적인 질병으로 이어질 위험이 있는 거네요.
다만, 그전에 반드시 조짐이 보이기 마련이죠. 몸에 이상이 보입니다. 그 상태를 동양의학에서는 '미병(未病)'이라고 불러요.
● 그렇군요. 병이 생기기 일보 직전.
예를 들어 몸이 처지고 어깨가 결리고 의욕이 안 생기는 등의 상태는 미병으로 볼 수 있습니다.
● 건강이냐 병이냐 딱 나눌 수 없다는 얘기네요. 약과 음식, 약과 향신료의 경계가 분명하지 않다는 점과 비슷한 개념인 것 같아요.
그래서 향신료를 포함한 식생활로 질병의 불씨를 제거하는 것이 중요합니다.

건강의 열쇠를 쥔 '기, 혈, 수'

● 몸의 균형이 중요하다는 것은 알겠는데, 어떻게 해서 균형을 잡으면 좋을까요?
한방의학에서는 '기(氣)', '혈(血)', '수(水)'라는 세 가지 요소로 체내의 균형을 조절한다고 생각합니다. '기'는 생명을 유지하려는 기본적인 활력으로, 식욕이 있고 식사를 해서 제대로 소화 흡수를 하는 사이클입니다. '혈'은 혈액이나 호르몬 등을 포함한 체액을 말하는 것으로, 혈에는 몸 구석구석까지 영양분을 보내는 역할이 있는데, 그것이 기능하는 상태입니다. '수'는 전신에 영양분과 수분을 제공하는 체내의 수분을 말합니다. 몸을 지키는 역할 중에 면역력이 있는데 수분이 그것과 깊은 관련이 있습니다.

● 기, 혈, 수가 모두 잘 기능하는 상태가 균형이 잡힌 상태로군요.
이러한 이론을 응용해서 "이런 증상일 때는 이런 처방이 효과적이다."라고 하는 진단으로 이어지는 것이죠. 이들 각 기능을 관장하는 것이 뇌인데, 사실 향신료에는 뇌의 혈류량을 늘려 기능을 활성화시키는 작용이 있다는 것이 증명되었습니다.
● 그럼 예를 들어 인도인은 일상적으로 향신료를 쓰고 있지만, 우리는 그런 문화가 아니므로, 향신료를 섭취하면 효과가 나타나기 쉽다거나 하지는 않나요?
그럴 수는 있지요. 우리에게는 된장 같은 것이죠. 우리에게는 여러 종류의 된장이 있는 것과 마찬가지로 인도인은 일상적으로 향신료나 가람 마살라를 먹습니다. 그래서 없으면 뭔가 부족한 것 같은 그런 느낌을 가지게 되겠죠.
● 일본에서 만드는 카레 상품의 경우 30종류 정도의 향신료가 들어가 있으니 양적인 문제는 있다고 해도 온갖 것들이 들어가 있다고 볼 수 있겠네요.
맞습니다. 그래서 한두 가지 질이 나쁜 것이 들어가도 눈에 띄지 않지요.
● 많은 종류를 쓰면 효과를 보고 싶은 개별 향신료의 양이 적어지니 효능이 분산될 것 같네요.
그래서 자신에게 맞는 향신료를 추가하는 일이 중요한 것이죠.
● 터메릭은 만능이라는 느낌이 드는데….
음, 생강과의 식물이니까요. 커큐민 이외의 성분도 상당하고. 그래서 현재 사용되는 한방약 1/3 이상에 생강이 들어가지요. 처음 카레가 일본에 들어왔을 때 향신료는 약 도매상에서 팔았었어요.

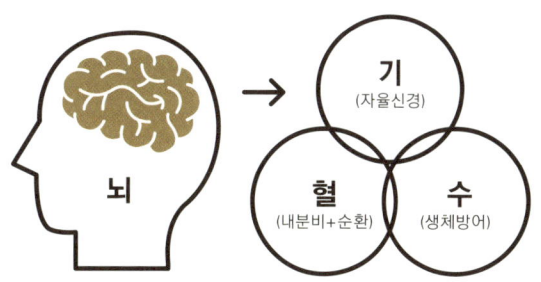

CHAPTER 5
[EXPERIENCE]
향신료 체험하기

한방의학과 향신료

● 현재 카레 제품을 만드는 회사의 전신이 약품 도매상이었던 경우도 있으니까요. 인도에는 원래 카레 가루는 없었지만 가람 마살라가 있잖아요. 상당히 한방약에 가까운 냄새가 나거든요. 카레에 위장약을 첨가해서 먹는 사람도 있는데, 가람 마살라를 뿌리는 것 같은 감각인 거겠죠.
시판 위장약에 가람 마살라의 원재료와 공통되는 것이 많거든요. 그러니 일종의 향신료라고 할 수 있겠네요.

향신료가 지닌 성질은 기후나 풍토에 따라 다르다

▼▼▼▼▼▼▼▼▼▼▼▼▼▼▼▼▼▼▼▼▼▼▼▼▼▼▼

● 구체적으로 향신료를 요리에 사용하는 경우에 한방의 관점에서는 어떤 점에 주의하면 좋을까요?
한방의 세계에서는 사람의 몸 상태를 '허(虛), 실(實)'과 '한(寒), 열(熱)'로 나누어 파악합니다. '허'는 기, 혈, 수가 부족한 상황, '실'은 지나친 상황이죠. '한'은 몸이 냉한 상태, '열'은 몸에 열이 많은 상태입니다.
● 그렇군요. 그게 건강과는 어떤 관계가 있나요?
건강한 사람은 허와 실, 한과 열이 어느 쪽으로도 치우치지 않고 유지됩니다. 만일 어느 한쪽으로 치우치게 되면 체내 균형이 무너져 미병 상태가 되지요. 균형을 회복하기 위해 치우친 부분과는 반대의 성질을 지닌 음식을 섭취해야 합니다.
● 그렇다면 식품에는 각각 다른 성질이 있다는 말씀이네요.
식성(食性)이라고 해서 음식이 지닌 성질은 '온(溫)', '평(平)', '한(寒)' 세 가지로 분류됩니다. 따뜻한 식품은 몸을 따뜻하게 해서 신진대사를 촉진하고, 차가운 식품은 몸을 차게 해서 신진대사를 둔화시킵니다. 그리고 평에 해당한 식품은 균형 잡힌 상태의 식품을 말합니다.
● 그 식성이라는 것이 향신료에도 있다는 말씀인가요?
물론이죠. 그런데 똑같은 향신료라도 한방에서 보는 식성과 아유르베다에서 보는 식성이 다를 수 있어서 좀 복잡하지만요. 예를 들어 갈릭은 한방에서는 '온'의 성질이지만, 아유르베다에서는 '한'의 성질이라고 해요. 이것은 기후나 풍토와 관계가 있지요. 중국은 온대지역이지만, 인도는 열대지역이라서 갈릭이 몸에 지닌 열을 발산하여 몸을 식히는 기능을 합니다.
● 향신료가 우리 몸에 어떻게 작용하느냐는 사는 지역에 따라

[향신료가 지닌 성질]

	한방	아유르베다
갈릭	온	한
카더멈	온	한
커민	온	온
클로브	온	한
코리앤더	온	온
시나몬	열	한
진저	미온	온
터메릭	한	한
펜넬	온	한
페퍼	열	한
레드칠리	열	한

[식재료가 지닌 성질]

	식재료	성질
곡물류	쌀	평
	보리	한
채소류	양파	온
	마늘	온
	감자	평
	버섯류	평
	토마토	한
	가지	한
	시금치	한
육류	닭고기	온
	양고기	온
	돼지고기	평
어패류	새우	온
	고등어	온
	농어	평
	굴	평
유제품	우유	한
	버터	한
	치즈	온

다를 수 있다는 거네요. 우리나라 사람의 경우 어느 쪽을 택하는 게 좋을까요?
향신료의 식성과 관련해서는 한방에서 정해진 식성이 일반적이라고 생각하는 편이 좋습니다. 같은 온대지역이니까요. 예를 들어 향신료로 카레를 만드는 것을 전제로, 주재료가 될 만한 식재료에 대해 그 식품의 성질을 소개해 드릴게요.
● 좋아요. 그런데 이것을 요리에 응용하기는 꽤 어려울 것 같은데요.

알기 쉬워요. 신맛이 강하면 단맛으로 완화시키고 단맛이 강하면 짠맛으로 균형을 잡는 식으로요.
● 그렇군요. 그런데 점점 머리가 복잡해지네요.
뭐, 어디까지나 생각의 기준입니다. 이미 말한 바와 같이 자신의 몸과 마주하여 가장 좋은 방법을 찾는 것이니까, 모든 사람에게 일률적으로 적용되는 건 아니에요. 오행설을 더 깊이 들여다보면 현실에 맞지 않는 것도 있으니 어디까지나 참고로 삼는 정도가 좋겠죠.

오행과 오미의 복잡한 관계

사실 식품의 성질과는 별도로 식미(食味)라는 것이 있는데, 이것은 중국 전통의학(중의학)의 오행설과 관계가 있습니다.
● 오행이라는 말은 들어 본 적이 있어요.
중국에 예부터 있는 사상으로 지구상에 있는 모든 것은 '목, 화, 토, 금, 수'라는 5가지 요소로 이루어져 있다는 것이죠.
● 왠지 요일 같네요. 월, 화, 수, 목, 금, 토, 일…
계속해도 될까요? 이 오행은 서로 관계를 맺는데, '나무'가 타서 '불'을 일으키고, '불'에 탄 나무는 재가 되어 '흙'으로 되돌아가지요. '흙'을 파면 '금'이 나오고, '금' 표면에 '물'이 생기면서 그 '물'이 '나무'를 자라게 해요.
● 정말 그러네요. 한 바퀴 돌았어요. 왠지 좋은 순환인 것 같은데요.
이 상승효과를 '양(陽)'이라고 표현합니다. 또, 이와는 달리 '나무'가 '흙'의 양분을 흡수하고, '흙'이 '물'을 더럽히고, '물'이 '불'을 끄고, '불'이 '금속'을 녹이고, '금속'이 '나무'를 자르는 관계가 성립되기도 하죠.
● 이번에도 한 바퀴 돌았어요! 그런데 조금은 좋지 않은 순환인 것 같네요.
이 상극효과는 '음(陰)'이라고 표현합니다. 그래서 오행설을 음양오행설이라고도 말하죠. 오행설에서는 각 구성 요소에 몸의 장기나 색, 맛을 대응시킵니다.
● 오미라는 것이 있다는 것도 들어 본 적 있어요.
신맛, 쓴맛, 단맛, 짠맛, 매운맛. 현재 일반적으로 '기본 4가지 맛'이라고 하는 것에 매운맛을 더한 5가지입니다. 이것을 그림으로 나타내면 더욱 이해하기 쉬울 텐데, 예를 들어 동양의학의 세계에서 '눈은 간 건강의 창'이라든가 '폐의 상태가 나빠지면 창백해진다'고 하는 이유가 바로 이런 관계에서 나오는 말인 거죠.
● 이 관계를 토대로 향신료나 식재료를 골라 조리에 응용하면 되는 거네요.
간장이나 눈의 상태가 나쁠 때는 신맛을 더하고, 심장이 안 좋으면 쓴맛, 위가 약해지면 단맛, 호흡기가 좋지 못하면 매운맛, 신장이 나빠졌을 때는 짠맛과 같은 식입니다. 게다가 서로의 관계도

→ 상승효과(양)
→ 상극효과(음)

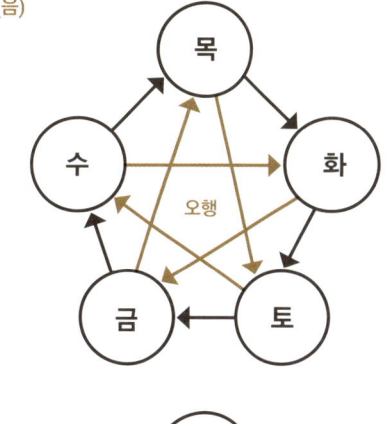

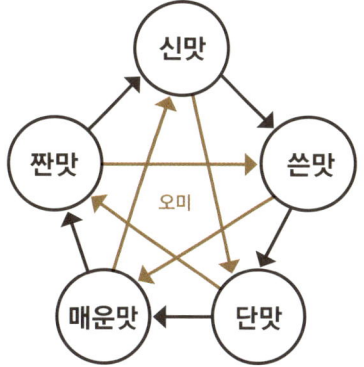

[인체와 자연계의 오행]

오행	목	화	토	금	수
오색	청	적	황	백	흑
오미	신맛	쓴맛	단맛	매운맛	짠맛
오장	간	심장	비장	폐	신장
오부	쓸개	소장	위	대장	방광
오근	눈	혀	입술	코	귀

아유르베다와 향신료

CHAPTER 5
[EXPERIENCE]
향신료 체험하기

인도 요리나 카레와 향신료의 관계에 흥미를 가지면 반드시 도달하는 것이 이 인도 전승의학입니다.
다른 나라의 풍토와 다른 나라 사람의 몸에 어디까지 적용되는지는 미지수입니다만,
사고방식은 만인에게 통용된다고 할 수 있습니다.

'사람마다 다르다'가 전제인 아유르베다

● 선생님. 아유르베다의 역사는 길죠?
그렇죠. 아유르베다의 고전 의서는 기원전에 쓰였으니까요.
● 저기, 이마에 기름을 떨어뜨리는 그거 맞죠?
그걸로 유명하기는 한데… 실제로는 내과, 외과, 소아과, 정신과, 이비인후과 등 각 진료과를 갖추고 있습니다. 본디 자연계를 관찰하여 도출한 이론에 의거한 유서 깊은 의학입니다.
● 이론이라… 왠지 어려울 것 같아요.
먼저 알아두어야 하는 것은 5대 원소인데, 한방에서 오행이라는 것을 배웠잖아요. 5대 원소는 그것과는 다릅니다. '토', '수', '화', '풍', '공'의 다섯 가지거든요.
● 조금 비슷한데요. 한방에서는 '목, 화, 토, 금, 수'이고, 아유르베다에서는 '토, 수, 화, 풍, 공'이군요.
음, 전혀 관계가 없는 건 아니지만 일단 한방에서 배운 건 잠시 잊어주시고, 이 5대 원소는 개념적인 것입니다. 토는 질량이 있는 물질, 수는 결합 에너지, 화는 열에너지, 풍은 운동 에너지, 공은 공간을 나타내는 개념이죠. 아유르베다에서는 우주의 모든 것은 이 5대 원소로 구성되어 있다고 생각해요. 즉, 우주를 구성하는 요소의 하나인 인간의 몸에도 적용할 수 있다는 말이죠.
● 상당히 스케일이 큰 얘기네요.
이 5대 원소를 토대로 도샤(Dosha) 이론이라고 불리는 것이 만들어졌는데, 이것은 5대 원소로 이루어진 세 가지 생명 에너지가 자연계의 모든 현상을 관장한다는 것이에요.
● 5가지 원소에서 3가지 에너지가 탄생하는 거군요.
풍으로 상징되는 '바타(Vata)', 화로 상징되는 '피타(Pitta)', 수로 상징되는 '카파(Kapha)'. 바람이 불면 불이 일어나고 불이 물을 데우면 증기가 생기고, 증발한 물은 공기로 변해 바람이 되는 식으로, 이 세 가지 요소가 서로 영향을 미치며 균형을 잡고 있는 상태면 건강한 것이고, 반대로 균형이 깨지면 병에 걸린다는 것입니다.
● 치료를 해야 하는 상황이 되는 거네요.
다만, 아유르베다는 질병을 고치는 것만이 목적이 아닙니다. 아유르베다에는 '생명을 찾아낸다'는 의미가 있어요. 육체를 건강하게 하는 것만 아니라, 타인과의 커뮤니케이션 방법을 발견하고, 사회적, 정신적으로도 건강하게 지내기 위한 지혜가 담겨 있어요.

● 장대하군요. 인생의 의미를 찾아내는 것 같은. 그런데 도샤를 구성하는 요소는 자신이 어떻게 할 수 있는 게 아닐 텐데요.
그렇죠. 예리하시네요. 도샤는 계절이나 날씨, 환경 등 다양한 요인으로 어지럽게 바뀝니다. 몇 시에 무엇을 먹느냐 하는 것도 관련이 있지요.
● 늘었다 줄었다 해서 균형이 무너지겠군요.
또 하나 중요한 게 있어요. 그것은 '사람마다 다르다'는 것을 전제로 해야 한다는 점.
● 아. 그것도 한방과 비슷…. 아, 죄송해요. 아무것도 아니에요. 하지만 그렇다면 모든 불확정 요소를 고려하면서 전체의 균형을 잡는다는 건 꽤 어려운 일일 것 같은데….

바타Vata, 피타Pitta, 카파Kapha

도샤 이론의 하나하나를 간단히 설명드리죠.
● 네. 그럼 먼저 '바타'부터 부탁드려요.
바타는 주로 바람(風)으로 상징되므로 가볍게 움직이는 이미지를 가지면 좋아요. 가벼워진다는 것은 몸의 조직이 감소한 상태를 나타내므로 구체적으로 말해서 바타의 요소가 늘어나면 살이 빠지게 됩니다.
● 가볍고 재빠르게 움직일 수 있는 것은 좋은 일이지만, 너무 마르면 몸에 좋지는 않을 것 같은데.
바타의 움직임에는 심장의 고동, 혈류, 호흡 등이 포함됩니다. 통증과 같은 감각을 전달하기도 하고, 육체뿐 아니라 정신의 움직임에도 바타의 기능이 관계하고 있어요.
● 그럼 바타가 기능하지 않으면 어떻게 되나요?
물론 여러 가지 이변이 일어나죠. 몸이 굳거나 변비가 생기거나 팔다리가 저리거나 통증이 발생하기도 해요. 심할 때는 마비나 경련도 일어나고요.
● 무섭네요….
약간 복잡하지만, 바타가 제대로 기능하지 못한다는 것은 바타가 너무 증가해서 균형이 깨졌다는 말입니다. 그러므로 바타를 줄여야 합니다.

[도샤 진단 체크 시트]

		Vata 바타	Pitta 피타	Kapha 카파
신체	체격	☐ 마른 느낌	☑ 중키에 살이 알맞게 찜	☐ 통통한 느낌
	피부	☐ 푸석푸석	☑ 점이 많음	☐ 촉촉함
	눈빛	☐ 두리번두리번	☑ 날카로움	☐ 온화함
	머리카락	☐ 끝이 갈라짐	☐ 백발, 탈모	☑ 곱슬머리
	치아	☐ 치열이 고르지 못함	☑ 송곳니가 날카로움	☐ 크고 튼튼함
체질	식욕	☐ 적게 자주 먹음	☐ 배가 고프면 예민함	☐ 먹는 것을 좋아함
	맛 기호	☐ 신 것을 좋아함	☑ 매운 것을 좋아함	☐ 단 것을 좋아함
	배설	☐ 변비에 잘 걸림	☐ 설사하기 쉬움	☑ 보통
	수면	☐ 얕은 잠을 잠	☑ 바로 잠들고 바로 일어남	☐ 깊은 잠을 잠
	꿈	☐ 자주 꿈	☑ 선명한 꿈을 꿈	☑ 별로 꾸지 않음
행동	행동	☐ 비교적 빠름	☑ 빈틈이 없음	☐ 차분함
	말투	☑ 말이 빠름	☐ 말을 잘함	☐ 천천히 말함
	일	☐ 발상이 풍부	☑ 기획력, 실행력	☐ 신중하고 정중함
	적응력	☐ 적응력이 좋음	☑ 선택해서 적응함	☐ 좀처럼 적응하지 못함
	지구력	☐ 별로 없음	☐ 때와 장소에 따름	☑ 있는 편
정신	기분	☑ 바뀌기 쉬움	☐ 초조하고 불안해함	☐ 안정적임
	이해력	☐ 지레짐작하는 타입	☑ 이해가 빠름	☐ 느리지만 잘 안 잊음
	집중력	☐ 다른 곳에 관심을 쏟기 쉬움	☑ 좋아하는 일에는 집중함	☐ 비교적 집중하는 편
	사교성	☐ 빨리 사귐	☑ 일단 성향을 파악함	☐ 친해지면 오래감
	감정	☐ 감정 기복이 심함	☑ 분노보다는 기쁨을 찾음	☐ 평온
결과		Vata 합계 2개	Pitta 합계 14개	Kapha 합계 4개

표 안의 체크 표시는 예시입니다. 위와 같이 체크해 보세요.

CHAPTER 5 [EXPERIENCE] 향신료 체험하기

아유르베다와 향신료

● 어떻게 해야죠?
먼저 식사 제한을 하고 행동을 고쳐야겠지요. 불규칙한 식사를 피하고 매운맛, 쓴맛, 떫은맛이 있는 식품을 지나치게 많이 먹지 않도록 해야 해요. 반대로 단맛이나 신맛, 짠맛에는 바타를 낮추는 효과가 있습니다. 그리고 오일 마사지를 하는 방법이 있죠.

● 오일 마사지는 알아요. 참기름을 사용하죠?
갓 짠 신선한 대백유(太白油: 생으로 압착해서 얻는 참기름)가 좋아요. 기회가 되면 체험해 보세요.

● 이어서 피타에 대한 설명도 부탁드려요.
음. 피타는 불(火)로 상징되는 바와 같이 뜨겁게 타는 상태를 떠올리면 됩니다. 불이 탈 때는 기(氣)가 빛이나 열을 낳고 연기를 내며 재가 남죠. 이런 식으로 피타에는 무언가를 변환하는 힘이 있어요.

● 왠지 멋있네요. 아유르베다계의 혁명가 같아요.
구체적으로 사람의 몸에 적용해서 말하자면 소화나 대사를 말합니다. 음식물을 체내에 흡수하는 소화와 그것을 근육이나 혈액 등 체조직으로 바꾸는 대사.

● 굉장히 중요할 것 같네요.
피타가 많으면 몸이나 마음이 뜨거워지기 쉬우므로 용기나 대담함을 가지게 됩니다. 불은 예리한 열을 띠고 있으므로 피타는 예리한 지성을 가지고 있지요. 머릿속뿐 아니라 샤프하고 날렵한 얼굴이나 스타일을 지니는 것도 특징입니다.

● 장점이 많아요. 그럼 그 피타가 너무 많아지면 어떻게 되죠?
피타는 불이므로 열과 관련된 이상이 나타나기 시작하겠죠. 위궤양이나 피부염, 구내염 같은. 발열이나 갈증 등도 그렇고요.

● 몸의 여러 곳에서 염증을 일으키기 시작하는군요.
사실은 몸뿐 아니라 정신적인 부분에서도 염증은 일어납니다. 비판적이고 까탈스러워지죠.

● 아! 내 얘기 같습니다.
초조해하거나 갑자기 화를 내기 시작하거나.

● 피타가 많아지면 쿨다운이 필요하겠네요. 얼음물이라도 벌컥벌컥 마시면 괜찮을까요?
아주 안 좋은 방법입니다. 물리적으로 온도가 낮은 게 아닌 찬 성질의 것을 섭취하는 것이 좋아요. 우유나 과일 같은 거요. 인도에는 기(Ghee)라는 정제 버터가 있는데 그게 아주 좋죠. 쓴맛, 떫은맛, 단맛이 있는 것은 피타를 줄여 주거든요. 달빛 아래서 조용한 음악을 듣는 것도 좋은 방법이고요.

● 그럼 마지막으로 카파에 대해서 부탁드려요.

카파는 물(水)로 상징되므로 결합시키는 힘을 나타냅니다. 예를 들어 밀가루에 물을 넣으면 가루끼리 이어지는 것과 같은 것이죠. 포용력이라고 해도 좋겠네요. 물에는 습기의 요소도 높으므로 바타의 건조한 느낌과는 달리 카파에는 싱싱함이 있어요.

● 왠지 여성 특유의 이미지가 있네요.
도샤는 남성적, 여성적이라는 구별보다 인간 공통으로 생각하는 편이 이해가 훨씬 쉬워요. 카파는 내용물이 채워져 무게감이 있는 상태를 창출합니다. 그래서 통증이나 충격 등에 강한 체질이 되는 경향이 있어요.

● 그렇군요. 병에 잘 안 걸린다는 말씀인가요?
뭐, 쉽게 말하면 그렇다고 할 수 있겠네요. 다만 카파가 지나치게 많으면 비만 체형이 되어 호흡기가 안 좋아지기 쉽죠. 운동이 부족하고 단 것을 자주 먹는다면 카파가 늘어나겠죠.

● 네. 이건 이해가 쉽네요. 내 주변에도 카파가 늘기 시작한 사람이 있거든요.
뭐 어른들 중에도 있기는 하지만, 사실은 성장 과정에 있는 아이는 대부분 카파가 증가하는 경향이 있어요. 그만큼 아이의 피부는 반들반들하고 싱그럽잖아요.

● 카파가 증가하면 어떻게 되나요? 역시 다이어트가 필요한가요?
결과적으로는 그럴지도 모릅니다. 하지만 신기하게도 예를 들어 단 음식이라도 벌꿀은 카파를 줄이는 효과가 있다고 해요. 다만, 뭐니 뭐니 해도 운동을 하는 게 최고죠.

● 대체적으로 이해가 되는 것 같습니다. 그렇다면 나는 도대체 어떤 성질일까요? 왠지 피타가 마음에 드는데….
중요한 걸 잊었네요. 도샤는 인간을 세 종류로 구별하는 사고방식이 아닙니다. 누구나 이 세 가지 요소를 모두 가지고 있어요. 다만, 그중 어느 것인가 많은 경향이 있을 거예요. 간단한 체크 시트를 드릴 테니 자신이 어떤 경향인지를 알아보는 것도 좋을 것 같네요.

권 장 식 사 법 7 개 조 항

● 자신의 체질을 알았다면 어떻게 식사에 반영하면 좋을까요?
어려운 문제네요. 일반론적으로 말할 수는 없지만, 각 체질별로 권장할 수 있는 식사의 경향은 있습니다.

● 먼저 바타 체질의 경우는요?
바타는 체내에 가스를 발생하기 쉬운 식품을 피하는 것이 좋죠. 고구마류나 콩류. 예를 들어 두유나 두부도 가열하지 않고 그대로 섭취하는 것은 별로 좋지 않아요. 빵도 토스트로 만들어서 먹는 편이 좋고요. 체내에 가스가 생기면 바타의 흐름을 방해하므로 정신적으로 안정되지 못하거나 신경통을 일으킬 수 있습니다.

● 그럼 피타 체질은요?
피타는 체내의 온도를 올리는 식품을 피하는 게 좋아요. 특히 고추와 같은 발한성이 높고 열이 오르기 쉬운 것은 가능한 한 피하세요. 의외로 닭고기나 토마토 같은 것도 온도를 높인다고 합니다. 술은 맞지 않는 사람이 많은 것 같고. 요거트와 같은 발효식품도요.

● 어이쿠. 꽤 엄격하네요. 내가 좋아하는 게 많이 속하네요.

어디까지나 지나친 섭취만 주의하면 됩니다. 모든 것은 균형이니까. 우유, 기(Ghee), 코코넛 등은 좋아요.

● 그럼 마지막으로 카파 체질인 사람은 어떤가요?

카파는 체내에 점액을 증가시키기 쉬운 식품을 피하는 게 좋습니다. 유제품 전반이 대상이 되겠죠. 그리고 이것은 동양의학의 세계에서도 마찬가지라고 하는데 햅쌀은 그다지 좋지 않아요. 한동안 시간을 두고 숙성시킨 쌀이 좋습니다.

● 잘 알겠습니다.

도샤의 세 가지 요소는 미각과 향신료에 따라 올리거나 내리거나 할 수 있다고 해요. 그것도 일람으로 보여 드리죠. 그냥 기준으로만 삼아주세요. (표 1·표 2를 참조)

● 네. 그런데 아유르베다는 사람마다 다르다는 것을 전제로 하고 있잖아요. 도대체 뭘 어떻게 해야 하는 건지….

그건 그러네요. 그러니까 아유르베다를 식생활에 엄격하게 도입하는 것은 상당히 어려운 일이지요. 널리 공통적으로 알려진 것을 마지막으로 전수해 드릴게요. 아유르베다에 따른 식생활에서 염두에 두면 좋은 7개 조항입니다. ① 규칙적인 식생활을 할 것. 리드미컬하게 식사를 하면 소화와 대사가 촉진됩니다.

● 매일 먹는 시간을 정해 두는 것이 중요하겠네요.

사실은 체질에 따라 최적의 식사 시간이 있기는 한데, 복잡하니까 넘어가죠. ② 과식에 주의할 것.

● 상당히 기본적인 사항이네요.

자신의 소화능력과 대사능력을 알고 섭취할 식품의 질을 파악하면서 양을 판단해야 해요. 기본적인 일이지만 확실하게 하는 것은 어려울 수도 있어요. ③ 빨리 먹지 말 것. 어느 정도 시간을 들여 식사할 것. 대부분의 식품은 입 안에서 침과 섞이는 시간이 필요하거든요.

● 역시 이것도 소화를 촉진하기 위해 중요한 일이죠.

④ 몸이 원하는 것을 먹을 것.

● 아, 왠지 이건 좋은데요. 좋아하는 것을 먹으면 된다는 말씀이죠?

뭐, 간단히 말하면 그래요. 싫어하는 걸 굳이 참으면서까지 먹어봐야 좋을 일은 없으니. 아유르베다에서는 오감이 기뻐하는 상황에서 섭취하는 것은 체내에 침투되기 쉽다고 하니까.

● 이제 선생님이 무슨 말씀을 하실지 짐작이 가는데요. "단, 편식은 금물. 균형 있게 먹는 것이 중요하다."

잘 아시네요. 맞습니다. 균형 이야기가 나왔으니 다음은 ⑤ 6가지 맛을 균형 있게 먹을 것.

● 단맛, 신맛, 쓴맛, 떫은맛, 짠맛, 매운맛이죠?

도샤를 올리거나 내리는 것은 지금까지 쭉 말씀드린 바와 같고. 그러니 모든 맛이 몸을 만드는 데 필요한 것이죠. 나아가 이것들은 적당한 유지분과 함께 섭취해야 영양소가 체내 세포에 흡수되기 쉽다고 해요.

[표 1] 미각과 도샤의 관계

	바타	피타	카파
단맛	▼	▼	▲
신맛	▼	▲	▲
쓴맛	▲	▼	▼
떫은맛	▲	▼	▼
짠맛	▼	▲	▲
매운맛	▲	▲	▼

[표 2] 향신료와 도샤의 관계

	바타	피타	카파
카더멈	▼	/	▼
커민	▼	▲	▼
코리앤더	/	▼	/
시나몬	▼	▲	▼
진저	▼	/	▼
터메릭	/	▼	/
펜넬	▼	/	▼
페퍼	▼	▲	▼
머스터드	▼	/	▼

[표1·표2] ▲ : 도샤를 올린다. ▼ : 도샤를 내린다.

● 기름기가 있는 게 맛있잖아요.

⑥ 궁합이 맞지 않는 음식은 피할 것.

● 이건 좀 어렵겠는데요. 장어와 매실 장아찌 정도밖에 생각이 안 나는데.

필요 이상으로 복잡한 맛의 음식을 피하면 될 것 같아요. 조리 과정에서 무엇을 했는지 전혀 상상이 되지 않는 맛은 소화에 부담을 주니까. ⑦ 신토불이 식재료, 제철의 것을 먹을 것. 사계절에 따라 온도와 습도가 바뀌면 인간의 컨디션도 당연히 바뀌잖아요. 사실 도샤도 계절에 따라 변화합니다. 그러므로 계절에 맞지 않는 것, 제철이 아닌 것을 먹으면 도샤가 흐트러지는 원인이 되지요.

● 알겠습니다. 감사합니다. 먼저 자신의 체질을 파악하고 7개 조항부터 실천해 보도록 하겠습니다.

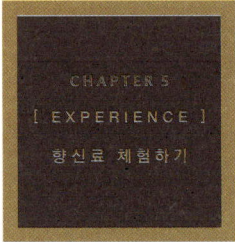

서양의학과 향신료

감기에 걸렸을 때 우리는 약을 먹습니다. 최근에는 몸 상태가 나쁜 원인을 철저하게 구명하는 서양의학의 관점에서도 향신료의 효능을 밝히려는 움직임을 보이고 있습니다.

서양의학의 세계에 향신료는 없었다

● 선생님, 서양의학과 향신료는 어떤 관계가 있을까요?
원래 서양의학의 세계에 향신료는 없습니다. 서양이 향신료를 접한 것은 비교적 최근의 일로 대항해시대쯤이었지요. 서양의학은 그 이전부터 있었고요.

● 향신료를 사용하지 않는 방법으로 몸을 고쳤던 거네요.
그렇죠. 아무튼 현상을 철저히 파헤쳐서 이해하려고 하는 것이 서양의학의 사고방식이니까.

● 네, 사물에는 반드시 원인이 있으니까요. 그런 사고방식이 내 경우에는 오히려 더 다가옵니다.
20여 년 전부터 분자 병리학이나 분자 심장병학 같은 학문이 등장하기 시작했어요. DNA 변화로 질병을 이해하려 하거나 분자 성분, 원자 레벨을 컴퓨터 해석하려는 의학인 거죠.

● 서양의학의 최첨단이죠.
최근 거기서 파생하여 분자 요리학이라는 것이 생겼는데, 그와 관련한 논문이 놀랍게도 「네이처」지에 실렸어요.

● 요리로 논문을요?
이미 여러 개의 논문이 나와 있어요. 예를 들어 한국의 삼계탕에는 어떤 재료가 사용되는지, 어떤 향료가 들어가는지, 화학성분을 도출해 컴퓨터를 이용해 엄청난 데이터베이스를 토대로 계산했는데, 그 결과 삼계탕 재료를 사용하지 않아도 삼계탕과 같은 맛을 가진 요리를 만들 수 있다고 해요.

● 신기한 일이네요.
요컨대 식재료의 향유 성분을 끌어내어 분자 레벨에서 요리를 하는 것입니다. 그 결과 캐비어를 화이트 초콜릿 위에 얹으면 맛이 굉장하다던데요.

● 그렇게 해서 일반적으로 생각할 수 없는 조합이 점점 탄생하는 거군요.
향신료를 사용해서 만들어지는 중국이나 인도의 전통요리는 약과 같은 것일지도 모릅니다. 서양인은 맛을 찾아 요리를 만들었지만, 동양인은 음식을 썩지 않게 하거나 풍토병에 걸리지 않도록 하거나 또는 건강하게 살기 위해 요리를 만들었던 게 아닐까요.

● 아유르베다 요법을 하시는 선생님께 똑같은 말씀을 들은 적이 있습니다. 향신료를 사용해서 인도 요리를 맛있게 만든다는 개념은 최근에야 생긴 거라고요. 이전에는 몸의 균형을 조절하기 위해 필요에 따라 향신료가 쓰였었다고.
그러니까 인도에는 아유르베다가 있고, 중국에는 중국 전통의학에 근거한 한방약이 있는 것이죠. 역사가 다릅니다. 서양요리는 기껏해야 로마 황제 시대부터였겠죠. 그러니까 생각해 보면 인도 요리는 서양의학의 척도로는 잴 수 없는 게 아닐까요? 중심을 이루는, 지주가 되는 사고 체계 그 자체가 다르다는 생각이 드네요.

● 그렇기는 하지만, 서양의학 분야에서 향신료의 효능에 관한 논문이 많이 나와 있다고 들은 적이 있는데요.
물론 있습니다. 그 접근방법은 분자 요리학의 세계에 가까워요. 예를 들면 갈근탕이 몸에 좋다고 하면 서양의학을 하는 사람은 "화학 성분은 뭔가요? 그 성분이 도대체 어떤 pH 상태에서 어느 정도의 온도일 때 몇 % 방리가 이루어지고, 몸속에서 어느 정도로 어떤 대사가 이루어지고, 어떤 생활 성분으로 바뀌어 어느 세포에 효과를 보이는 것이죠?"하는 것이지요.

● 우왓, 정신이 없네요. 그런데 그게 증명되면 수긍할 수 있을 것 같은데요.
예를 들어 서양의학의 세계에서는 이런 논문이 나오고 있습니다. 동맥경화에 효용이 있다고 여겨지는 약과 향신료의 효능에 대한 비교 검증. 약간 전문적인 데이터가 될 것 같은데, 이것을 보면 향신료가 스타틴이라는 약제 이상으로 작용한다는 결과가 나와 있습니다.

● 오, 대단하네요.
향신료에는 그런 측면도 있지요. 그것이 서양의학 세계에서 증명된 사례도 있다는 얘기입니다.

서양의학이 밝혀낸 향신료의 효능

예를 들면 터메릭에 관한 논문이 있습니다. 터메릭의 주성분인 커큐민은 그대로 먹어도 거의 체내에 흡수되지 않습니다. 그런데 밀크와 함께 섞으면 유화 현상이 일어나 지방 입자 안에 울금이 도입되기 쉬워져요.

● 인도 요리에는 유제품을 빼놓을 수 없잖아요. 예를 들어 다히(Dahi, 우유에 유산균을 넣어 응고시킨 인도식 플레인 요거트)에 터메릭을 섞는 경우는 흔히 있거든요.

맞아요. 그래서 아유르베다를 하는 사람은 '커큐민은 수용성이 낮다'는 것을 증명하지 않았지만, 밀크와 합치면 더 효과적이라는 것은 알고 있었던 것이죠.

● 카레라이스에 터메릭과 밀크를 사용하는 게 발상의 시작이었네요.

좀 더 추가하자면 흑후추 성분인 '피페린(Piperine)'은 터메릭 분해를 억제해요. 그래서 섞으면 흡수가 좋아집니다.

● 역시! 인도 요리에서는 블랙페퍼와 터메릭의 궁합이 좋거든요. 남인도는 세계 최대의 페퍼 산지이니까.

아유르베다는 해석을 하지는 않지만, 아마도 뭔가 이유가 있어서 조합하는 거겠죠. 그리고 그 이유를 현재 서양의학의 수단으로 발견하려는 거고.

● 인도나 중국에서 면면히 이어져 내려온 향신료의 사용방법이 후에 서양의학의 세계에서 증명된다는 얘기가 되겠네요.

맞습니다. 아유르베다라고 하는 수천 년의 시간을 들여 구축된 체계에 대해서 서양의학의 방법을 이용한 해석이 지금 이루어지고 있는 것이라고 생각해요. 다만, 한편으로 반대의 경우도 있지만요. 아유르베다나 동양의학의 방법 중에는 서양의학적인 근거나 증명을 찾을 수 없는 것도 있어요.

● 기본 스탠스가 다르니까요.

서양의학을 하는 사람이 터메릭과 관련해서 뭘 하고 있느냐면 커큐민을 추출해서 인공적인 지질막 안에 넣고 있어요. 리보솜이라고 하죠. 그것을 환자에게 투여하는 실험을 합니다. 세포 속 어느 단백질이 결합하는지를 보는 거죠. 체내 세포에는 10만 종류의 단백질이 있고 하나하나에 각 작용이 있습니다. 당뇨병에 관여하는 단백질, 염증에 작용하는 단백질, 암에 작용하는 단백질 등등. 그 단백질의 작용, 기능을 떨어뜨리거나 높이거나 하는 것을 조사합니다. 시험관에 넣고 마구 흔들어서 단백질의 움직임을 보거나 하는 실험. 카레는 항염증 작용이 있다고 말해지는데, 그 이유는 커큐민이 염증 물질을 만드는 효소 단백을 억제하기 때문이거든요.

● 아까 선생님께서 서양의학에 향신료는 없었다고 말씀하셨는데, 터메릭 얘기를 듣고 있다 보니 향신료는 약과 같은 것이 아닐까 하는 생각이 드는데요.

뭐, 그렇게 받아들일 수도 있지요. 다만 서양의학에서 약으로 여기는 것은 어떠한 물질에서 추출되거나 어떠한 목적이 있어서 만들어진 성분을 가리키는 경우가 많습니다.

● 어느 쪽에서 보느냐에 따라 해석이 달라진다는 거군요.

아스피린 역시 시작은 어떤 나무의 껍질이었으니까요.

지금 서양의학에서 말하는 약 중에는 이처럼 식물에서 추출한 것들이 제법 있어요.

● 그럼 기적적으로 향신료 요리를 만드는 조리 단계에서 약효가 있는 성분을 추출할 수 있을 가능성도 있다는 말씀이네요.

다만, 조리할 때는 200℃, 300℃로 온도를 높이기 힘들고 지금처럼 크로마토그래피가 있는 것이 아니니까요. 인도에서는 냄비, 솥, 목재의 불, 물 등을 사용하면서 효능 같은 걸 발견해 왔던 것이잖아요. 사실 밀크보다는 지방막의 미셀(Micelle) 나노파티클이 있으면 좋았겠지만, 정보도 없고 그런 생각을 하지 않았기 때문에 밀크로 대용했던 것이죠.

산화를 막는 향신료로 몸을 구하다

오래 살고 싶나요?
● 물론이죠. 가능한 한 오래 살고 싶습니다.
그럼 호흡을 삼가는 편이 좋아요.
● 네? 그럼 살지 못하는 거 아닌가요. 물고기도 아니고.
맞아요. 인간은 과거 물고기였습니다. 물고기에서 개구리가 되었다가 원숭이가 되었죠.
● 물고기에서 개구리요?
요컨대 어류가 양서류가 되었다가 포유류로 발달한 것입니다. 그 과정에서 도대체 무슨 일이 있었던 건지.
● 어떤 의미에서는 몸과 머리가 발달한 것이라는 생각이 드네요.
그렇죠. 생활하는 장소는 어떤 것 같아요?
● 바다에서 육지로 올라왔겠죠. 아, 맞다! 숨을 안 쉬면 안 되는 상황이 되었겠네요. 바닷속에 있을 때는 공기가 적어도 괜찮았을 텐데.
맞아요. 그런데 호흡도 너무 많이 하면 빨리 죽습니다.
● 왜요?
고순도의 산소를 지나치게 마시면 폐 장애를 일으키거든요. 의학적으로도 매우 유명한 실험이 있었지요. 먹이를 아주 조금만 준 쥐와 먹고 싶은 대로 먹게 했던 쥐를 비교하면 놀랍게도 먹이를 별로 먹지 않은 쥐가 오래 살거든요.
● 영양이 부족하지 않을까요?
왜 오래 살았을까요? 예를 들어 만두를 먹었다고 가정해 볼게요. 뱃속에 들어가 위에서 흡수되어 혈류를 타고 소장으로 흡수되어 갑니다. 마지막의 마지막에는 세포 내의 미토콘드리아라는 곳에서 어려운 말로 하자면 '산화적 인산화 반응'이라고 하는데, 뭐 쉽게 말하면 'ATP'라는 에너지를 만드는 데 사용되지요.
● 어려운 용어네요.
ATP라는 것은 모름지기 생명을 관장하는 화합물로, 근육이 움직이는 것도, 머리가 기능하는 것도, 성장하는 것도 모두 ATP 덕분이며, 모든 활동의 원천입니다. 거기에 설탕과 산소가 있으면 ATP가 만들어지는 미토콘드리아인 거죠. 요컨대 우리가 호흡하는 이유는 미토콘드리아에 산소를 보내기 위해서입니다.
● 그렇군요. 호흡의 의미를 생각해 본 적이 없었네요. 산소가 없으면 살지 못한다는 정도밖에는.
물론 방대한 양의 에너지를 사용해 ATP를 만들려면 방대한 양의 산소를 몸에 흡수해야 해요. 다만, 한편으로 흡수한 산소가 여러 가지 반응을 받을 때 '산화적 인산화 반응'이라고 해서 독성이 높은 산소가 생기게 됩니다. 사실은 그것이 문제가 되는 거예요.
● 산소가 몸을 만드는데, 한편으로는 산소가 몸을 좀먹는다는 거군요. 복잡한 관계네요. 산소가 필요한 만큼 위험도 높아졌다는 얘기인가요?
그래요. 말하자면 산업폐기물 같은 것입니다. '슈퍼옥사이드'라고 들어 봤죠? 그게 사실은 몸속 DNA나 세포막을 망가뜨리는데, 우리 몸에는 'SOD'라는 효소가 있어서 독성 산소를 망가뜨려 줘요.
● 단순하게 생각하면 '필요한 것만 흡수하고 위험이 큰 것은 없애고 싶다'는 생각인거죠?

항산화 작용이 있는 향신료

시나몬　　캐러웨이　　시나몬 잎　　커민　　카더멈　　스타아니스

산업폐기물과 같다는 건 요컨대 공장을 많이 가동해서 다이옥신이나 광화학 스모그가 생기는 것과 같은 것이죠.

● 그렇군요. 항산화라는 표현을 자주 접하게 되는데, '산화를 사전에 막는 것'인지 '산화한 후에 생긴 좋지 않은 것을 제거하는 것'인지 어느 쪽인가요?

생겨 버린 슈퍼옥사이드를 망가뜨리는 것입니다.

● 그럼 산화를 미연에 방지하기는 어렵나요?

그건 불가능합니다. 산화 그 자체를 적게 하는 방법은 식사를 하지 않는 것이니까. 호흡해도 당분이 들어가지 않으면 ATP는 만들 수 없거든요. 그러니 모두들 항산화 작용이라는 말을 쓰면서 왜 산화가 안 좋은가에 대해서는 별로 생각하지 않는 것 같아요. 하긴 산소는 공기 중에 20%나 있으니까.

● 그렇군요. 활성 산소가 몸을 좀먹는 구조에 대해서는 이해했습니다. 일반적으로 항산화 작용이 여러 가지에 효과가 있다고 말하는데 안티에이징, 다이어트, 성인병, 꽤 근원적인 여러 가지를 해결해 준다는 얘기인가요?

맞아요. 필요악을 적게 하는 것이 항산화 작용입니다.

● 서양의학적인 관점에서 직접적으로 약으로 제거하는 방법도 있나요?

있습니다. 예를 들어 비타민 E나 비타민 C가 그렇지요.

● 약국에서 처방전을 보여주고 사는 약과 약 도매상에서 사는 약은 무슨 차이인가요?

의사의 처방전이 없으면 살 수 없는 것이 이른바 '처방약'입니다. 쉽게 말해서 멋대로 복용하면 위험한 일이 일어날 가능성이 있는 약. 약간은 위험하게 사용해도 괜찮은 것이 OTC(오버 더 카운터)라는 의약품. 그건 약의 유효성분이 처방약과 비교할 때 1/3 정도죠.

● 그럼 서양의학의 처방약은 효과가 굉장한 거네요. 향신료보다도 훨씬.

그건 그렇지만, 함정도 있습니다. 약은 독이 되기도 하니까. 화학물질에는 여러 가지 작용이 있어요. 많은 작용을 가지고 있지요. 의학 연구자가 우리에게 유리한 작용만을 멋대로 '약의 작용'이라고 부르는 것뿐이죠. 그러니까 반대로 좋지 않은 작용은 '독'이 됩니다.

● 흔히 부작용이라고 하는 것들을 말하는 거죠. 으음, 독은 약, 약은 독.

그런데 왜 서양의학에서는 약과 독이 분명하게 나뉘느냐면 약은 본래 자연계에는 미량밖에 존재하지 않습니다. 그것을 화학 합성을 통해 자연계에서는 있을 수 없을 정도의 양을 추출하는 거예요. 그래서 그만큼 독이 생기기도 쉽지요.

● 그래서 의사의 처방대로 약을 복용하도록 하는 거네요.

그렇죠. '의사의 손짐작'이라는 말도 있잖아요. 알맞은 양을 정기적으로 복용해야 합니다. 식사와 같죠. 그런 의미에서 보면 향신료를 생활에 도입하자는 생각은 우리 일상에 매우 좋은 영향을 미치겠지요.

● 향신료에도 항산화 작용이 있다는 말씀인 거죠?!

실제로 항산화 작용이 있는 향신료는 세계 곳곳에서 다양한 검증이 이루어져 논문이 나오고 있습니다.

● 향신료를 사용한 항산화 카레 같은 게 나오면 좋겠네요.

코리앤더

바닐라

진저

넛맥

블랙페퍼

로즈메리

CHAPTER 6

ENJOY

향신료 즐기기

[SPICE]

향신료를 더욱 자유롭게!

이제 여러분들 손에는 아마 향신료가 들려 있겠지요.
어쩌면 지금 막 사려고 하는 중인지도 모르겠네요.
'ENJOY 향신료 즐기기'라는 이번 장에서는 향신료를 실컷 즐겨보기로 하겠습니다.
먼저 향신료 선별하기. 그렇습니다. 향신료에는 등급이 있어요.
고기나 채소와 마찬가지죠. 그리고 향신료를 구매할 때는
한 번에 전부 갖추기는 어려우니 구매할 순서를 정해두면 좋습니다.
제대로 사용하기 위한 노하우는 이 책 여기저기에 실려 있습니다.
사용한 후에 남은 향신료는 잘 보관해야겠죠.
향신료에 흠뻑 빠졌다면 직접 키우고 싶다는 생각이 들지도 모르겠네요.
특히 향신료 마니아들은 카레 잎에 빠져 들지요.
향신료를 즐기는 데 꼭 왕도를 고집할 필요는 없습니다. 방법은 여러 가지가 있으니까요.
이를 테면 매운맛에 도전해 보거나 향신료 칵테일을 만들어 본다거나.
사용하다 보면 두근두근 설레는 일이 많을 거예요. 샛길로 빠진 김에 '향신료의 친구들'도 소개할게요.
좋은 향이 나는 것은 세계 곳곳에 많이 있거든요.
훈제식품, 인센스(향), 커피, 와인, 차, 초콜릿 등등 말이예요.
향신료는 생각만 해도 즐겁습니다. 여러 각도에서 향신료를 바라본다면
당신의 향신료 라이프는 훨씬 풍요로워지리라 생각합니다.

CONTENTS

P.148 향신료를 더욱 자유롭게!

P.150 향신료의 효과

P.156 향신료의 매운맛을 체감하다

P.158 향신료 구입하기

P.160 향신료 보관하기

P.162 향신료 키우기

P.164 그것은 향신료인가요? ~향기가 나는 모든 것~

P.166 향을 즐기는 방법

P.172 신비한 약초술의 세계

CHAPTER 6　　[ENJOY]　　향신료 즐기기

향신료를 더욱 자유롭게!

- 향신료의 비명이 들려.
- 뭐? 뭐라는 거야?
- 향신료 소리가 들린다고.
  희미한 소리로 '살려줘' 하고 내게 말해.
- 잠꼬대라도 하는 거야? 꿈꿔? 괜찮아?
  정신 좀 차려봐.
- 잠에 취한 것 아닌데…. 소리 안 들려? 유감이네.
  향신료는 좀 불쌍한 존재인 것 같아. 항상 그 자리에
  있는데, 그냥 거기 있을 뿐인데, 괜히 멀리하잖아.
- 뭐, 그러고 보니 그런 것 같기도 하네.
  향신료에 대해서 여러 가지를 가르쳐 주어서
  굉장히 흥미를 가지게 되었지만,
  양파나 마늘처럼 가깝게 생각되지는 않으니까.
- 그렇지. 왜 모두 선을 긋는 걸까?
  식물의 한 부위를 채취한다는 점에서
  양파와 향신료는 평등하잖아. 채소를 구입하듯
  부담없이 향신료를 사용했으면 좋겠는데.
- 왠지 정체를 알 수 없는 느낌이야.
  그래서 거리를 두게 되는 것 같아.
- 향신료 사용방법에는 정답도 오답도 없는데….
  좋아하느냐 싫어하느냐만 있을 뿐.
  그래서 사용해 보고 자신의 취향을 찾으면 좋을 것 같아.
- 그런데 뭘 어떻게 조합하면 좋을지 어려워.
  약간의 힌트라도 있어야 뭐라도 해보지.
- 향신료끼리의 궁합, 향신료와 소재의 궁합,
  조미료와의 궁합.
  내 감각으로도 괜찮다면 말해 줄 수는 있어.
  하지만 그 전에 잠깐 설명할 게 있어.
  향신료가 어떤 향을 가지고 있고
  그것을 어떤 목적으로 사용하는지
  상상만 해도 사용하기 쉬워지거든.
- 꼭 좀 알려 줬으면 좋겠네.
- 다만 어디까지나 나의 개인적인 생각이라는 거
  잊지 마. 방법을 기억하면 본인 나름대로
  응용해 보는 게 좋아.
- 오케이!
- 그럼 먼저 차이(짜이)를 만들 때의 향신료 혼합을
  떠올리면서 조합해 볼까?

Spice flavor ring
- 향신료 플레이버 링 -

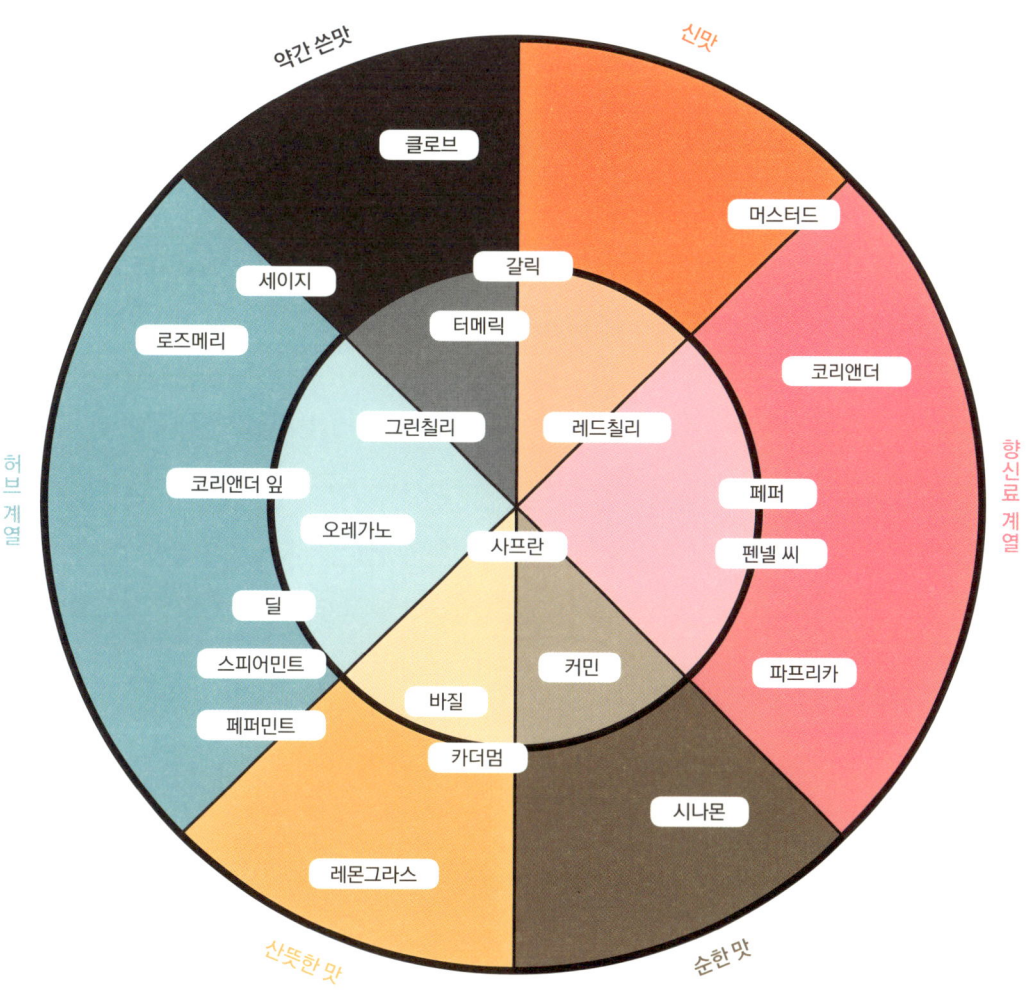

STEP 1
향신료의 향 분류하기

먼저 향신료 플레이버 링을 활용해 향신료의 특징을 파악합니다. 각각의 향신료(허브)가 어떤 개성을 가지고 있는지를 파악해 두면 블렌딩 할 때 좋은 힌트가 됩니다.

→

STEP 2
메인 향 정하기

다음은 메인 향을 뭘로 할 것인지 생각합니다. 자신의 취향에 따라 부담 없이 정해 보세요.

→

STEP 3
역할과 효과를 이해하고 선택하기

향신료를 다른 것과 조합할 때는 어떤 역할을 하고 어떤 효과를 얻을 수 있는지 생각해야 하며 그에 따라 선택하는 향신료도 달라집니다. 또한, 효과는 하나만 있는 게 아닙니다.

CHAPTER 6　　[ENJOY]　향신료 즐기기

향신료의 효과

원하는 효과 일람

1 상승효과
중심이 되는 향신료나 소재의 풍미와 비슷한 방향성 향신료를 사용해서 한층 더 그 특징을 부각시키는 효과

2 상반 효과
달달하면서 매콤한 요리가 더욱 맛있게 느껴지듯이 중심이 되는 풍미와 반대 방향의 향신료를 첨가해 풍미의 인상을 돋우는 효과

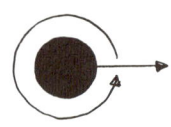

3 균형 효과
원하는 풍미가 어느 한쪽으로 치우치는 경향을 보일 때 부족한 풍미를 보충하여 전체적으로 균형을 잡는 효과

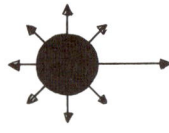

4 복잡화 효과
몇 가지 방향성을 분산시킨 향신료를 첨가해 풍미를 복잡하게 함으로써 결과적으로 깊은 맛이 느껴지게 하는 효과

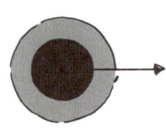

5 증강 효과
강한 인상을 주고자 하는 향신료의 양을 많게 하거나 중심의 풍미를 강화하는 향신료를 첨가해서 강한 인상을 심어주는 효과

차이(짜이)의 경우, 홍차 찻잎에 섞고 싶은 향신료를 먼저 고릅니다. 이해하기 쉽게 중심을 시나몬으로 정해 놓고 생각해 볼까요? 차이와 시나몬은 정말 궁합이 잘 맞을 것 같죠. 달달하고 순한 시나몬, 거기에 비슷한 방향의 카더멈으로 순함과 산뜻함을 더해 줍니다(상승효과). 쌉싸름한 클로브도 첨가해 보고요(상반 효과). 차이에 설탕을 넣는다는 것을 전제로 블랙페퍼의 자극을 얹습니다(균형 효과). 약간 의외성을 노려 터메릭 가루도 섞어 볼까요(복잡화 효과). 차이용 혼합 향신료로 '시나몬, 카더멈, 클로브, 블랙페퍼, 터메릭 파우더' 다섯 종류가 사용되었습니다.

● 어때? 이제 차이를 만들 때 향신료를 어떤 식으로 블렌딩 하면 되는지 알겠지?
● 응, 재미있네. 이런 식이면 나도 할 수 있을 것 같아.
● 당연하지. 나머지는 취향의 문제니까. 몇 차례 해보면서 점점 본인이 좋아하는 풍미를 찾으면 되는 거야.
● 이렇게 하면 나만의 오리지널을 개발할 때는 물론이고, 레시피를 보면서 만들 때도 나름 응용하기 쉽겠는데.
● 그렇지. 향신료를 섞는 포인트는 이것 말고도 더 있어. 예를 들면 식물의 같은 과목끼리 섞는 방법 등. 커민과 코리앤더와 펜넬은 전부 미나리과에 속해.
● 식물도 같은 부류에 속하는 것끼리는 사이가 좋은 것 같네.
● 고민될 때는 그런 관점에서 접근해 보는 것도 좋지.
● 향신료 블렌딩이 마치 게임 같다.
● Let's enjoy!
● 갑자기 영어를 쓰고 그래….

향신료와 조미료의 궁합

조미료 \ 향신료	오레가노	갈릭	카더멈	커민	그린칠리	클로브	코리앤더	코리앤더잎	샤프란	시나몬	진저	스피어민트	세이지	터메릭	딜	파프리카	바질	펜넬씨	페퍼	페퍼민트	머스터드	레드칠리	레몬그라스	로즈메리
간장		O		O	O	O				O			O		O				O			O	O	
된장	O	O			O		O			O	O			O		O			O		O	O		O
쌀식초		O		O	O					O									O			O		
과실초		O	O			O				O	O		O					O	O			O	O	
와인비네거	O	O				O						O			O	O	O							
발사믹	O	O										O							O	O				O
해염	O	O		O	O		O	O		O	O	O	O	O	O	O	O	O	O	O		O	O	O
암염	O	O		O	O		O	O		O	O	O	O	O	O	O	O	O	O	O		O	O	O
설탕	O		O			O	O		O				O		O		O	O	O					O
벌꿀	O		O			O	O	O				O			O		O	O					O	
잼	O		O			O			O	O	O		O			O	O	O						
맛술		O		O							O			O		O			O			O	O	
술		O				O	O		O	O	O								O			O	O	O
누룩		O		O	O		O							O					O			O	O	
가다랑어포 육수		O		O	O		O			O				O					O	O			O	
다시마 육수		O		O	O					O				O		O			O	O			O	
멸치 육수		O		O	O		O			O				O					O	O			O	
표고버섯 육수		O		O			O			O	O			O					O	O			O	
부용	O	O		O	O		O	O		O	O	O	O	O	O	O	O	O	O	O		O	O	O
마요네즈	O	O		O	O		O	O		O	O		O	O	O	O	O	O	O	O		O	O	O
케첩		O		O						O		O			O				O			O	O	
소스		O	O			O				O	O					O			O			O		O
굴소스		O		O	O		O	O		O									O			O	O	
XO장		O		O	O		O			O	O			O	O				O	O		O		

CHAPTER 6 [ENJOY] 향신료 즐기기

향신료와 향신료의 궁합

향신료＼향신료	오레가노	갈릭	카더멈	커민	그린칠리	클로브	코리앤더	코리앤더잎	사프란	시나몬	진저	스피어민트	세이지	터메릭	딜	파프리카	바질	펜넬씨	페퍼	페퍼민트	머스터드	레드칠리	레몬그라스	로즈메리
아지웨인		O		O	O																	O		
아니스		O		O	O				O													O		
올스파이스		O		O	O	O	O									O						O		
오레가노	/	O		O	O					O						O	O			O		O		O
카시아		O	O	O	O	O		O									O					O	O	
카피르라임		O		O					O		O											O		
가랑갈		O		O		O			O		O											O	O	
카레 잎		O		O	O						O											O		
갈릭	O	/		O		O		O		O	O	O	O	O	O	O		O		O	O	O		O
카더멈			/	O		O			O	O	O					O			O	O				
커민	O	O	O	/	O		O		O	O	O				O	O			O	O	O	O	O	
그린칠리	O	O		O	/	O	O	O		O					O	O						O	O	
클로브		O	O		O	/			O		O				O					O		O		
캐러웨이		O	O		O								O		O							O		
코리앤더 씨		O	O	O	O		/		O	O					O	O	O		O		O	O		
코리앤더 잎		O			O			/							O							O	O	
사프란			O						/						O									
산초		O			O					/									O			O		
시나몬			O		O	O	O		O	/									O				O	
진저		O	O	O	O	O	O	O	O		/			O	O	O			O	O		O	O	
스피어민트							O			O		/					O	O						O
스타아니스		O		O		O				O		O		O					O	O		O		
수막	O	O			O						O									O		O		
참깨		O		O	O		O			O			O						O			O		
세이지	O	O											/											O
셀러리		O		O									O									O		
세이보리		O		O									O									O		O
타임	O	O		O						O	O				O	O	O	O	O			O		O

향신료	오레가노	갈릭	카더멈	커민	그린칠리	클로브	코리앤더	코리앤더잎	사프란	시나몬	진저	스피어민트	세이지	터메릭	딜	파프리카	바질	펜넬씨	페퍼	페퍼민트	머스터드	레드칠리	레몬그라스	로즈메리
터메릭		O		O	O				O	O				/	O	O		O			O	O	O	
타마린드		O			O	O			O													O		
타라곤		O			O																	O	O	
차이브		O			O		O									O	O					O		O
처빌		O			O													O				O		
딜		O			O		O					O		/							O	O	O	
넛맥		O	O	O	O			O										O				O		
니겔라		O		O														O				O		
파슬리	O	O		O			O		O	O						O	O	O	O	O	O	O		O
파프리카	O	O	O	O				O		O	O					/			O			O		
바질	O	O				O				O	O						/		O	O			O	
빅카더멈		O		O	O	O			O	O		O					O		O	O		O		
페뉴그릭		O		O	O							O					O		O		O	O		
펜넬				O		O	O		O			O						/				O		
페퍼		O	O	O					O	O		O					O		/		O	O		
페퍼민트						O				O							O	O		/				O
양귀비 씨		O		O		O	O			O		O						O				O		
마조람		O		O							O	O					O		O			O		
머스터드		O		O	O								O	O							/	O		
메이스		O	O	O	O	O																O		
레몬밤		O		O														O				O		
레드칠리	O	O	O	O	O	O				O		O	O	O							O	/	O	
레몬그라스				O		O				O		O										O	/	
라벤더		O			O																	O		O
러비지		O			O								O									O		O
로즈메리	O	O													O		O		O					/
로리에	O	O			O	O	O						O											O

CHAPTER 6   [ENJOY]   향신료 즐기기

향신료와 식재료의 궁합

소재 \ 향신료	오레가노	갈릭	카더멈	커민	그린칠리	클로브	코리앤더	코리앤더잎	사프란	시나몬	진저	스피어민트	세이지	터메릭	딜	파프리카	바질	펜넬씨	페퍼	페퍼민트	머스터드	레드칠리	레몬그라스	로즈메리
닭고기	O	O	O	O	O	O	O	O	O	O	O	O	O	O	O	O	O		O	O	O	O	O	O
오리고기	O	O	O	O	O		O		O	O	O	O		O		O			O	O			O	O
어린양고기	O	O	O	O	O		O	O		O	O	O	O	O					O	O			O	O
돼지고기	O	O	O	O	O	O	O			O	O	O		O		O	O		O	O			O	O
소고기	O	O		O		O				O	O	O		O			O		O	O			O	O
사슴고기	O	O	O	O	O	O		O		O	O	O	O						O	O	O		O	O
햄		O				O		O											O		O			
어패류	O	O		O	O		O		O		O			O		O			O	O	O		O	O
갑각류		O		O			O	O			O								O	O			O	O
가지	O	O		O				O		O		O		O	O		O		O	O				O
양배추	O	O		O							O			O	O				O	O		O		O
당근	O	O		O		O				O			O	O					O	O	O			
콜리플라워	O	O		O			O				O			O					O				O	
애호박	O	O					O				O	O		O		O			O	O				
양송이	O	O		O			O		O					O	O				O					O
양파	O	O	O	O	O	O			O	O		O		O	O	O			O	O		O	O	O
감자	O	O		O			O	O			O	O		O	O	O	O		O	O				
호박	O	O	O	O		O			O	O	O			O			O		O	O				
옥수수	O	O		O							O								O		O			
시금치	O	O		O				O		O				O		O			O					
토마토	O	O		O	O		O				O	O	O	O	O	O			O	O	O	O	O	
고구마		O	O			O								O					O			O		
아티초크	O	O					O			O									O					
비트		O		O		O	O			O								O	O	O				
적양배추		O		O		O	O												O	O				
오이		O						O				O							O		O			
아스파라거스		O		O					O						O				O					
리크		O		O					O		O								O				O	

소재 \ 향신료	오레가노	갈릭	카더멈	커민	그린칠리	클로브	코리앤더	코리앤더잎	사프란	시나몬	진저	스피어민트	세이지	터메릭	딜	파프리카	바질	펜넬씨	페퍼	페퍼민트	머스터드	레드칠리	레몬그라스	로즈메리
근채류		○		○			○				○			○	○	○			○	○			○	
사과			○		○	○					○	○												
오렌지			○		○						○	○						○	○	○				○
서양배			○								○	○						○	○	○				
레몬			○	○	○		○	○			○	○		○		○	○	○	○	○	○		○	○
라임			○				○	○			○							○	○	○	○		○	○
감귤류						○							○										○	
자두						○					○							○						
살구											○	○	○					○			○			○
바나나								○	○															
아보카도		○					○	○							○									○
코코넛		○					○	○			○			○	○		○				○	○	○	
멜론												○	○					○						
파인애플												○	○					○						
초콜릿						○					○	○									○			
치즈	○		○		○							○	○			○	○		○	○	○			○
달걀	○	○	○						○						○	○	○	○	○		○			○
콩류	○	○	○	○		○	○			○			○			○	○	○	○	○	○	○		○
안초비	○	○											○						○	○	○			
아몬드		○			○					○								○						
커피			○		○					○														
요거트			○	○	○	○	○	○				○			○		○		○	○	○			
비네거			○		○										○		○					○		
올리브	○	○												○			○	○	○		○	○		○
파스타	○	○				○			○					○			○	○	○		○	○		○
빵			○	○		○				○														
밥			○	○		○			○	○	○				○		○			○				

CHAPTER 6 　　[ENJOY]　　향신료 즐기기

향신료의 매운맛을 체감하다

입 안이 너무 매울 때는?

뭔가를 입에 넣었는데 그게 예상보다 맵다면 물을 벌컥벌컥 마시고 싶겠지만 사실 효과는 별로 없습니다. 레드칠리의 매운맛 성분인 캅사이신은 지용성이라서 물에는 녹기 어렵거든요. 반면 요거트나 우유 등 유지방은 매운맛을 완화시키는 효과를 기대할 수 있습니다. 매운 카레에 날달걀을 섞는 것 또한 혀를 마스킹하는 효과가 있어서 매운맛 완화에 효과적이라고 합니다.

● 매운 것은 맛있다, 매운 것은 맛있다,
　매운 것은 맛있다….
● 뭐 해?
● 주문을 외고 있어.
● 왜?
● 슬픈 마음을 달래려고.
　지금까지 쭉 향신료 얘기를 했는데,
　이제 내가 할 수 있는 얘기가 다 떨어져서.
● 수업의 끝이 다가오고 있구나.
　섭섭하긴 하다.
　근데 매운 것과 무슨 관계가 있다고?
　매운 것을 먹으면 슬픔이 어디론가 날아가기라도 해?
● 기분 전환을 위한 자극이 내게 필요해.
　매운맛은 자극이거든.
　이런 자극을 맛있다고 느끼는 사람은 많아.
● 그러고 보니 너의 향신료 수업도 꽤 자극적이었어.
● 시작했을 때랑 비교하면 너도 상당히 발전했지.
● 가끔 따끔한 말도 했었지만.

매우면 더워졌다가 식는다?

매운 것을 먹으면 몸이 더워졌다가 식습니다. 정반대의 현상이 동시에 일어나니 신기하지요? 레드칠리에는 캅사이신이라는 성분이 포함되어 있는데, 이 성분은 혈행을 촉진해 몸을 데우는 효과가 있습니다. 그래서 따끈따끈해지는 것이죠. 개인차가 있지만 대체로 매우면 땀을 흘리는데, 땀의 수분이 기화할 때 몸에서 열을 빼앗아 갑니다. 결과적으로 몸을 적당히 식히는 효과도 있는 것이지요.

'맵지만 맛있다'의 비밀

매운 것을 맛있다고 느끼는 데는 '아드레날린'과 '엔도르핀'이라는 두 가지 물질이 작용하고 있습니다. 레드칠리를 먹으면 먼저 아드레날린이 체내에 분비됩니다. 그러면 혈당치가 상승하여 고양감을 얻을 수 있지요. 이것이 기분을 좋게 하는 것인데, 실제로는 '아프다'는 감각에 가깝습니다. 그때 엔도르핀이 분비되어 통증을 완화시켜 줌으로써 상쾌한 느낌을 얻을 수 있습니다. 그 결과 맛있다고 느끼는 것이지요.

4 매운맛

매운 것은 뺄 수 없다

5 매운맛

"매운 요리를 맵지 않게 하려면 어떻게 해야 하나요?"라는 질문을 받은 적이 있습니다. 안타깝게도 "없습니다."라고 대답할 수밖에 없네요. 매운맛을 가진 요리에서 매운맛을 빼는 것은 불가능합니다. 단맛을 더하면 조금은 매운맛이 완화된 느낌이 들지만, 그것은 매운 것이 달면서 매운 것으로 바뀌었을 뿐, 매운맛 성분은 변함이 없지요. 매운 것을 잘 못 먹는 사람은 매운맛 성분을 넣는 단계에서 양을 조절하도록 하세요.

SHARP
열에 약함

고추냉이(와사비)
(이소티오시안산알릴, allyl isothiocyanate)

홀스래디시(서양 고추냉이)
(이소티오시안산알릴, allyl isothiocyanate)

머스터드
(파라히드록시 벤질 이소티오시아네이트, p-hydroxybenzyl isothiocyanate)

갈릭
(디알릴 디설파이드, diallyl disulfide)

진저
(쇼가올, shogaols / 진제론, gingerone)

산초
(산쇼올, sanshool)

페퍼
(피페린, piperine / 차비신, chavicine)

칠리
(캡사이신, capsaicin)

HOT
열에 강함

3 매운맛

매운맛은 '맛'이 아니었다!

매운맛은 '신미(辛味)'라고 쓰지만 미각이 아닙니다. 미각이란 혀 위에 있는 미란으로 느끼는 것으로 '단맛, 쓴맛, 신맛, 짠맛'이 기본입니다. 거기에 더하여 '감칠맛'이 제5의 미각이라고 불립니다. 그렇다면 매운맛은 무엇일까요? 미각이 아니라 '통각'이라고 합니다. 누군가에게 맞았을 때 '아프다'고 느끼는 감각과 같습니다. 맛이 아니라 뇌의 신경을 자극하는 것이지요.

6 매운맛

매운맛의 성질은 각양각색

한마디로 '맵다'고 말해도 그 성질은 각양각색입니다. 이해하기 쉬운 예를 들자면 칠리(고추)를 먹었을 때와 고추냉이(와사비)를 먹었을 때의 감각의 차이를 떠올려 보세요. 칠리는 입 안이 따끔따끔하면서 혀가 아픈 느낌, 고추냉이는 코가 찡하면서 눈물이 나는 느낌입니다. 매운맛을 내는 향신료는 여러 가지가 있지만, 각각 매운맛 성분이 다릅니다. 가열과의 궁합도 있으므로 사용할 때 참고해 주세요.

CHAPTER 6　　[ENJOY]　향신료 즐기기

향신료 구입하기

향신료를 더욱 즐겁게 사용하기 위해 알아두어야 할 점이 있습니다. 바로 향신료에는 등급이 있다는 사실입니다. 이해가 잘 안 된다는 사람이 있을지도 모르겠는데, 예를 들어 소고기는 등급으로 나뉘고, 와인도 밭에 따라 포도 품질에 차이가 있으며, 채소도 최근에는 산지를 체크해서 구입하는 사람이 늘고 있습니다. 그와 마찬가지로 향신료도 품질이 좋은 것과 그렇지 않은 것이 있다는 얘기입니다.

그런데 구분이 쉽지 않습니다. 채소의 경우는 마트에서 직접 보고 비교하면 되지만, 향신료는 병에 밀봉된 상태라서 향을 맡아보기도 어렵지요. 투명한 유리 너머의 모양만으로 판단하는 것은 매우 어려운 일입니다. 그렇다면 비싼 것을 구매하면 실패할 일이 없지 않을까 싶겠지만, 꼭 그렇지만도 않고 돈이 들지요. 유기농 표시가 붙어 있는 향신료도 늘어나고 있지만, 유기농은 이른바 생산 방법에 관한 설명이자 생산하는 사람의 자세에 관한 표명이므로 반드시 '유기농=고품질'이라고 말할 수는 없습니다.

참 곤란하지요. 뭘 믿고 판단 기준으로 삼아 향신료를 구입하면 좋을지 말이에요. 믿을 만한 가게를 찾거나 믿을 만한 브랜드를 찾는 방법밖엔 없을 것 같군요.

A 믿을 만한 가게나 사람(업자)을 찾는다

본인이 자주 가는 레스토랑이나 카레 전문점의 셰프에게 묻거나 주위에 향신료를 좋아하거나 향신료에 정통한 사람이 있다면 그 사람에게 소개해 달라고 하세요.

B 믿을 만한 브랜드를 찾는다

스스로 노력해서 찾는 방법이 있습니다. 다소 시간과 돈이 들기는 하겠지만, 향신료를 즐기려면 필요한 과정일지도 모릅니다. 무엇보다 이런 과정을 거치는 것 자체가 향신료를 즐기고 있는 행위니까요.

비교 검토할 향신료를 정한다

가능한 한 여러 브랜드의 상품을 구매한다

용기에 들어있는 상태에서 향을 체크한다

향신료를 용기에서 꺼내 외관을 체크한다

으깨거나 갈아서 체크한다

가격을 체크하여 브랜드를 결정한다

좋아하는 가게나 브랜드를 정했다면 향신료를 구매합니다. 그런데 한 번에 많은 향신료를 구매하기는 쉽지 않지요. "어떤 향신료부터 사면 좋을까요?"라는 질문을 자주 받는데, 기본적으로는 '블랙페퍼, 커민, 터메릭' 등 일반적으로 사용하는 향신료부터 갖출 것을 추천합니다. 예를 들어 향신료를 사용해서 카레를 만드는 경우에는 다음과 같은 순서가 좋을 듯 합니다.

향신료의 단계
(향신료 카레를 만드는 경우)

STEP	구분	향신료		
1	기본 파우더 스파이스	터메릭 파우더		
		레드칠리 파우더		
		코리앤더 파우더		
2	기본 홀 스파이스	커민 씨		
3	북인도의 향신료	카더멈 홀	STEP 3 남인도의 향신료	머스터드 씨
		클로브 홀		레드칠리 홀
		시나몬 홀		페뉴그릭 씨
4	프레시 스파이스	그린칠리	STEP 4 믹스 스파이스	가람 마살라 파우더
		코리앤더 잎		판치 포론
		카레 잎		카레 파우더
5	기타 향신료	블랙페퍼 홀&파우더		로리에 홀
		펜넬 씨		파프리카 파우더
		커민 파우더		아사페티다 파우더

CHAPTER 6 [ENJOY] 향신료 즐기기

향신료 보관하기

어느 키친 스튜디오에서 촬영을 하던 날, 나는 선반에 장식된 향신료 병을 보고 나도 모르게 숨을 꿀꺽 삼켰습니다. 선명한 노란색 카더멈이 있었기 때문이었지요. 카더멈은 초록색인데 말이죠. 물론 프랑스 등에서는 하얗게 착색한 화이트 카더멈이 판매되기도 하지만요. 노란색 카더멈을 본 것은 그때가 처음입니다. 자세히 보니 시중에 판매되고 있는 브랜드더군요. 그제서야 이유를 알았습니다. 볕이 잘 드는 이 키친 스튜디오에서 자외선을 듬뿍 받은 카더멈이 초록색에서 노란색으로 변색되고 말았던 것이죠.

향신료는 보관법이 매우 중요합니다. 색깔도 그렇지만 향을 가능한 한 오래도록 좋은 상태로 유지해야 하니까요. 향신료의 유통기한은 건조된 드라이 스파이스의 경우 대략 2년 정도입니다. 보관 상태가 좋으면 5년 이상 지나도 사용할 수 있지만, 기본적으로 빠르면 빠를수록 좋지요. 커피 원두와 마찬가지입니다. 즉, 가루로 만든 파우더 스파이스보다 홀 스파이스가 더 오래 보관할 수 있습니다. 아무튼 6개월 이내에 사용하는 것이 이상적입니다.

그렇긴 한데 구매한 향신료를 한두 번 만에 다 사용하는 경우는 별로 없습니다. 그래서 보관이 중요합니다. 향신료의 상태를 나쁘게 하는 요소로는 세 가지가 있습니다. 그것을 확실하게 알고 가장 이상적인 보관방법을 찾아야겠죠.

드라이 스파이스의 세 가지 적

습기의 악마

습도가 높은 장소에 향신료를 두면 품질이 떨어질 뿐 아니라 곰팡이 등이 생기는 원인이 될 수 있습니다. 건조한 장소에 두는 것이 좋습니다.

열의 악마

향신료의 에센셜 오일은 온도가 높아지면 휘발됩니다. 즉 열에 약하지요. 냄새가 날아가 버리지 않도록 냉암소에 두는 것이 좋습니다.

빛의 악마

자외선이 닿으면 향신료는 색깔과 향을 잃기 쉽습니다. 차광성이 좋은 밀폐용기에 넣거나 빛이 안 닿는 장소에 두는 것이 좋습니다.

Storing spices
- 보관의 기본 -

최소한의 조건은 '밀폐용기를 사용하고 냉암소에 보관하는 것'입니다.
나머지는 본인의 타입(성격)에 맞춰 적절한 방법을 찾아 보세요.

TYPE.1 깔끔하게 정리하는 타입

다양한 브랜드의 향신료를 서로 다른 시기에 구매하게 되면 용기 및 보관 형식이 각양각색이 됩니다. 그러므로 플라스틱이나 유리로 된 밀폐용기를 여러 개 사서 모두 옮겨 담아 보관합니다. 용기가 깔끔하게 진열되어 있으면 기분도 좋을 테니까요.

TYPE.2 완벽주의 타입

밀폐용기에 넣었다고 해도 비어 있는 용량이 크면 엄밀히 말해서 용기 안의 공기가 많아 향이 달아나기 쉽습니다. 커피 원두와 마찬가지입니다. 건조제를 넣거나 비닐에 넣어 공기를 빼고 차광성이 좋은 밀폐용기에 넣어 냉암소에 두면 완벽하지요.

TYPE.3 낙관주의 타입

향신료를 구매한 상태 그대로 사용이 편리한 장소에 두고 사용합니다. 구입한 상품의 보관 상태가 나쁘지 않듯이, 굳이 다른 밀폐용기에 옮겨 담지 않아도 어느 정도 보존 상태를 유지할 수 있습니다. 단, 유통기한에는 주의하세요.

TYPE.4 절약 타입

소량을 자주 구매하면 돈이 더 많이 들므로 대량을 싸게 사고 싶기 마련입니다. 게다가 좋은 상태로 오래 유지하고 싶고요. 그렇다면 사용할 수 있을 만큼씩 소분해서 밀폐하고 냉동하면 오래 보존할 수 있습니다. 대신에 냉동고에서 꺼낸 후에는 빨리 사용하는 것이 좋겠지요.

QUESTION
향신료와 향신료의 궁합

Q 냉장고에 보관해도 괜찮나요?

냉장고에 보관하면 온도와 차광성은 유지되지만 습기 문제가 남습니다. 꺼내서 그대로 전부 사용하는 경우라면 냉장고에 보관해도 상관없지만, 꺼냈다 넣었다 하게 되면 온도가 오르락내리락하면서 결로가 생겨 습기를 머금을 수 있으므로 추천하지 않습니다.

Q 조리를 할 때 병에 든 상태 그대로 사용해도 되나요?

병뚜껑을 열고 향신료를 그대로 냄비나 프라이팬에 뿌리면 편리합니다. 다만, 대개의 경우 가열 조리 중에 나오는 수증기가 병 안으로 들어가면서 향신료가 습기를 머금는 원인이 되므로 주의하는 것이 좋습니다.

* 향신료가 수증기의 습기를 빨아들여 굳어버릴 가능성이 있습니다.

| 번외편 |
프레시 스파이스 보관방법

허브 등의 프레시 스파이스를 보관할 때는 세 가지 지원군이 필요합니다. '온도', '습도', '보호'. 적당히 습도가 있는 저온의 장소에서 쉬이 상하지 않도록 잘 보관해 주세요. 밀봉할 수 있는 용기에 담아 냉장고 채소 칸에 두면 좋습니다. 신선도를 유지하기 위해 줄기의 자른 면이나 뿌리에 물을 적신 키친타월을 감싸주거나 컵에 물을 넣고 꽂아두는 것을 추천합니다. 바질은 특수한 경우라 냉장고와 같이 온도가 너무 낮은 장소에서는 색깔과 품질이 나빠집니다. 냉암소가 적합하겠지요.

CHAPTER 6 　[ENJOY]　향신료 즐기기

향신료 키우기

● 어서 오세요. 우리집에 오신 걸 환영합니다~!
● 그럼, 실례하겠습니다.
● 자, 먼저 베란다에 주목해 주세요.
● 우와, 녹색 잎이 달린 작은 나무로 가득하네.
● 소중히 키우고 있는 것들이야.
● 이건 뭐야? 설마 키워선 안 되는 식물은 아니겠지?
● 그럴 리가. 카레 나무야.
● 카레 나무? 지난번엔 카레 나무 같은 건 없다며?
● 카레가 되는 나무가 아니라, 카레 잎이라는 산초의 일종.
● 카레 잎? 카레 향이 나?
● 자, 봐봐. 이렇게 손으로 문질러서….
● 진짜네!
● 남인도나 스리랑카 등 열대지역에서 자생해.
● 그 말은 국내에서는 향신료가 자라기 어렵다는 얘긴가?
● 맞아. 향신료보다는 오히려 허브 쪽이 잘 자라지. 그런데 요즘 카레 잎을 자가 재배하는 카레 마니아가 증가하고 있거든.
● 그들 중 한 사람이 너라는 말이지?
● 그래서 말인데, 내겐 꿈이 있거든. I have a dream! 이 카레 잎을 전국 곳곳에서 자생하게 할 수는 없을까 생각 중이야.
● 어떻게?

● 근처 공원이나 길가에 묘목을 심을까 해.
● 그러다 잡혀 가면 어쩌려고?
● 그게 문제지. 그래서 카레 잎을 심어도 되는 장소를 제공해줄 사람을 전국적으로 모집하는 거야. 그리고 묘목을 보내는 거지. 10명, 50명, 100명으로 늘어나면 각 장소에서 정점 관측을 하도록 하는 거야.
● 전국에서 성장하는 카레 잎을 한 번에 볼 수 있게 되겠네. 멋지다!
● 키우고 싶어 하는 사람이 늘고 있으니까 많은 사람이 좋아하지 않을까 싶은데.
● 그러게. 그 프로젝트는 꿈이 더 커져도 좋을 것 같아. 나도 참가할게.
● 오오, 웬일이야? 네가 향신료 일에 이렇게나 적극적이라니.
● 누군가에게 감사를 받는 일은 좋은 거잖아.
● 좋아. 그럼 해보자. 언젠간 나는 '카레 잎의 아버지'라고 불리게 될지도 몰라. 어딘가에 동상도 세워지려나?
● 그런 일은 없을 것 같다만….

향신료는 어려울 수 있으니 허브라도 키워 볼까요?
직접 키운 허브로 요리를 하면 기분이 엄청 좋습니다.

향신료 키우는 방법

묘목	요즘 아무리 인터넷 통신 판매가 성행하더라도 묘목은 실물을 보고 사는 것이 좋습니다. 중점적으로 봐야 할 포인트는 건강해 보이느냐입니다. 구체적으로는 잎이나 줄기가 반들반들한 것이나 줄기의 마디마디가 짧은 것이 좋아요. 뿌리가 너무 번성해서 식물에 악영향을 미치거나 뿌리가 썩을 우려가 있는 것은 피하세요.
흙	배양토가 좋습니다. 배수성과 보수성이 모두 있는 것이 좋지요. 시중에 판매되는 블렌딩 된 흙을 구입하세요.

[기본 흙]
적옥토 …… 배수성을 좋게 한다
부엽토 …… 양분을 함유한다

[섞을 흙]
버미큘라이트 …… 흙을 가볍게 한다
피트모스 …… 보수성을 좋게 한다

화분	[질그릇 화분] 통기성이 좋은 만큼 물을 자주 주는 편이 좋다.　　[플라스틱 화분] 간편성은 있지만 배수성이 별로 좋지 않다.　　[도자기 화분] 외관상으로는 고급스럽지만 무겁다.

허브를 키울 때 중요한 것은 볕과 온도입니다. 가능한 한 볕이 잘 드는 장소에 두세요. 이상적인 온도는 20℃ 전후입니다. 특히 겨울철은 실내에 두는 등의 배려가 필요합니다.

비료	묘목을 사 가지고 와서 화분에 옮겨 심을 때 배양토가 섞여 있다면 비료를 조금만 줘도 됩니다.
물	너무 자주 주지 않도록 합니다. 그렇지만 맑은 날이 이어져서 흙이 마른 상태가 오래 가면 좋지 않으므로 물을 줄 때는 듬뿍 주세요. 비가 적당히 내리는 날씨일 때는 상태를 살피면서 주는 것이 좋습니다. 그 밖에 해충이나 병이 든 부분은 빨리 제거해야 합니다. 다른 식물과 마찬가지로 적당히 가지도 쳐주고 새 순도 따내어 좋은 환경을 유지해 주세요.

허브의 따는 부위는 예외가 있긴 하지만 주로 속성에 따라 나눕니다.

미나리과 허브	새싹이 나는 중심 부분은 남기고 바깥쪽에서부터 따도록 한다. 예) 이탈리안 파슬리, 샹차이, 처빌, 딜 등
꿀풀과의 목본성 허브	줄기가 목질화(리그닌화) 되므로, 그전에 푸릇푸릇한 가지 부분을 딴다. 예) 타임, 라벤더, 로즈메리 등
꿀풀과의 초본성 허브	곁눈이 갈라져 나오면서 자라도록 곁눈 마디 위에서 잘라 수확한다. 예) 오레가노, 세이지, 각종 민트, 바질 등

CHAPTER 6　　[ENJOY]　　향신료 즐기기

그것은 향신료인가요?
~향기가 나는 모든 것~

향신료는 향기가 나는 모든 것들의 대표 선수 같은 존재이지만, 우리가 음식을 통해 즐기고 있는 냄새는 향신료와 허브뿐만이 아닙니다. 신기하게도 여기에 소개한 향기가 나는 모든 것은 '주로 어떤 식물의 어느 부위를 어떠한 형태로 가공한다'는 공통점이 있습니다. 재밌는 것은 각각의 과정에서 풍부한 향이 생긴다는 것이지요. 즉, 향신료와 같은 부류라고 할 수 있습니다. '우리는 정말 여러 가지 냄새에 둘러싸여 생활하고 있구나' 하고 실감하게 됩니다.

커피와 카레는 동료
내가 처음 '향기가 나는 것'에 관심을 갖게 된 계기는 집에서 직접 커피를 내리다가였습니다. 로스팅한 원두를 사와서 직접 갈아 필터에 세팅한 후 뜨거운 물을 부었더니 보글보글 거품이 생기면서 커피가 내려지더군요. 그 향이 어찌나 좋던지. 그때 생각했지요. '이건 원래 콩인데 생콩을 로스팅해서 뜨거운 물을 부으니 커피가 되네. 생씨앗을 로스팅해서 여러 종류를 섞어 냄비에 넣고 식재료와 함께 익히면 카레가 되잖아. 그렇다면 커피와 카레는 동료라고 할 수 있겠다'라는 데까지 생각이 미치게 되어 깜짝 놀랐지요.
커피뿐 아니라 홍차도 마찬가지죠. 식물의 잎을 발효시키거나 말리면 찻잎이 되고, 뜨거운 물을 부어주면 홍차가 되죠. 맥주나 위스키는 보리, 와인은 포도. 향을 즐기

는 것은 모두 같은 부류라고 할 수 있을 것 같습니다. 담배도 그래요. 담배를 피워 본 적은 없지만, '잎궐련'이라는 말이 있을 정도이니 원래는 잎이라는 말입니다. 잎을 가공해 말아서 불을 붙이면 향이 나는 기체가 생기는데 그것을 빨아들이고 맛있다고 생각하는 거잖아요? 그 결과 연기가 배출되고 가까이에 있다가 그것을 빨아들이게 되면 역한 냄새가 나서 싫은 거지요. 아무튼 냄새가 나는 것입니다.

일상은 향기로 가득하다
향신료와 그렇지 않은 것을 명확하게 선 그을 수는 없습니다. 우리 주변에 있는 것들 중에서도 '허브'나 '향신료'라는 말이 붙으면 왠지 넘기 힘든 장애물처럼 느껴집니다. 예를 들어 나 자신의 식생활을 떠올려 봐도 향을 가진 게 참 많거든요. 술, 간장, 초콜릿, 훈제 베이컨, 블루치즈, 된장, 가다랑어포, 커피, 녹차, 참기름…. 이 가운데 동물성 치즈나 가다랑어포를 제외하면 모두 원재료는 식물입니다. 훈제 베이컨도 동물성이지만, 향의 원천인 훈제할 때 사용하는 훈연 칩은 나무입니다.
그러고 보면 우리는 어떠한 식물을 가공하여 향을 생산하고 그것을 이용해 음식을 맛있게 즐기고 있는 것이죠. 그것이 향신료인지 향신료가 아닌지는 그다지 중요하지 않습니다.

 술(와인)
원재료 : 포도
가공법 : 발효 (양조)

 간장
원재료 : 누룩, 대두, 보리, 소금
가공법 : 혼합 → 발효 → 압착

 송로(트러플)
원재료 : 균
가공법 : 균 접종 → 번식

 훈제 베이컨
원재료 : 돼지고기
가공법 : 소금에 절임 → 숙성 → 바람에 말림 → 훈연

 블루치즈
원재료 : 생우유
가공법 : 발효 → 숙성

 초콜릿
원재료 : 카카오
가공법 : 로스팅 → 정련

 된장
원재료 : 누룩, 대두, 소금
가공법 : 혼합 → 발효

 가다랑어포
원재료 : 가다랑어
가공법 : 삶기 → 훈연 → 바람에 건조

 커피
원재료 : 커피 원두
가공법 : 로스팅 → 분쇄 → 우려내기

 술(위스키)
원재료 : 맥아
가공법 : 당화 → 발효 → 증류 → 숙성

 녹차
원재료 : 찻잎
가공법 : 찌기 → 비비기 → 건조

 참기름
원재료 : 깨
가공법 : 로스팅 → 압착 → 여과 → 숙성

● 나 지금 좀 곤란해.
● 혹시 내가 만든 저녁 식사가 입에 안 맞아?
● 아니, 아니.
  이렇게 맛있는 된장국은 처음이야.
● 가다랑어포로 육수를 내봤어.
● 이렇게 차를 마시면서 천천히 식사할 수 있다는 건 참 행복한 일이야.
● 근데 뭐가 문제야?
  밥에 참기름과 간장을 넣는 것 의외로 괜찮은 것 같네.
  숭어알 절임을 얹으면 한층 더 맛있을 것 같아.
● 향이 진짜 좋지.
  그래서 곤란하다고.
● 뭐가 곤란하다는 거야?
  향이 어쨌는데?
● 왠지 탄산수를 첨가한 위스키나 맥주가 마시고 싶어서.

● 그게 뭐가 어렵다고. 마시면 되지!
● 그렇게 단순한 얘기가 아냐.
  맥주를 마시면 안주로 훈제 베이컨 같은 것도 먹고 싶잖아.
● 먹으면 되지, 뭘 고민해?
● 그럴 수가 없어. 블루치즈도 같이 한입 먹다 보면 와인 생각이 날 테니까.
● 그럼 트러플도 먹어야겠네.
  초코송이 과자 말고 진짜 트러플.
● 그러니까. 그래서 곤란하다고.
  그걸 다 먹고 마시고 취하면 입가심으로 커피를 마셔야 할 거야.
  커피를 마시면 난 꼭 초콜릿이 생각나거든. 진짜 트러플 말고 초코송이 과자 말이야.
● 그래서 그다음엔 어떻게 되는데?
● 디저트 다음에는 담배 한 모금….
● 너, 담배 안 피우잖아!

향을 즐기는 방법

CHAPTER 6

[ENJOY]

향신료 즐기기

향신료의 매력을 알고 나면 향에 민감해집니다. 향신료는 그 자체가 좋은 냄새를 발산하는 아이템이지만, 생각해 보면 일상의 식생활에서도 향을 즐길 기회는 상당히 많습니다. 좋아하는 음식이나 음료를 떠올려 보세요. 어떤 향이 나나요? 그 향은 어떻게 해서 추출되는 걸까요? 향신료를 사용하는 직접적인 방법 말고도 향을 창출하는 행위는 얼마든지 있습니다. 그런 관점을 가지게 되면 갑자기 향신료와 같은 부류들의 존재에까지 생각이 미칩니다. 그럼 이제 향을 실컷 즐겨 볼까요?

향을 즐기는 방법 1

숯불에 굽기

우리집에는 탄두르가 있습니다. 인도 요리점에서 난(Naan)이나 탄두리 치킨을 굽는 가마입니다. 열원은 목탄. 가마가 달궈지기까지 5~6시간이 걸리므로 낮에 탄두르 파티를 하려면 이른 아침 6시부터 불을 지펴야 합니다. 그 대신 치킨이든 난이든 여기에 구우면 정말로 맛이 있지요. 이유는 숯불을 사용해서 그런 건데요, 육즙이나 마리네이드 액이 고온의 숯에 떨어지면 '지직' 하는 소리와 함께 연기가 피어오릅니다. 그 향을 품은 연기가 닭고기에 달라붙는 것이죠. 이 향이 있느냐 없느냐는 차이가 큽니다. 포장마차에서 파는 닭 꼬치구이를 생각하면 이해가 훨씬 쉽겠네요.

인도에는 바나나 잎으로 생선을 싸서 굽는 요리가 있습니다. 바나나 잎의 향이 생선에 배어들게 되지요. 일본의 호바야키(朴葉焼き : 후박나무 잎으로 싸서 굽는 음식)라는 것과도 비슷합니다. 일본목련은 목련과의 활엽수림으로, 그 잎에 방향과 살균작용이 있어서 식재료를 싸서 굽는 데 이용된다고 합니다.

[닭 꼬치구이 만들기]
1. 닭고기에 소금과 후추를 친다.
2. 꼬치에 끼운다.
3. 숯불에서 굽는다.
4. 육즙이 떨어지면서 연기가 피어오른다. ◀ 향이 증폭!
5. 고기에 향을 품은 연기가 배어든다.

[소고기 호바야키 만들기]
1. 소고기에 소금과 후추를 친다.
2. 후박나무 잎을 물에 담가 부드러워지게 한다.
3. 후박나무 잎 위에 소고기를 올려놓고 말아서 굽는다.
4. 육즙이 번져 나와 잎에 스며든다. ◀ 향이 증폭!
5. 고기에 후박나무 잎의 향이 배어든다.

향을 즐기는 방법

2

훈연하기

대학시절 훈제에 빠진 적이 있습니다. 골판지 상자로 만드는 손쉬운 도구를 구매하여 치즈, 삶은 달걀, 단무지 등, 여러 가지를 훈제하곤 했지요. 혼자 사는 원룸 아파트 베란다를 사용했으니 제대로 된 훈제라고는 할 수 없지만, 그래도 연기를 입힐 때 발생하는 향의 위력은 실컷 맛보았다고 할 수 있지요. 그 무렵 마찬가지로 아버지가 고향집 마당에 드럼통 두 개로 거대한 스모크 머신을 직접 만들어 놓으셨는데, 거기서 본격적인 훈제 연어, 훈제 베이컨 등을 실제로 만들어 보기도 했습니다. 생고기나 생선을 훈제할 때는 밑준비와 온도 관리가 상당히 중요합니다. 밑간을 할 때 향신료를 사용하기도 했지만, 그보다 스모크 칩에서 나오는 향이 요리를 극적으로 맛있게 만든다는 사실에 흥분했던 기억이 지금도 생생하네요.

[훈제 베이컨 만들기]
1. 돼지고기를 소금에 절여 둔다.
2. 소금기를 뺀다.
3. 돼지고기를 건조한다.
4. 돼지고기를 훈연해서 향을 입힌다. ● 향이 증폭!
5. 그대로 식혀서 풍미를 살린다.

향을 즐기는 방법

3

발효 시키기

간장과 미소가 들어간 요리를 먹을 때 행복하지 않나요? 뭐니뭐니 해도 간장과 미소는 일본을 대표하는 발효 조미료이며, 어렸을 적부터 습관적으로 섭취해 왔던 맛이니까요. 카레에 간장을 쳐서 먹는 사람도 제법 많습니다. 맛있는 카레의 비법으로 간장을 사용하는 경우도 있고요. 나는 때때로 된장을 첨가합니다. 아무도 못 알아차릴 정도로 조금 넣는데, 그러면 왠지 익숙하고 먹기 편한 풍미가 생기더라고요. 그러고 보니 카레와 나란히 일본의 국민음식으로 사랑받는 라면의 경우, 간장 라면과 된장 라면은 투톱이라고 불리는 메인 플레이버죠. 시간을 들여 발효시킴으로써 생기는 간장이나 된장의 풍미는 어쩌면 일본인의 DNA에 박혀 버린 게 아닐까요.

[간장 만들기]
1. 대두를 물에 담갔다가 삶는다.
2. 보리를 볶아서 갈아 씨누룩을 섞는다.
3. 대두와 보리를 섞어서 간장 누룩을 만든다.
4. 소금을 첨가해 발효시킨다. ● 향이 증폭!
5. 압착하여 간장을 짜낸다.

[된장 만들기]
1. 대두를 물에 담갔다가 삶아서 으깬다.
2. 소금과 쌀누룩을 섞는다.
3. 잘 덩어리지게 해서 밀봉한다.
4. 공기를 빼면서 발효시킨다. ● 향이 증폭!
5. 숙성시킨다.

향을 즐기는 방법

4

로스팅 및 압착

조리에 어떤 기름을 사용하느냐는 매우 중요한 일입니다. 완성된 요리의 풍미를 좌우하니까요. 예를 들어 스파게티 알리오 올리오를 만들 때 참기름을 사용하거나 돼지고기 감자조림을 만들 때 코코넛 오일을 사용하면 생각한 것과는 전혀 다른 요리가 되겠죠. 그 결과 의외로 또 새로운 맛을 발견하게 될지도 모르겠지만요. 나는 평소 사용하는 기름을 세 종류로 한정하고 있습니다. 기본으로 사용하는 홍화유, 향을 중시하고자 할 때 사용하는 올리브유와 참기름. 이것들은 집에 늘 갖춰져 있지요. 그 밖에 가끔 카레를 만들 때 기(Ghee: 정제 버터), 코코넛 오일, 머스터드 오일을 쓰기도 합니다. 여하튼 무엇을 사용할 것이냐의 판단 기준은 '음식에 어떤 향을 첨가하고 싶냐'는 것입니다. 향신료를 사용하는 것과 비슷한 감각으로 기름을 사용하고 있지요. 그만큼 기름의 향은 요리에 중요하다고 생각합니다.

[참기름 만들기]
1. 깨를 볶아 독특한 색과 향을 끌어낸다.
2. 압력을 가하면서 으깬다(압착).
3. 여과하여 숙성시킨다.

향이 증폭!

향을 즐기는 방법

5

문질러 비비기

일본에서도 손꼽히는 녹차 산지인 시즈오카. 그곳에서 나고 자랐기에 집에서 마시는 녹차는 무척이나 맛있었죠. 그러나 나는 마시는 것만 잘했답니다. 태어나 처음으로 직접 찻잎을 따고 차를 만들어 본 것은 인도의 다르질링이었는데, 홍차를 주제로 취재하러 갔던 곳에서 체험할 수 있었죠. 그때 내가 실제로 만들어 본 것은 홍차가 아니라 녹차였습니다. 촉촉한 찻잎을 끊임없이 문질러 비벼댑니다. 비벼대면 비벼댈수록 향이 세지면서 점점 변화해 가죠. 힘든 작업이었지만, 좋은 향에 둘러싸여 행복했습니다. 그 후에도 상하이나 타이완의 차 전문점을 찾아 이것저것 시음해 보거나 구매하면서 찻잎의 향에 흠뻑 빠졌습니다. 그러던 중, 믿을 만한 지인의 소개로 갔던 상하이의 어느 차 가게에서 추천을 받은 것이 흑차였어요. 한번 빠지면 다른 것엔 손도 안 간다는 흑차는 독특한 향을 가지고 있었습니다. 또, "초보자가 쉽게 즐길 수 있도록 이런 제품도 갖춰 놓고 있어요."라며 추천해 준 차는 말린 금목서 꽃잎을 블렌딩 한 제품이었습니다. '향을 즐기는 방법에는 끝이 없구나' 하고 느꼈었지요.

차 제법 일람 / 발효 상태에 따른 분류

	후발효 (後醱酵)	완전발효 (完全醱酵)	반발효 (半醱酵)		약후발효 (弱後醱酵)	약발효 (弱醱酵)	불발효 (不醱酵)
	흑차	홍차	청차		황차	백차	녹차
	보이차 육보차	다르질링 아삼 홍차 기문 홍차	동정오룡차 철관음차 대홍포	재스민차	군산은침 몽정황아	백호은침 백모단	용정차 전차(센차) 옥로 말차(맛차)
제 조 공 정	적채 (摘採) ↓ 살청 (殺靑) ↓ 유념 (揉捻) ↓ 건조 ↓ 퇴적 발효 ↓ 건조	적채 ↓ 위조 (萎凋) ↓ 유념 ↓ 발효 ↓ 건조	적채 ↓ 위조 ↓ 회전 발효 ↓ 살청 ↓ 유념 ↓ 건조	적채 ↓ 살청 ↓ 냉각 ↓ 유념 ↓ 건조 ↓ 꽃과 퇴적 발효	적채 ↓ 살청 ↓ 유념 ↓ 숙성 ↓ 건조	적채 ↓ 일간위조 (日干萎凋) ↓ 건조	적채 ↓ 가습 (加濕) ↓ 증열 (蒸熱) ↓ 냉각 ↓ 유념 ↓ 건조

- **적채(摘採)**
  기본적으로는 1심 2~3잎을 딴다.
- **살청(殺靑) (가마솥에서 찻잎 덖기)**
  적당한 발효 상태일 때 가마에서 가열하여 산화효소의 활성을 멈춘다.
- **위조(萎凋)**
  생엽에 포함된 수분의 약 절반을 제거하고 유념(비비기)을 쉽게 할 수 있도록 한다.
- **회전 발효(回轉醱酵)**
  잎의 주변을 서로 비벼 흠집이 나게 해서 발효를 촉진한다.
- **유념(揉捻)**
  찻잎을 비벼서 잎 안의 산화효소를 짜내어 산화 발효를 촉진한다.
- **증열(蒸熱)**
  잎을 쪄서 산화효소의 작용을 멈추고 찻잎의 색을 녹색으로 유지시키면서 풋내를 제거한다.
- **가습(加濕)**
  송풍 가습을 통해 발효를 멈추고 생엽의 품질 열화를 방지하여 신선도를 유지한다.
- **퇴적 발효(堆積醱酵)**
  찻잎(또는 꽃)을 쌓아 올려서 발효를 촉진하여 미생물 번식에 의한 독특한 향을 자아낸다.

향을 즐기는 방법 6

로스팅

초콜릿을 먹으면 커피가 생각나고 커피를 마시면 초콜릿이 생각납니다. 나만 그러는 걸까요? 어쩌면 로스팅이라는 공통된 공정으로 인해 풍기는 풍미를 자기도 모르게 원하는 게 아닐까 싶습니다. 특히 커피는 습관처럼 매일 아침 빼놓지 않고 집에서 내려 마시던 시기가 있었습니다. 나처럼 커피를 좋아하는 사람들이 많을 텐데 커피에 흠뻑 빠진 사람들은 직접 로스팅을 하기도 합니다. 내 주변에도 몇 명 있지요. 거리 곳곳의 커피 전문점 중에도 그 자리에서 로스팅을 해주는 곳이 있습니다. 생두의 향은 사실 꽤 알싸한 맛이 있는데, 로스팅을 하면 완전히 다른 좋은 향을 풍깁니다. 그리고 나는 커피를 내릴 때의 향이 가장 좋습니다. 마실 때 느껴지는 향보다 훨씬 좋아해서 커피숍을 오픈하고 싶을 정도입니다.

[초콜릿]
1. 카카오 콩의 껍데기를 제거하여 카카오 닙스를 만든다.
2. 볶아서 카카오 콩의 독특한 향을 끌어낸다(로스팅). ← 향이 증폭!
3. 갈아 으깨서 지방분을 추출하여 카카오 매스를 만든다.
4. 설탕이나 코코아 버터를 섞는다.
5. 가열하여 반죽한다.

[커피]
1. 커피 원두를 건조한다.
2. 커피 원두를 로스팅한다. ← 향이 증폭!
3. 여러 종류의 원두를 배합(블렌딩)한다.
4. 분쇄한다.
5. 드립(추출)한다. ← 향이 증폭!

향을 즐기는 방법 7

숙성

내가 초등학교 저학년일 때 아버지는 저녁 반주로 블루치즈를 즐겨 드시곤 했습니다. 호기심 왕성했던 나는 "그게 뭐예요?" 하고 한 입 꿀꺽했는데, 그 순간 경험해 본 적 없는 풍미가 덮쳐 와서 몸을 부르르 떨며 진저리를 쳤지요. 서둘러 화장실로 달려가 컥컥 토해냈던 기억이 있습니다. 그 후 나는 블루치즈를 '동물원 치즈'라고 부르며 멀리했습니다. 어린 마음에 동물 냄새를 느꼈던 모양입니다. 그런데 지금은 엄청 좋아합니다. 개성이 강한 향을 가진 음식은 극복하면 끊을 수가 없는 것 같습니다. 신기한 일이죠. 대학교 때 스위스 변두리에 있는 어느 치즈 오두막을 찾아갔던 적이 있는데, 크고 작은 여러 가지 치즈가 주르륵 나열되어 숙성되어 가는 모습은 그야말로 압권이었지요. 그대로 오두막에 있다가는 강렬한 향기에 휩싸여 나도 숙성되는 게 아닐까 하는 생각이 들 정도였거든요.

[치즈]
1. 생우유를 저온에서 살균한다.
2. 유산균을 첨가해 기다린다.
3. 유청을 배출시킨다.
4. 소금을 첨가해 흰 곰팡이를 주입한다.
5. 숙성시킨다. ← 향이 증폭!

향을 즐기는 방법

8

양 조

캐나다에 거주하는 미생물학자를 알게 되었는데, 그분께 들은 얘기는 꽤나 자극적이었습니다. "향신료로 카레를 만드는 것은 맥주의 양조와 굉장히 비슷하다."고 하더라고요. 게다가 "관심이 있다면 맥주 만드는 방법을 꼭 알려 주고 싶어요!"라는 말씀도 하시더군요. 향의 조합 방법이 비슷한 걸까요? 이후 양조주에 대해서도 계속 관심을 가지게 되었습니다. 해외에서는 와인 등을 직접 만드는 사람도 적지 않게 있는 모양이더군요. 포도를 발효시키면 그 풍부한 플레이버가 나오지요. 나는 술이 별로 세지는 않지만 와인 중에서는 특히 부르고뉴를 좋아합니다. 이유는 향이 치밀하고 풍부하기 때문이죠. 조금만 마셔도 취하는 경우가 있어서 와인을 마실 때는 맛을 즐기기보다 향에 취하는 감각을 중시하며 즐기는 편입니다.

[와인]
1. 포도를 잘 선별해서 씻어 놓는다.
2. 포도를 으깬다.
3. 밀폐 용기에 넣고 뚜껑을 살짝 느슨하게 해 둔다.
4. 발효시킨다(전발효, 후발효).
5. 그대로 두어 숙성시킨다.

향이 증폭!

향을 즐기는 방법

9

증 류

위스키에 푹 빠지게 된 계기는 국내에 있는 아이리시 펍에서 테이스팅을 하면서였습니다. 5대 생산지라고 하는 스코틀랜드, 아일랜드, 캐나다, 미국, 일본의 전형적인 위스키 5종류를 나열해두고 맛을 비교했지요. 그 후 스코틀랜드산으로 범위를 좁혀서 스카치 5종류를 테이스팅. 총 10종류의 위스키는 모두 향이 다르더군요. 20종, 30종의 위스키를 섞은 블렌디는 목 넘김이 좋고, 싱글몰트의 향은 개성적이고, 아무튼 모두 대단하더군요. 양조주도 마찬가지로 발효 과정이 중요합니다만, 증류주는 증류시킬 때 향 성분이 휘발되면서 한층 강해진다고 합니다. 그리고 보면 소주의 향도 세고, 진이나 럼 등의 스피리츠 계열도 향이 대단하지요. 물이나 탄산을 섞어 희석해서 마셔도 맛있는 이유는 좋은 향 때문이 아닐까 합니다.

[위스키]
1. 맥아를 분쇄하여 물과 섞는다.
2. 당화되면 여과하여 보리즙을 만든다.
3. 발효시킨다.
4. 증류하여 알코올이나 방향 성분 등을 휘발시킨다.
5. 숙성(저장)한다.

향이 증폭!

CHAPTER 6　　[ENJOY]　향신료 즐기기

신비한 약초술의 세계

- 오늘은 압생트에 대해서 얘기해볼까.
- 압생트? 그게 누군데? 친척 아저씨?
- 어, 위험한 아저씨지. 하하! 아니, 그게 아니라 유럽 각국에서 만드는 약초술이야.
  쓴쑥(향쑥)을 중심으로 아니스, 회향 등의 향신료가 사용되지.
- 뭔가 수상한 냄새가 나는 술이네.
- 예리한 지적이야. 사실은 19세기에 다수의 중독자, 범죄자를 만들어내는 원인이 된 술이라고 해.
- 향신료를 사용해서 중독성이 높아졌나 보네.
- 아마도. 주성분인 쓴쑥에 환각작용이 있는 모양이야. 지나치게 마셔서 심신이 망가진 예술가도 많아.
  로트렉이나 고흐 등이 유명하지. 한때 나라에 따라서는 법률로 금지되었던 적도 있고.
- 금단의 술이라는 말이네.
- 지금은 우리나라에서도 마실 수 있어. 향이 독특하고 중독성이 있지. 같이 마시러 가지 않을래?
- 글쎄, 어쩔까…?
- 그냥 술의 일종이라고 생각하면 돼.
  증류주, 스피리츠에 과일이나 향신료, 허브를 첨가한 술은 세상에 많거든.

리큐르의 역사
HISTORY OF LIQUEURS

- **고대 그리스 시대**
  의사 히포크라테스가 와인에 약초를 넣어 약주를 만든다.

- **11세기**
  연금술사들에 의해 생명의 물이라고 불리는 증류주가 만들어진다. 약효가 있다고 여겨 약주 및 연금술의 약액으로서 리큐르의 개발이 시작된다.

- **13세기**
  로마 교황의 의사가 약주를 만들어 '리케파세르 (Lique facere)'라고 명명. 약으로 사용하는 빈도가 높아진다.

- **14세기**
  리큐르는 병으로 인한 고통을 완화해주는 것으로 여겨져 유럽에서 흑사병이 창궐했을 때 사용되었다.

- **15세기**
  북이탈리아의 의사가 스피리츠(Spirits)에 장미향을 입혀 마시기 쉽게 개발해 환자에게 주었다.

- **16세기**
  피렌체의 명문가인 메디치 가문의 전속 요리사가 개발한 술 '포플로(Populo)'가 프랑스 궁정에서 인기를 얻는다.

- **17세기**
  루이 14세 시대에 '액체의 보석'이라고 불리는 아름다운 색깔의 리큐르가 개발된다.

- **대항해시대**
  신대륙이나 아시아 원산의 향신료가 리큐르 개발에 사용되면서 풍미가 강한 리큐르가 만들어진다.

- **1575년**
  세계에서 가장 오래된 리큐르 제조사인 루카스 볼스 (Lucas Bols)가 네덜란드에서 설립된다.

- **근대**
  리큐르의 약효성은 서서히 약해지고 기호품으로 사랑받게 된다.

- **19세기**
  연속식 증류기의 발명으로 리큐르의 개발이 촉진된다.

유럽의 리큐르
EUROPEAN LIQUEURS

- **아이리시 미스트 Irish Mist (아일랜드)**
  아이리시 위스키에 10종류 이상의 허브 추출물과 벌꿀을 첨가한다.

- **드람브이 Drambuie (스코틀랜드)**
  브랜디 위스키에 향신료를 배합한다.

- **예게르마이스터 Jaegermeister (독일)**
  아니스나 감초 등 50종류 이상의 허브를 사용한다.

- **운더베르크 Underberg (독일)**
  43개국에서 입수한 허브류를 사용한다.

- **이자라 옐로 Izarra Yellow=Izarra Jaune (프랑스)**
  30종류 이상의 허브와 향신료를 첨가한 혼성주를 증류하여 아르마냑(Armagnac)를 첨가한다.

- **엘릭시르 당베르 Elixir d'Anvers (프랑스)**
  오렌지필, 코리앤더, 사프란, 스타아니스, 클로브, 캐러웨이 등 30종류 이상의 허브류를 사용한다.

- **샤르트뢰즈 Chartreuse (프랑스)**
  브랜디를 베이스로 시나몬, 넛맥 등 120종류 이상의 향신료를 첨가해 숙성시킨다.

- **파스티스 Pastis (프랑스)**
  스타아니스, 감초, 펜넬 등의 허브를 사용해 풍미를 입힌다.

- **베네딕틴 Benedictine (프랑스)**
  주니퍼, 박하 등 30종류에 이르는 허브를 사용한다.

- **갈리아노 Galliano (이탈리아)**
  비터 오렌지, 캐러웨이, 코리앤더 등 60종류에 이르는 향신료를 사용한다.

- **스트레가 Strega (이탈리아)**
  사프란이 사용되어 노란색을 띤다.

- **시나 Cynar (이탈리아)**
  와인을 베이스로 아티초크 외에 13종류의 허브를 사용한다.

- **골드밧사 Goldwasser (네덜란드)**
  약 20종의 향신료에 금가루를 첨가해서 만든다.

- **우조 Ouzo (그리스)**
  으깬 포도나 건포도를 증류주에 넣어 만든다. 아니스를 비롯해 코리앤더, 클로브, 감초, 민트, 펜넬, 시나몬 등의 향신료를 사용한다.

CHAPTER 7

GUIDE

향신료 안내

[SPICE]

향신료 알기

여러분은 향신료를 몇 가지나 알고 있나요?
이 책을 처음부터 읽었다면 20~30종류는 머릿속에 있겠지요.
'GUIDE 향신료 안내'라는 이번 장은 향신료와 허브 도감이라고 할 수 있습니다.
향신료로 무엇을 하든 향신료에 대해서 모르면 아무것도 시작할 수 없습니다.
무턱대고 암기하려고 해도 좀처럼 쉽지 않지요.
게다가 이름만 알고 있는 건 별 소용이 없습니다.
중요한 것은 이름과 모양과 특징이 일치해야 합니다.
어떻게 하면 좋을까요? 추천하는 방법은 '향신료를 의인화하는 것' 입니다.
각 향신료의 특징을 인간의 성격에 대응해 보는 것이죠.
가까운 누군가를 연상해 보는 것도 좋습니다.
이를테면 "카더멈 같이 멋진 사람이구나."라든지
"언젠간 코리앤더와도 사이가 좋아지겠지." 하는 식으로.
"어휴 참, 또 커민 같은 말을 하고 말았네." 도 있고요. 뭐든 좋습니다.
본인만 이해한다면 상관없어요. 이미지가 굳어지기 시작하면 흐릿했던 윤곽이 또렷해집니다.
그러면 인풋이 쉬워지죠. 또 자신의 취향도 알 수 있게 되고요.
나에게도 몇 가지 향신료에 대해 명확하게 의인화한 이미지가 있습니다.
지금부터 소개할 테니 참고하세요.

CONTENTS

P.176
향신료 소개

P.203
향신료 셀렉트 박스를
만들자

향신료 소개

터메릭
↓
배 우 자

요리에 톡톡 뿌리는 터메릭은, 사용량은 적지만 카레를 만드는 사람에게는 필수 아이템. 너무 당연해서 평소에는 별로 의식하지 않지요. 향이 화려하지도 않아 존재감도 희미합니다. 그래도 몸에 좋으니 항상 곁에 두고 있습니다. 그런데 어느 순간 나 자신이 터메릭 색에 물들어 있곤 합니다.

레드칠리
↓
냉정한 미녀

매운맛의 향신료라고 불리는 레드칠리는 사실 열매의 향이 굉장히 좋습니다. 별로 알려져 있지 않지만요. "저 사람 평소엔 안경을 쓰고 있어서 잘 몰랐는데, 자세히 보니 굉장한 미인이었네." 그런 느낌 같다고나 할까요. 향이 좋다고 무심코 많이 첨가했다간 너무 매워질 수 있어요. 섣불리 다가갔다가 냉정한 반응에 다칠지도 모르니 조심하세요.

CHAPTER 7 　[GUIDE]　향신료 안내

코리앤더

↓

믿음직한 동료

달콤하고 상큼한 향이 나는 코리앤더는 조화의 향신료로, 첨가하면 요리 전체의 풍미가 잘 어우러집니다. 듬직한 짝꿍 같지요. 함께 있으면 안심도 되고, "마지막엔 그가 어떻게든 도와 주겠지."라고 생각하면 모험에 도전하기가 쉬워져요. 지금까지 얼마나 많은 도움을 받았는지 모르겠어요. 앞으로도 손에서 놓지 못할 것 같네요.

커민

↓

옛 연인

카레를 좋아하게 되면 커민이 첫사랑이 될 가능성이 높습니다. 단일 향신료를 사용하려고 할 때 커민 씨의 향은 매우 캐치하기 쉽고 초보자도 사용하기 쉽거든요. 그리고 마침내 커민을 졸업하고 다른 여러 가지 향신료의 매력을 알게 됩니다. 아마 "정말 좋아했는데…." 하고 가끔 생각나는 옛 연인과 같은 느낌을 갖게 되겠지요.

향신료 소개

가람 마살라

↓

오 랜 벗

혼합 향신료의 대표격이라고 할 수 있는 가람 마살라라는 향이 매우 좋습니다. 살짝만 뿌려도 풍미를 극적으로 변화시키는 이 향신료와는 매우 친하게 될 거예요. 그렇다고 너무 딱 붙어 있으면 괜히 멋쩍어서 정말로 힘든 일이 있을 때만 연락하여 고민을 털어놓는 오랜 벗과 같은 존재라고 할 수 있습니다.

카더멈

↓

동 경 하 는 선 배

시원하고 고귀한 향을 가진 카더멈은 세계의 내로라하는 값비싼 향신료 가운데 하나입니다. 홀 상태든 갈아서 파우더로 만든 것이든 향이 강해 첨가하면 바로 그 요리의 중심적 존재가 되지요. 후배인 내 입장에서는 쉽게 손이 닿지 않는 그림의 떡과 같은 존재. "졸업하기 전에 한 번 정도 얘기를 나누고 싶다." 그런 동경의 대상입니다.

CHAPTER 7 　[GUIDE]　향신료 안내

클로브

시나몬

↓

↓

성질 고약한 교수

인기 많은 미남

꽃을 피우기 전 봉오리를 말린 클로브는 왠지 그 것만으로도 지적인 인상이 있습니다. 달콤쌉쌀하면서 약간 독특한 향이지요. 얕은 사고의 내가 엉뚱한 질문을 던져도 함축인 말을 되돌려 줄 것 같은 학자 타입이랄까요. 다만 조금 개성이 강해서 다가가기 어렵고 다루기가 어려울 듯합니다.

나무껍질이 둥그렇게 말린 형태의 시나몬은 애초에 다른 향신료와 사용 부위가 다릅니다. 스틱 형태의 멋진 모양이 마치 유서 깊은 명문가에서 태어난 훤칠한 미소년 느낌이랄까요. 게다가 향이 무척 좋습니다. 달달한 향에 빠져드는 여성이 많지요. 뭐 누가 봐도 인기가 많을 듯하니, 정말로 부러운 존재입니다.

아사페티다
– Asafoetida

학명	Ferula asa-foetida
별칭	힝구 Hiṅgu (산스크리트어), 아위(阿魏)
과목	미나리과 아위속의 두해살이풀
산지	서남아시아, 북아프리카
부위	줄기나 땅속줄기, 원뿌리에서 채취한 수지
풍미	코를 찌르는 강렬하고도 자극적인 냄새와 쓴맛
효능	경련, 진정 효과, 기관지염, 복부 팽창
특징	라틴어로 '냄새가 나다'를 의미하는 'Foetidus'와 페르시아어의 '수지'를 의미하는 'Assa'가 이름의 유래가 되었다. 마늘 냄새에 가까운 강렬한 냄새를 지녀서 '악마의 똥'이라는 별명을 가지고 있다. 근경(根莖)에서 채취되는 수지와 같은 물질을 말린 것이다.

강렬하고도 자극적인 향 안에 숨어 있는 감칠맛

신기한 향신료입니다. 갈릭 같기도 하고 트러플 같기도 한 향이 나는데, 그 향을 더욱 강렬하게 돋운 것 같은 자극적 냄새가 있고, 기름에 볶으면 양파와 같은 풍미와 감칠맛이 생깁니다. 중동 원산 다년초 미나리과 식물인 아위의 원뿌리에서 나오는 유액을 고형화한 것이죠. 사용할 때는 가루 상태로 가공하는 경우가 많습니다. 무굴제국의 진출로 중동에서 인도로 건너왔다고 합니다. 인도에서는 채소 요리에 흔히 사용되는 향신료로 혼합 향신료의 원료가 되기도 합니다. 어떤 요리든 지나치게 사용하면 쓴맛이 납니다.

아니스
– Anise

학명	Pimpinella anisum
과목	미나리과 한해살이풀
산지	그리스 외 지중해 동부 지방
부위	씨앗(과실), 줄기
풍미	상큼하고 약간 독특한 달콤한 향
효능	발한, 소화 촉진, 건위(위장을 튼튼하게 함), 살충
특징	씨처럼 보이는 것이 식물학 상의 열매. 스타 아니스와는 식물학적으로 유연관계가 없지만, 아니스 대용품으로 스타아니스를 쓰기도 한다.

자극적이면서 섬세한 향

아니스는 상쾌하면서 자극적인 향을 지닌 향신료이지만, 의외로 섬세한 면도 가지고 있어 강한 향이 지속되는 타입은 아닙니다. 포르투갈 요리나 북유럽 요리 중에 아니스 향이 살짝 풍기는 스튜 요리가 있습니다. 커민이나 딜, 캐러웨이 등의 씨와 향이 비슷한 게 특징이고 식물학적으로도 가깝다고 합니다. 또한, 과일을 사용하는 요리나 달콤한 디저트류 등에 아니스 에센스를 첨가하는 것도 효과적입니다. 식욕을 촉진하는 효과도 있다고 하므로 여러 가지 요리에 조금씩 사용하여 은은한 향을 즐기면 좋을 것 같습니다.

아지웨인
– Ajwain

학명	Trachyspermum ammi
별칭	아요완(Ajowan), 카룸(Car um)
과목	미나리과 한해살이풀
산지	남인도, 북아프리카, 북아시아
부위	씨앗
풍미	타임과 같은 상쾌한 향
효능	방부 및 살균 작용, 소화불량, 설사, 천식
특징	정유 성분에는 살균 효과가 있어 방부제나 치약으로 사용되기도 합니다. 인도에서는 '파라타'라는 빵의 반죽에 넣거나 믹스 너츠 또는 스낵과자에 사용되기도 합니다.

작지만 소량으로도 퍼지는 개성적인 향

아지웨인 씨는 인도 요리에 많이 사용하는 향신료 가운데 하나입니다. 밀가루로 만드는 각종 빵 종류의 반죽이나 인도풍 만두인 사모사 등의 튀김옷에 첨가하는 데 사용 방법이 눈에 띕니다. 또, 채소 튀김인 파코라의 튀김옷에 넣기도 합니다. 타임이나 오레가노와 같은 향이 특징이며, 많이 사용하면 쓴맛이 나므로 적당히 사용하는 게 좋습니다. 인도나 남아시아에서의 사용 사례가 많기 때문인지 서구의 몇몇 나라에서는 봄베이 믹스라는 스낵과자에 향을 입히는 데 사용되고 있습니다.

올스파이스
– Allspice

학명	Pimenta dioica
별칭	피멘토
과목	도금양과 올스파이스속
산지	서인도 제도, 중앙아메리카
부위	건조한 열매
풍미	짙고 부드러우며 따뜻한 느낌이 있는 향
효능	소화 촉진, 방부, 항균, 혈행 촉진, 진통
특징	클로브, 시나몬, 넛맥 등 복수의 향을 겸비한 향신료. 홀 상태는 크고 딱딱하지만 가루로 만들면 사용하기 편리하고 향도 강하다.

여러 종류의 향을 함께 가진 향신료

올스파이스는 콜럼버스가 대항해시대에 신대륙(현재의 아메리카 대륙)에서 발견했다고 합니다. 당시 콜럼버스가 후추(페퍼)로 착각해서 스페인어로 '페퍼'를 의미하는 피미엔타(Pimienta)라는 이름이 붙었다고 해요. 특히 자메이카산 올스파이스는 현재도 최고급 품질이라 평가되며 저크 치킨을 비롯해 시즈닝 스파이스의 원료로 사랑받고 있습니다. 단독으로 조리에 사용하기보다 다른 향신료와 섞어서 고기 요리에 사용할 것을 추천합니다. 카레나 스튜 등에 활용해도 좋습니다.

오레가노
– Oregano

학명 Origanum vulgare
별칭 와일드 오레가노, 와일드 마조람, 꽃박하
과목 꿀풀과 꽃박하속 여러해살이풀
산지 유럽
부위 잎
풍미 쌉쌀하면서 청량감이 있는 향
효능 두통, 위장이나 호흡기 장애
특징 주로 이탈리아 요리나 멕시코 요리에 사용되며 토마토나 치즈와 궁합이 좋다. '피자 스파이스'라고 불리는 믹스에 대체로 사용되고 있다.

와일드한 향신료의
자극적인 향

와일드 오레가노, 와일드 마조람 등의 별칭을 갖고 있는 이 향신료는 '와일드'라는 이름과 같이 길이는 짧지만 성장력이 강해서 무럭무럭 잘 자라는 것이 특징입니다. 자극적이고 예리한 장뇌(Camphor)의 향과 쌉쌀한 향이 혼재합니다. 붉은색을 띤 줄기와 푸릇푸릇한 녹색 잎의 색감은 보기에도 아름다워 눈에 띄는 존재입니다.
이탈리아의 파스타와 피자에 폭넓게 활용되며 지중해 요리에서는 샐러드 아이템의 하나로도 사용됩니다. 중남미에서도 인기가 있습니다. 그 유명한 칠리 콘 카르네에 이용할 때는 칠리나 커민, 파프리카와 블렌딩 합니다. 남미에서는 미트 슈트나 로스트 치킨 등에 자극적인 향을 입히는 데 사용하고요. 향이 강해서 독특한 고기 요리에 첨가하면 잡내를 제거하는 효과도 기대할 수 있습니다. 이처럼 만능으로 사용할 수 있는 오레가노의 풍미를 더욱 오래 지속시키고 싶었던 사람이 기름에 담가 두는 방법을 생각해냈습니다. 이렇게 하면 식사 때 테이블에 올려놓거나 조리 마무리에 사용하기 쉽습니다. 오일뿐 아니라 비네거에 담가 두면 마리네이드나 피클에도 편리하게 사용이 가능합니다.

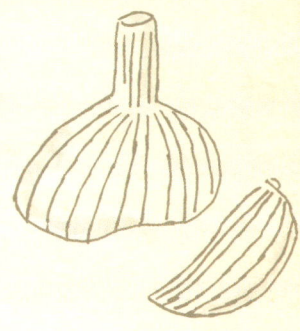

갈릭
– Garlic

학명 Allium sativum L.
별칭 마늘
과목 백합과 파속 여러해살이풀
산지 아시아
부위 근경(뿌리줄기)
풍미 은은한 쓴맛을 포함한 강렬한 향
효능 변비, 감기, 비만, 고혈압, 동맥경화
특징 인도 아유르베다에서는 젊어지는 효능을 가진 향신료로 알려져 있다. 항균 작용, 항산화 작용을 한다. 가열했을 때 나는 독특한 자극적 냄새는 식욕을 증진시키는 효과가 있다.

어떤 요리도 맛있게 만들어주는
만능 향신료

세계 각국에서 이만큼 인기가 많고 갖은 요리에 쓰이는 향신료는 달리 없을지도 모르겠습니다. 따끔따끔할 정도로 강하고 자극적인 향이 나는 이 향신료는 주로 건조한 겉껍질에 내용물이 날것인 상태로 유통되고 사용되는 경우가 많습니다. 중앙아시아의 대초원에서 태어나 중동으로 퍼졌다고 하는데, 지금은 중국에서도 유럽에서도 아메리카 대륙에서도 갈릭이 없으면 안 되는 요리가 많습니다.
갈릭은 온갖 소재의 풍미를 두드러지게 하는 존재입니다. 슬라이스 하거나 다지거나 페이스트 상태로 만들면 에센셜 오일이 더 많이 휘발되어 강한 향을 뿜어냅니다. 특히 고기 요리에 잘 어울리지요. 다만 원형 그대로 굽거나 기름에 튀기면 풍미가 약해지고, 폭신폭신 따끈따끈한 찐 감자처럼 단독으로 먹을 수 있는 신기한 향신료입니다.
조리할 때는 기본적으로 가열한 오일과의 궁합이 좋은데, 한편 일정 온도로 장기 숙성시키면 매우 달고, 식감이 풍부해집니다. 일부 지역에서는 흑마늘로 만들어 먹기도 합니다. 일본에서는 아오모리 현의 닷코마치(田子町)가 흑마늘 산지로 유명하며 이는 비싼 가격에 거래되고 있습니다.

카시아
— Cassia

섬세함보다 강렬함이 빛나는 달고 깊은 향

학명 Cinnamomum cassia
별칭 중국 시나몬, 계피
과목 녹나무과 녹나무속 상록수
산지 아삼 지방, 미얀마 북부
부위 나무껍질, 과실, 잎
풍미 단맛과 떫은맛이 느껴지는 강한 향
효능 강장제, 설사, 구토, 복부팽창
특징 중국 요리에 빼놓을 수 없는 향신료로, 혼합 향신료인 오향 가루의 재료로도 쓰인다. 시나몬과 비교해 풍미에 섬세함이 다소 부족하다.

카시아는 얼핏 시나몬과 비슷해 보입니다. 식물의 종류는 다르지만, 향이 매우 비슷하기 때문에 인도 요리에서는 그다지 구별하지 않고 사용됩니다. 카시아의 원산지는 인도의 아삼 지방에서 미얀마에 걸친 지역으로 최고 품질은 베트남에서 생산되는 것이라고 합니다. 나무껍질을 벗겨 말리는 점은 시나몬과 같습니다. 미국에서는 카시아를 가리켜 시나몬 또는 카시아 시나몬이라고 부르며, 향의 강도가 시나몬보다 강하고 저렴한 가격에 유통되어 인기가 많은 향신료입니다.

가랑갈
— Galangal

스파이시한 향을 지닌 생강의 왕

학명 Alpinia species
과목 생강과
산지 자바섬
부위 땅속줄기
풍미 후추와 생강을 혼합한 것 같은 자극적인 향
효능 건위(위장을 튼튼하게 함), 항감염, 방부, 이뇨, 혈압강하, 각성
특징 가랑갈에는 주로 두 종류의 타입이 있습니다. 크게 성장하는 'Greater galangal'은 산뜻한 향, 'Lesser galangal'은 매운 향을 가지고 있는 것이 특징입니다.

우리나라에서 흔히 구할 수 있는 식자재에 비유하면 이른바 생강 같은 것이라고 할 수 있습니다. 다만 생강보다 더 향이 강하고 단단하고 큰 것이 특징입니다. 특히 '그레이터 가랑갈(Greater galangal)'은 크기가 크고 혹 같은 형상이며 밝은 오렌지색 외피에는 짙은 갈색 바퀴 모양의 힘줄이 붙어 있습니다. 부엌칼로 칼집을 넣는 순간 강렬하게 상쾌한 향이 올라오기 시작합니다. 카레나 스튜, 수프 등과 같이 푹 끓이는 요리에 첨가하면 지속력이 있는 향을 발휘하여 요리의 좋은 악센트가 됩니다. 타이나 인도네시아 요리에 많이 사용되지요. 코코넛 밀크와 같은 달고 진한 재료와는 궁합이 매우 좋습니다.

카피르라임
— Kaffir lime

동남아시아를 대표하는 상큼한 향신료

학명 Citrus hystrix
별칭 캐퍼라임(Kieffer Lime), 맥럿라임(Makrut lime)
과목 운향과 귤속
산지 동남아시아
부위 잎, 껍질
풍미 레몬과 비슷한 상큼한 향
효능 살균 및 방부 작용, 복통
특징 똠얌꿍이나 타이 카레 등에 빼놓을 수 없는 향신료. 두 장의 잎이 연결된 독특한 형태를 하고 있다. 쓴맛이 나는 껍질을 사용하는 경우도 있다.

고작 하나의 향신료로 동남아시아 요리의 이미지를 견인하는 것이 있다면 그것은 카피르라임일지도 모릅니다. 두 장이 연결된 기묘한 형태의 이 잎은 반들반들하고 짙은 초록색을 띠며, 감귤의 상큼한 향을 여러 가지 동남아시아 요리에 더해 왔습니다. 카피르라임의 'Kaffir'가 흑인을 의미한다고 해서 대신 '맥럿라임(Makrut lime)'이라고 부르는 지역도 많다고 합니다. 주로 조림을 중심으로 한 가열 요리에 첨가해 향을 내는 것이 효과적인데, 채썰기를 하여 마무리 토핑으로 이용해도 좋습니다.

카레 잎
— Curry leaf

감귤 계열의 향으로 서서히 인기 상승 중

학명 Murraya koenigii
별칭 난요잔쇼南洋山椒(일본), 오바겟키츠大葉月橘(일본)
과목 운향과 무르라이(Murraya) 속 상록수
산지 인도
부위 잎
풍미 카레를 떠오르게 하는 감귤 계열의 향
효능 식욕부진, 발열, 자양강장 작용
특징 남인도나 스리랑카 외에 히말라야 산기슭에서도 자생한다. 일본에서는 겨울을 넘기기 어려워서 생 카레 잎은 귀중한 존재이다. 남인도 요리, 스리랑카 요리에는 빠질 수 없는 향신료.

남인도 요리나 스리랑카 요리에 많이 쓰이는 이 향신료는 최근 일본에서도 슬며시 주목을 모으기 시작했습니다. 열대지역에 자생하는 식물이라 일본에서는 신선한 상태로 손에 넣기가 쉽지 않은데, 온실 재배 등에 의해 국산 카레 잎이 유통되면서 레스토랑에서도 볼 기회가 늘었습니다. 신선한 잎의 감귤과 같은 향은 다른 드라이 스파이스와 더불어 볶거나 조리면 고소하고 독특한 향을 내뿜습니다. 조리 시간이 길면 향이 옅어지므로 마무리에 첨가하거나 짧게 가열하는 요리에 애용됩니다.

카더멈
– Cardamon

학명 Elettaria Cardamomum
별칭 소두구(小荳蔻)
과목 생강과 소두구속 여러해살이풀
산지 인도, 스리랑카, 말레이반도
부위 씨앗(과실)
풍미 시원할 정도로 상큼한 향
효능 설사, 두통, 건망증, 정력 감퇴
특징 사프란, 바닐라에 이은 값비싼 향신료로 '향신료의 여왕'이라고 불린다. 참고로 '향신료의 왕'은 페퍼. 그린카더멈을 표백한 화이트카더멈도 있다. 블랙카더멈은 근연관계이지만 별종. 중근동에서는 카더멈 커피에, 인도에서는 마살라 티(차이)에 사용된다.

"이거야말로 향신료다"라고 할 만한 기품 있는 향

카더멈은 부드러우면서 과일 맛이 강한 향을 가지고 있습니다. 에센셜 오일에 시네올(Cineol)이 포함되어 있기 때문에 장뇌(Camphor)나 유칼립투스(Eucalyptu)와 같은 향이 있어 상큼합니다. 청량감이 있는 시원한 풍미를 요리에 입히기 위해 독특한 고기 요리에 사용하는 것을 여러 나라에서 볼 수 있을 뿐 아니라, 달콤한 디저트류 등에 사용해 설탕과 함께 단맛을 돋우는 역할도 합니다. 인도에서는 이 향신료가 2천년 이상 전부터 다양한 요리에 이용되어 왔습니다. 가운데가 불룩하고 선명한 초록색을 띠는 것이 고품질입니다. 남인도 케랄라(Kerala) 주의 향신료 시장에 가면 눈부실 정도로 예쁜 녹색을 한 카더멈을 만날 수 있습니다. 차이에 사용되는 향신료로도 유명한데 워낙 고가라서 길모퉁이에 있는 식당이나 길가에서 파는 차이에 좋은 품질의 카더멈을 쓰는 일은 별로 없습니다.
바깥쪽 껍질보다 안에 들어 있는 검정 씨 부분에 강한 향이 있는데, 껍질을 까서 씨만을 조리에 사용할 때는 씨가 단단하므로 잘게 으깨서 사용해야 합니다. 푹 끓이는 요리에는 껍질째 사용하면 더 오래도록 향이 유지되는 효과가 있습니다.

커민
– Cumin

학명 Cuminum cyminum
별칭 Jeera(인도명)
과목 미나리과 커민속 한해살이풀
산지 이집트
부위 씨앗
풍미 코를 찌르는 강한 향
효능 식욕부진, 간기능 장애, 위약(胃弱), 설사
특징 가람 마살라, 카레 가루, 칠리 가루 등의 혼합 향신료에 빠지지 않고 들어간다. 아프리카의 쿠스쿠스, 아메리카의 칠리 콘 카르네, 중동의 양고기 요리 등에 사용되며, 또 몽골에서 중국 내륙부에 이르기까지 여러 지역에서 폭넓게 쓰이고 있다.

오랜 역사 속에서 꾸준히 사랑받아 온 향

커민은 4천년 전 이집트 문명 시대에 크레타 섬에서 약으로 사용되었었다는 기록이 남아 있을 정도로 역사가 오랜 향신료입니다. 로마인은 빈번하게 커민을 사용했음을 알 수 있습니다. 그 후 유럽에서 폭넓게 사용되었는데, 이 향신료를 라틴아메리카로 가지고 온 사람은 스페인 탐험가였다고 합니다. 그래서 현재는 남미 요리에 많이 쓰이는 향신료가 되었지요. 칠리 가루로 대표되는 혼합 향신료의 원료로 사용됩니다.
미나리과 식물이 지닌 톡 쏘는 고소하고 강한 향이 특징인 향신료입니다. 희미한 쓴맛과 더불어 부드러운 향이 느껴집니다. 인도 요리에 쓰이는 혼합 향신료로 다나지라(Dhana Jeera)라고 불리는 것이 있는데 바로 커민과 코리앤더를 섞은 것이지요. 그 정도로 인도 요리에는 커민이 흔히 사용되며 지역에 따라서는 그 향이 거의 지배적이기까지 합니다.
그 밖에 모로코나 터키 요리에도 자주 등장합니다. 단독으로 사용하는 사례가 많고 다른 향신료를 섞지 않아도 향의 균형을 잡기 쉽다는 점이 특징 중 하나입니다. 씨앗 상태로 기름에 볶는 경우도 있고 가루로 만든 것을 사용하는 경우도 있습니다.

그린칠리
– Green chilli

학명	Capsicum annuum
별칭	(청)고추, 카옌페퍼(Cayenne pepper)
과목	가지과 고추속 여러해살이풀
산지	남아메리카
부위	열매
풍미	강하게 찌르는 매운맛과 향미
효능	식욕부진, 위약(胃弱), 감기, 냉증
특징	캅사이신은 열에 강하므로 가열해도 매운맛은 변하지 않는다. 익기 전 초록색 상태(심고 나서 약 3개월 후)에서 수확한 생 고추는 비타민C가 풍부하고 탄수화물의 소화를 돕는 작용이 있다. 강렬한 매운맛과 더불어 독특한 향을 풍겨서 인도 요리에는 생 그린칠리가 흔히 쓰인다.

시원하면서도 선명하고 강렬한
자극과 풍미

세계 곳곳에서 가장 사용 빈도가 높은 향신료 중 하나가 칠리입니다. 남미 원산인데 페퍼를 찾아 떠났던 콜럼버스에 의해 발견되어 유럽으로 건너간 것으로 알려져 있습니다. 지금은 세계 여러 곳에서 재배되고 있으며 품종 개량도 진행되어 셀 수 없을 정도로 많은 종류의 칠리가 존재합니다.

주요 산지는 멕시코. 매운맛이 그다지 강하지 않은 할라페뇨부터 강렬한 매운맛을 지닌 하바네로 칠리(Habanero chilli)에 이르기까지 다양합니다. 칠리 세라노(Chile serrano), 치라카(Chilaca), 칠리 안초(Chile ancho) 등, 아직은 국내에 별로 알려지지 않은 품종도 있습니다. 카리브해 주변에는 타바스코(Tabasco), 자메이칸 핫 페퍼(Jamaican Hot Pepper), 뉴멕시코 칠리(New Mexico Chilli) 등이 있으며, 아시아에서는 태국이나 한국이 칠리의 산지로 잘 알려져 있습니다. 유럽에도 물론 있는데, 스파게티의 이름으로 알려진 페페론치노(Peperoncino) 역시 칠리의 한 종류입니다.

그린칠리는 칠리가 빨갛게 익기 전 상태일 때 수확한 것으로 보통 신선한 상태에서 슬라이스 하거나 잘게 다져서 요리에 사용합니다. 가열하는 경우도 있으며 날 상태로 샐러드처럼 먹거나 요리에 토핑으로 사용되기도 합니다. 빨갛게 익기 전 상태의 칠리는 상큼하고 풋풋한 향이 있어서 요리에 시원하면서도 선명하고 강렬한 매운맛과 자극을 선사합니다.

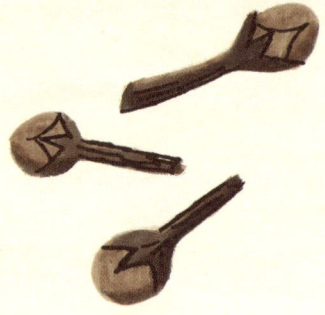

클로브
– Clove

학명	Syzygium aromaticum
별칭	정자(丁子: 정향나무의 꽃봉오리를 따서 말린 것)
과목	도금양과 도금양속 상록수
산지	인도네시아 몰루카 제도, 필리핀 남부
부위	꽃(봉오리)
풍미	달고 부드럽고 깊이가 있는 향
효능	신경통, 관절염, 두통, 위약(胃弱), 구취
특징	꽃이 피기 전 빨갛게 물든 봉오리 부분을 채취하는 보기 드문 부위의 향신료. 자고이래 중국에서는 클로브를 입에 넣어 구취를 없앴다고 하며, 현재 인도에서는 클로브를 씹으면 치통에 효과가 있다고 한다. 서양에서는 예부터 오렌지 표면에 클로브를 빽빽이 꽂아 장롱 안에 넣어 방향제로 사용했다. 우스터소스의 주성분이기도 하다.

깊이 있는 향이 개성적인
꽃봉오리 향신료

클로브는 사용부위라는 면에서 보면 매우 독특한 향신료입니다. 꽃봉오리를 따서 말린 것이기 때문이죠. 사프란과 같이 꽃의 암술을 딴 향신료도 있지만, 꽃봉오리를 향신료로 사용한 경우는 거의 찾아볼 수가 없습니다. 실제로 클로브가 꽃을 피우면 깊은 홍색을 띤다고 하는데, 나는 실제로 본 적이 없습니다. 다만 남인도의 테카디(Thekkady)라는 산간 지역의 향신료 마을을 방문했을 때 자생하는 클로브를 본 적이 있습니다. 작은 상태의 봉오리로 형태는 똑같았지만 향신료가 된 클로브의 색과는 전혀 다른 밝은 녹황색을 띠고 있었고 부드러운 상태였습니다.

분말로 만들면 소량으로도 제법 강한 향이 나며, 또 쓴맛도 나기 쉬우므로 원상태 그대로 사용하는 편이 풍미의 균형을 잡기 쉽습니다. 깊이 있는 향은 살짝 독특함이 있어서 위장약과 같은 느낌도 드는데, 실제로 중국에서는 '정자(丁子)'라고 불리며 한방에서 애용되는 향신료 중 하나입니다. 인도의 가람 마살라, 중국의 오향 가루, 프랑스의 캬트르 에피스(Quatre Epice) 등에 사용된다는 점에서도 짐작할 수 있는 바와 같이 개성적인 향을 가지고 있고 다른 향신료와도 잘 조화되는 성질이 있습니다.

캐러웨이
— Caraway

학명	Carum carvi
별칭	히메우이쿄姬茴香(일본)
과목	미나리과 캐러웨이속 두해살이풀
산지	서아시아, 중앙유럽
부위	씨앗
풍미	은은한 쓴맛을 포함한 상쾌한 향
효능	복통, 기관지염, 구취 예방, 흥분작용
특징	커민과 외형이 비슷해서 프랑스에서는 '목장의 커민'이라고 불린다. 유럽에서는 사우어크라우트(소금에 절인 양배추)나 소시지 등에 사용된다.

코끝이 찡하고 중독성이 강한 미나리과 특유의 향

캐러웨이는 외형이 커민과 상당히 비슷하다는 점에서도 알 수 있듯이 같은 미나리과 식물입니다. 씨앗은 코끝을 찡하게 하는 자극적인 향. 원산지인 중앙유럽 이외에도 모로코나 아메리카 등 여러 지역에서 사용되고 있습니다. 과거 고대 로마인은 어패류 요리나 수프, 콩 요리 등에 사용했었다고 합니다. 달콤한 디저트류나 증류주에 풍미를 입힐 때 등 폭넓게 사용되고 있습니다. 튀니지의 하리사 믹스(Harissa Mix)라고 불리는 혼합 향신료나 모로코의 전통 요리에도 이용됩니다. 독특한 향이 요리에 들어가면 여운이 남는 맛을 창출하는 효과가 있습니다.

코리앤더(고수) 씨
— Coriander seed

학명	Coriandrum sativum L.
별칭	고수, 코엔트로(Coentro), 샹차이(香菜), 팍치(Phakchi)
과목	미나리과 고수속 한해살이풀
산지	지중해 연안
부위	씨앗
풍미	페퍼와 같이 자극적이면서 꽃과 같이 달달한 향
효능	간기능 장애, 감기, 위약(胃弱), 염증 완화
특징	역사 깊은 향신료로 기원전 1,550년의 의학서나 산스크리트 서책에도 등장한다. 코리앤더 씨는 '씨앗' 부분이지만, 식물학 상으로는 '열매'로 해석되고 있다. 흔히 유통되는 모로코산을 브라운코리앤더, 향에 단맛이 있는 인도산을 그린코리앤더라고 부르며 구별하기도 한다.

달달하고 상쾌한 향으로 모두에게 인기만점

푸릇푸릇 신선한 잎과 말린 갈색 씨를 모두 요리에 사용하는 향신료는 여러 가지가 있지만, 코리앤더는 그중에서도 각별하게 유명하며 인기가 많은 향신료입니다. 익은 씨앗은 페퍼와 같이 자극적이면서 꽃과 같은 향을 지니며 한편으론 달달한 향도 풍겨 나오지요. 브라운코리앤더라고 불리는 것과 그린코리앤더라고 불리는 것이 있으며 일본에서 일반적으로 유통되는 것은 브라운 쪽인데, 그린코리앤더는 달달한 향이 더 강하고, 요리에 부드럽고 순한 풍미를 더해 줍니다.

인도 요리, 특히 남인도 요리에는 코리앤더 가루를 빼놓을 수 없습니다. 상당히 많은 요리에 사용되며 이것이 없으면 완성이 안 된다고 할 정도로 인기가 많습니다. 코리앤더는 다른 향신료와 조합했을 때 균형을 잡아주는 역할을 해 조화의 향신료라고 불리기도 합니다. 즉 코리앤더를 많은 비율로 첨가하면 전체 풍미의 균형이 잡혀 먹기 편한 요리가 되지요.

향이 순해서 사용하기 쉽다는 점도 특징입니다. 인도 아대륙 여러 나라에서는 고기 요리, 채소 요리, 해산물 요리 모두에 애용되고 있으며, 유럽이나 아메리카에서는 피클용 향신료로 사용되는 등, 사용범위가 넓습니다.

케이퍼
— Caper

학명	Capparis spinosa
별칭	카프르(Capre)
과목	카파리스과 반덩굴성 저목
산지	지중해 연안~중동
부위	꽃봉오리
풍미	발효에 의한 산미와 풍미
효능	해독, 해열, 건위(위장을 튼튼하게 함)
특징	독특한 풍미를 지니며 샐러드 등에 양념으로 이용된다. 특히 얇게 썬 양파와 섞어 사용되는데 훈제 연어의 필수 아이템으로 알려져 있다.

발효에 의한 독특한 풍미와 산미

케이퍼 자체의 향은 그다지 강하지 않지만, 일반적으로 유통되는 케이퍼는 소금이나 식초에 절여 발효된 상태로 독특한 풍미와 산미를 띱니다. 소금 절임은 특히 맛이 좋다고 하는데 이탈리아 남부 풀리아(Puglia) 주나 시칠리아 섬에서는 빼놓을 수 없는 식재료 중 하나이죠. 고품질의 케이퍼에는 은은한 매운맛이 있어 어패류와의 궁합이 좋고 소재의 맛을 더욱 깊게 해줍니다. 서양에서 가장 오래된 케이퍼에 관한 기록은 프랑스에 남아 있으며 15세기로 거슬러 올라갑니다. 현재는 인공 재배가 이루어지게 되어 프랑스나 스페인에서도 재배되고 있습니다.

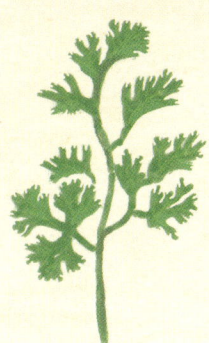

코리앤더(고수) 잎
– Coriander leaf

학명	Coriandrum sativum L.
별칭	고수, 코엔트로(Coentro), 샹차이(香菜), 팍치(Phakchi)
과목	미나리과 고수속 한해살이풀
산지	지중해 연안
부위	잎, 줄기
풍미	풋내가 나면서 시원한 향
효능	간기능 장애, 감기, 위약(胃弱), 염증 완화
특징	역사 깊은 향신료로 기원전 1,550년의 의학서나 산스크리트 서책에도 등장한다. 싫어하는 사람과 좋아하는 사람이 극명하게 갈리는 경향이 있지만, 익숙해지면 중독성이 있어 멈추지 못하는 경우도 많다. 팍치는 태국어, 샹차이는 중국어.

한번 빠지면 멈출 수 없는 향신료 대표격

세계 곳곳에서 재배되고 있는 코리앤더. 최근 일본에서도 코리앤더 잎에 열광하는 사람들이 증가하면서 다양한 요리에 사용되고 있습니다. 일반 마트에서도 코리앤더 잎을 판매하고 있으며 레스토랑에서는 '팍치 샐러드'와 같은, 코리앤더 잎을 그대로 그릇에 담아 제공하는 메뉴도 등장하게 되었지요.
원래 태국 요리에 주로 쓰이는 허브라는 이미지가 강한 향신료이지만 실제로는 태국 주변 국가나 기타 다른 나라에서도 샐러드나 요리에 익히지 않고 토핑으로 얹는 방식으로 흔히 이용되고 있습니다. 인도에서는 코리앤더 잎을 요리의 마무리에 듬뿍 얹거나 페이스트로 만들어 다양한 방법으로 사용하는데 가열해서 적당히 풍미를 배게 하는 패턴이 주류를 이루고 있습니다.
멕시코에서는 코리앤더를 칠리나 갈릭, 라임 등과 섞어서 채소 드레싱으로 사용하거나 어패류를 조리할 때 사용하는 주스로 만들거나 합니다. 중동에서는 Skhug(Zhug)라고 불리는 매운 페이스트에 빠지지 않고 사용되지요. 독특한 만큼 개성을 살리고 싶은 요리에 폭넓게 활용되는 듯합니다.

사프란
– Saffron

학명	Crocus sativus
별칭	번홍화(番紅花)
과목	붓꽃과 크로커스속 여러해살이풀
산지	지중해 연안
부위	암술
풍미	선명한 노란색의 착색과 고소한 향
효능	위약(胃弱), 생리불순, 소화기관의 질환
특징	세계에서 가장 값비싼 향신료로 유명하다. 프랑스 요리 부야베스, 스페인 요리 파에야 등의 향과 색을 내는 데 사용된다. 사프란의 색소 성분은 지용성이 아니라 수용성이므로 뜨거운 물에 녹이는 것이 일반적이다. 1만 개 분량의 암술을 손으로 직접 따야 겨우 60g 정도의 사프란을 얻을 수 있다.

세계에서 가장 비싼 기품 넘치는 향신료

사프란이 스페인의 파에야나 인도의 사프란 라이스와 같은 쌀 요리에 쓰여 선명한 노란색을 띠게 하는 향신료라는 사실은 잘 알려져 있지만, 꽃의 암술을 따서 말린 것이라는 사실은 그다지 알려져 있지 않은 것 같아요. 주요 생산국인 스페인의 라만차(La Mancha) 평원 지대에서는 수확기가 되면 사프란 향이 가득찬 것 같은 기분 좋은 체험을 할 수 있다고 합니다.
스페인의 라만차 이외에도 유명한 산지는 있습니다. 카슈미르(Kashmir)산이나 스페인산은 쿠페(Coupe)라고 불리고, 이란산은 사골(Sargol)이라고 불립니다. 또, 그리스나 이탈리아 등 지중해 연안에서도 생산되고 있습니다. 암술의 상태에 따라 등급이 정해지고 호칭이 달라지는 경우도 있습니다. 가루 상태의 사프란 중에는 등급이 낮고 다른 향신료가 섞여 있는 경우도 있다고 합니다. 프로방스의 부야베스와 같이 해산물을 푹 끓이는 요리에 사용하기도 하고, 좋은 향과 선명한 노란색 때문에 축제나 축하할 일이 있을 때 사용하는 지역도 있습니다. 스웨덴에서는 성 루치아 축제를 위해 사프란으로 빵이나 케이크를 만드는 습관이 있다고 합니다. 사프란이 사용된 디저트류에는 고급스러움이 묻어납니다.

시나몬
– Cinnamon

- 학명　Cinnamomum verum
- 별칭　육계(肉桂), 계피
- 과목　녹나무과 녹나무속 상록수
- 산지　스리랑카
- 부위　나무껍질
- 풍미　은은한 단맛이 느껴지는 깊은 향
- 효능　감기, 불면, 스트레스, 허약체질
- 특징　시나몬 토스트나 시나몬 코코아, 야츠하시(교토의 대표적인 화과자 중 하나) 등의 화과자 원료로 쓰이는데 단맛을 돋우어주는 역할이 크다. 스틱 상태의 것은 나무 가장 바깥쪽의 질 좋은 껍질로 만든 것이다. 실론 시나몬(Ceylon cinnamon)이라고 불리는 스리랑카산 시나몬이 최고급품으로 알려져 있다.

풍미를 돋우는 순한 향

시나몬은 부드럽고 달달한 향이 특징입니다. 단, 본래 이 달달한 향은 어디까지나 맛이 아니라 향입니다. 즉 단맛이 있는 것을 이 향으로 돋우는 것이 시나몬의 역할이지요. 디저트류나 드링크 등 감미를 강조하는 데 사용되는 사례가 많아서 우리는 그 맛과 향을 세트로 인식하는 경향이 있는 것이죠. 시나몬의 향을 맡고 단맛을 떠올리는 것은 바로 그런 이유 때문이라고 생각합니다.

그런데 스리랑카산 실론 시나몬 중에는 그 자체로 정말로 단맛이 느껴지는 것이 있습니다. 설탕을 뿌린 게 아니냐고 의심할 정도지요. 나무껍질을 둥글게 말아 만드는 향신료에서 단맛을 느낀다는 것은 신기한 일입니다. 스리랑카의 시나몬은 최고급품으로, 얇은 껍질을 여러 겹으로 감고 있는 것이 특히나 높은 등급으로 유통되고 있습니다.

중동이나 인도에서는 시나몬은 고기 요리에 흔히 이용됩니다. 그 밖에 과일, 디저트류, 드링크 등과의 궁합이 뛰어나지요. 애플파이나 구운 사과, 버터에 구워 럼주로 향을 입힌 바나나 등, 과일과 술을 합쳐서 조리하는 경우에도 시나몬이 쓰입니다. 커피나 홍차에 풍미를 더해주는 것으로도 인기가 많습니다.

시나몬 잎
– Cinnamon leaf

- 학명　Cinnamomum cassia
- 별칭　중국 시나몬, 육계
- 과목　녹나무과 녹나무속 상록수
- 산지　아삼 지방, 미얀마 북부
- 부위　나무껍질, 열매, 잎
- 풍미　단맛과 떫은맛이 느껴지는 강한 향
- 효능　강장제, 설사, 구토, 복부팽창
- 특징　인도 요리에서 볼 수 있는 '베이 잎'은 시나몬 잎을 가리키는 것으로 '인디안 베이 잎', '시나몬 잎' 등으로도 불린다.

은은한 시나몬 향의 잎 향신료

큼지막한 잎에 잎맥이 세로로 세 줄 나 있는 것이 시나몬 잎의 특징입니다. 로리에(월계수 잎)와 혼동되는 경우가 있지만, 다릅니다. 인도 요리에 흔히 사용되는 이 잎은 말린 상태로 유통됩니다. 혼합 향신료인 가람 마살라에도 사용되고, 스타터 스파이스로 인도 요리를 만들 때는 처음부터 기름과 함께 볶는 경우가 흔히 있습니다. 인도에서 자생하는 시나몬을 본 적이 있는데 잎을 쭉 찢어서 향을 맡았더니 초록색 잎에서 시나몬 향이 풍겨 나와 놀랐던 적이 있습니다.

주니퍼
– Juniper

- 학명　Juniperus communis
- 별칭　주니퍼 베리
- 과목　측백나무과 향나무속 상록수
- 산지　동유럽
- 부위　열매
- 풍미　드라이진과 같은 달콤하고 자극적인 향
- 효능　항류머티즘, 살균, 이뇨, 혈행 촉진
- 특징　열대지역이 아닌 온대에서 자라는 몇 안 되는 향신료로 둥근 열매 부분을 이용한다. 따뜻한 곳에서 자란 것일수록 강한 향을 지닌다고 한다.

독특한 성질이 있으나 친숙한 향신료

주니퍼 열매는 꽃을 피운 후 익기까지 2~3년 정도 걸린다고 합니다. 잎이나 가지를 식용으로 사용하는 경우는 별로 없지만, 프랑스 병원에서 잔가지를 불태워 병동의 공기를 정화하거나 미국 선주민이 향으로 이용한다는 얘기는 있습니다. 리큐르(진) 제조에는 빼놓을 수 없습니다. 지비에(Gibier, 사냥을 통해 잡은 야생동물)를 이용한 독특한 육류 요리와의 궁합이 좋은데 살짝 으깨서 사용하면 향이 풍깁니다. 마리네이드 액에 고기와 함께 넣어 재워두거나 페이스트를 만드는 경우에도 사용됩니다. 로리에나 갈릭, 펜넬 등과 궁합이 좋아서 복수의 향신료를 블렌딩 할 때 적합합니다.

진저
– Ginger

- 학명　Zingiber officinale
- 별칭　생강
- 과목　생강과 생강속 여러해살이풀
- 산지　인도, 중국
- 부위　뿌리
- 풍미　흙냄새와 찌릿찌릿 매운맛
- 효능　감기, 냉증, 식욕 부진, 위약(胃弱), 멀미
- 특징　아시아권에서는 마늘과 세트로 사용되는 경우가 많다. 진저브레드(생강으로 향을 낸 빵 또는 과자)나 차이(짜이), 시럽을 만들 때 사용되는 등, 단맛이 있는 음식의 균형을 잡는 효과도 있다.

상큼한 향과 매운맛으로 맹활약

진저는 인도나 중국에서는 약 3천년 전부터 사용되었다고 할 정도로 역사가 깁니다. 싱싱한 생강은 시원한 청량감이 있는 향기와 자극적인 매운맛이 특징이죠. 산스크리트어의 문헌에는 인도 요리에 자극을 주는 향신료 중 하나라는 기록이 남아 있습니다.

말린 가루도 있는데, 기본적으로는 가공되지 않은 날것 상태로 사용되는 경우가 많은 향신료입니다. 생진저는 아시아의 다양한 요리에 등장합니다. 중국에서는 어패류나 육류의 냄새 제거에 사용되고, 일본에서는 생강을 갈아서 튀김이나 구이 등의 소스 또는 생선회를 찍어 먹는 간장에 첨가됩니다. 한국에서는 마늘과 함께 김치 등의 절임 음식에 쓰이고 가랑갈이 유명한 동남아시아에서도 요리에 진저가 사용됩니다.

인도에서는 통칭 G&G라고 불리는 주스를 만듭니다. 진저와 갈릭을 물과 함께 믹서로 갈아 페이스트 상태로 만든 주스를 조리 전반부에 기름에 넣어서 볶지요. 그 후에 터메릭을 첨가하는 방법이 있는데, 진저와 터메릭은 같은 생강과 식물입니다.

진저의 상태에 따라 다르기도 하지만, 커다란 덩어리를 으깨어 그대로 요리에 넣기도 하고, 또 즙을 사용하고자 할 때는 껍질째 갈아서 사용해도 관계없습니다.

스타아니스
– Star anise

- 학명　Illicium verum
- 별칭　팔각(八角), 대회향
- 과목　오미자과 붓순나무속 상록수
- 산지　중국 남부, 베트남
- 부위　열매
- 풍미　약간 독특함이 있는 깊은 향
- 효능　구취 예방, 기침약, 류머티즘
- 특징　열매가 다 여물면 8개의 꼭짓점을 가진 모양이 되어 팔각이라 불리며, 또 외형이 별 모양으로 아니스 씨와 비슷한 향이 나서 영어로는 '스타아니스'라고 불린다. 육류 요리와의 궁합이 좋은데 콩소메나 어패류 수프에 사용되는 경우도 있다.

별처럼 생긴 외형과 향

누가 봐도 무엇인지 쉽게 알 수 있는 모양이라는 점에서는 향신료 중 단연 으뜸. 이름에서 알 수 있는 것처럼 별 모양을 한 이 향신료의 원산지는 중국, 베트남이며, 유럽에 알려진 것은 17세기에 들어서라고 합니다. 고기나 해산물, 과일에 사용하는 사례를 여기저기서 볼 수 있는데, 채소 요리와는 그다지 궁합이 좋지 않은 느낌입니다. 그렇지만 남인도의 베지터블 스튜에는 빠질 수 없는 향신료 중 하나이기도 하므로, 사용하기 나름일지도 모르겠네요.

아니스 같기도 하고, 펜넬 같기도 하고, 또 넛맥 같기도 한 독특한 향으로 강렬한 개성을 지녀서 사람에 따라서는 약과 같은 이미지를 가질 수 있습니다. 소량으로도 상당한 임팩트를 남길 정도로 강한 향을 가지고 있습니다. 그래서 주관적으로는 풍미가 강한 고기 요리에 가장 잘 맞는다고 생각합니다. 예를 들면 중국 요리인 동파육이나 찜닭 등에는 매우 잘 어울리지요. 그러고 보니 중국을 대표하는 혼합 향신료인 오향 가루에 사용되는 향신료 가운데 하나이기도 하네요.

대부분의 경우 스타아니스는 통째로 조리에 사용하고 먹기 전에 건져내지만, 분말 상태로도 요리에 강한 향을 줄 수 있습니다. 위스키 안에 빻은 스타아니스를 첨가해 보세요. 일주일 지나면 그 향이 병 안에 충만해져서 플레이버 위스키로 풍미를 즐길 수 있습니다. 액체의 색깔도 진해져서 착색 효과도 실감할 수 있고요.

스피어민트
- Spearmint

- 학명: Mentha spicata
- 별칭: 가든 민트(Garden Mint)
- 과목: 꿀풀과 박하속 여러해살이풀
- 산지: 지중해 연안
- 부위: 꽃, 줄기, 잎
- 풍미: 부드러운 자극과 달콤한 향
- 효능: 살균 및 방부 작용, 졸음, 정신 피로
- 특징: 페퍼민트보다 잎이 크고 오그라져 있으며 가장자리가 톱니 모양으로 들쭉날쭉하다. 향은 페퍼민트보다 약하다.

세계 곳곳에서 사랑받는 청량감

레몬 같은 시원한 풍미를 지닌 스피어민트는 순한 청량감이 있는 향으로 세계 곳곳에서 사랑받는 허브입니다. 지중해 연안이 원산지로 성장력이 강합니다. 가든 민트라고 불리는 점에서도 알 수 있듯이 부담없이 키울 수 있다는 점도 인기가 많은 이유겠지요. 교배가 쉬운 관계로 잡종도 많아 민트라는 이름이 붙은 허브(향신료)가 많은데, 요리용 민트 중에서는 스피어민트와 페퍼민트 두 가지가 유명합니다.

여름 끝 무렵에 라일락 색깔의 꽃을 피우는데, 그 직전에 에센셜 오일이 가장 강하며 이 시기에 수확된 스피어민트는 특히 좋은 향을 풍깁니다. 특히 생잎 상태로 요리에 쓰입니다. 유럽에서는 채소의 풍미를 돋울 때, 고기를 마리네이드 할 때 소스 재료로 이용되며, 중동에서는 대표적인 샐러드의 필수 아이템이고, 마찬가지로 베트남에서도 샐러드에 쓰이거나 춘권(스프링 롤)에 사용됩니다. 인도에서는 민트 처트니(과일, 설탕, 향신료와 식초로 만드는 걸쭉한 소스)가 인기인데 튀김요리나 구이에 반드시 곁들일 정도입니다. 남미에서는 다른 허브와 함께 고기 요리의 풍미를 돋우는 데 사용합니다.

말린 스피어민트도 일부 지역에서는 요리에 쓰인다고 하는데, 오래 보존할 수 있는 만큼 향은 강하지 않습니다.

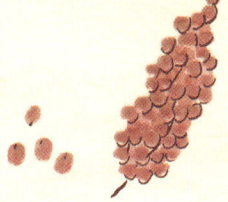

수막
- Sumac

- 학명: Rhus coriaria
- 별칭: 옻나무 열매, Sicilian Sumac, Tanner's Sumac
- 과목: 옻나무과 옻나무속 낙엽수
- 산지: 중근동
- 부위: 말린 열매
- 풍미: 과일향이 나는 신맛과 은은한 쓴맛
- 효능: 장(腸)의 기능을 바로잡는 작용, 항산화 작용
- 특징: 수막은 높이 3m 정도로 성장하는 나무에서 얻는다. 중동이나 지중해 연안의 평원에 자생한다. 말린 열매를 가루로 만들어 사용한다.

은은한 풍미의 신맛, 쓴맛, 매운맛

아름다운 적갈색을 띤 수막을 가장 많이 사용하는 지역은 중동입니다. 특히 레바논 요리에는 빠질 수 없는 재료입니다. 주로 요리에 신맛을 내기 위해 사용하는데, 한편으로 은은한 쓴맛이나 찌릿찌릿한 매운맛도 있어서 더 사랑받고 있습니다. 소금과 같은 용도로 식재료의 맛을 끌어내는 효과가 있습니다. 분말 상태로 사용되는 경우가 많으나, 열매를 통째로 사용하는 경우는 미지근한 물에 담가 즙을 짜내기도 합니다. 고기나 해산물 요리에 사용하는 경우가 많고 중동의 자타르(Zaatar)라고 불리는 혼합 향신료의 중요한 원료이기도 합니다.

세이보리
- Savory

- 학명: Satureja
- 별칭: 사보리
- 과목: 꿀풀과 세이보리속 한해살이 내지 여러해살이풀
- 산지: 동유럽, 이란
- 부위: 잎과 잔가지
- 풍미: 페퍼와 같은 찌릿한 자극
- 효능: 설사, 발한, 소화 촉진
- 특징: 박하와 같은 시원한 풍미가 있으며 잎이 빽빽이 밀집한 상태로 자라서 '키다치핫카(木立薄荷)'라고 불리기도 한다. 종류가 풍부한 것도 특징의 하나.

유럽에서 사랑받는 자극적인 허브

유럽에서는 매우 유명한 향신료이지만, 국내에서는 그다지 알려져 있지 않습니다. 아시아에 향신료가 들어오기 전에는 세이보리가 향이 강한 대표적인 허브로 사용되었던 모양입니다. 서머 세이보리와 윈터 세이보리로 나뉘는데, 전자는 잎이 가늘고 길며 부드럽고 후자는 잎이 딱딱하고 광택이 있습니다. 양쪽 모두 고기, 해산물, 채소 요리에 폭넓게 사용됩니다. 윈터 세이보리는 향이 살짝 강한 편이라 사용할 때 양을 잘 조절해야 합니다. 잎은 꽃이 피기 직전에 향이 가장 좋고, 핀 꽃은 요리의 장식으로 사용되기도 하는 모양입니다.

세이지
– Sage

- 학명　Salvia officinalis
- 별칭　커먼 세이지, 약용 샐비어
- 과목　꿀풀과 샐비어속 여러해살이풀
- 산지　지중해 연안, 북아프리카
- 부위　잎
- 풍미　시원한 향과 쓴맛
- 효능　항산화 작용, 빈혈, 목의 통증, 구내염
- 특징　중세 유럽에서는 불로장생의 허브라고 불리었다. 생잎은 벨벳과 같은 촉감. 소시지의 재료이자 어원이 되기도 했다는 설이 있다.

건조해도 향이 강하게 남는 허브

세이지는 외형에 특징이 있습니다. 까슬까슬한 벨벳과 같은 잎으로, 약간 어두운 초록색을 띤 것, 실버나 골드의 반점이 있는 것, 짙은 초록색을 띤 것 등 다양합니다. 잎의 모양이나 색깔이 좋아서 원예식물로도 인기가 많습니다. 시즈닝에 사용되는 세이지는 종류가 풍부하며 커먼 세이지, 펄 세이지, 트리컬러 세이지, 골든 세이지, 파인애플 세이지, 블랙커런트 세이지, 그릭 세이지, 클라리 세이지 등등이 있습니다.

순하고 달달한 향과 떫은 향을 함께 가지고 있는 세이지는 신선한 상태보다 건조했을 때 향이 더 강해지는 경향이 있습니다. 지방분이 많은 고기 등의 소화를 돕는 효능이 있어서 전통적으로 고기와 함께 사용하는 방법이 발달했습니다. 영국에서는 지비에(Gibier) 요리에 사용되고, 미국에서는 칠면조 요리에 사용됩니다. 그리스에서는 미트 스튜나 홍차에 쓰이며 독일에서는 장어를 사용한 요리에 등장합니다. 이탈리아에서는 고기 간(내장)에 세이지를 첨가하거나 포카차의 풍미를 돋우는 데 사용하기도 합니다. 또 부용 등의 수프를 낼 때 사용하는 허브 믹스인 '부케 가르니'의 원료로도 흔히 쓰이고 있습니다.

세서미(참깨)
– Sesame

- 학명　Sesamum indicum
- 별칭　참깨
- 과목　참깨과 참깨속 한해살이풀
- 산지　이집트
- 부위　씨앗
- 풍미　너트와 같은 고소한 향
- 효능　피로 해소, 빈혈 및 고혈압 예방, 강장
- 특징　씨앗 그 자체를 식재료로 쓰거나 씨에서 추출한 기름인 참기름을 요리에 사용한다. 고대부터 오늘날까지 세계 곳곳에서 사랑받고 있다.

미용과 약용을 겸비한 향신료

이집트 원산의 세서미는 과거에는 '클레오파트라의 미모의 원천'이라고 불렸던 적이 있다고 합니다. 미용에 빼놓을 수 없는 향신료 중 하나였을지도 모르겠습니다. 한편, 중국에서는 '불로장생의 약'으로 여겼다는 설도 있는 걸 보면 약으로서의 효과도 기대되었습니다. 미용과 약용에 고루 효과가 있는 만능 향신료라는 느낌이지요. 참기름은 불포화지방산이 풍부해 요리에 적합하다는 점에서 일본 음식에서도 활약합니다. 생씨앗 그 자체는 그다지 강한 향은 없지만, 볶으면 고소해져서 '볶은 깨'가 일반적으로 흔히 사용됩니다.

셀러리
– Celery

- 학명　Apium graveolens
- 별칭　네덜란드 파드득나물
- 과목　미나리과 셀러리속 한해살이 내지 두해살이풀
- 산지　남유럽
- 부위　줄기, 잎
- 풍미　살짝 쌉싸름하면서 상큼한 향
- 효능　스트레스, 불면, 천식, 간장병, 기관지염
- 특징　줄기나 잎은 부용을 비롯해 육수를 낼 때 빼놓을 수 없는 향미 채소로 사용된다. 씨앗인 셀러리 씨는 피클이나 토마토케첩의 재료로 사용된다.

호불호가 갈리는 상쾌한 풍미

셀러리는 유럽의 고대 식물로 자생했던 것인데 가든 셀러리나 식용 셀러리는 17세기경부터 품종이 개량된 것인 듯합니다. 신선한 상태에서 그대로 먹으면 독특한 청량감이 있어 많은 사람들이 찾는 이유인 한편, 이 식감과 맛을 썩 좋아하지 않는 사람도 있습니다. 유럽 요리에서는 큰 역할을 합니다. 수프나 스튜 등의 요리 또는 토핑에 사용되거나 어패류의 풍미를 내는 데도 매우 적합하지요. 생 상태에서 그대로 샐러드로 이용하기도 하고, 마요네즈를 찍어 먹어도 맛있습니다.

셀러리 씨
- Celery seed

학명	Apium graveolens
과목	미나리과 셀러리속 한해살이 내지 두해살이풀
산지	남유럽
부위	씨앗
풍미	살짝 쌉싸름하면서 상큼한 향
효능	스트레스, 불면, 천식, 간장병, 기관지염
특징	고대 로마 및 그리스에서는 식용으로 쓰지 않고 정장제, 강장제, 향료로 이용되었는데, 현재는 피클이나 토마토케첩의 재료로 사용되고 있다.

작지만 톡 쏘는 매운 향의 여운

셀러리 씨는 알갱이가 작지만 잎이나 줄기보다 향이 강합니다. 씹으면 톡 쏘는 향신료의 자극이 있어 여운이 남지요. 셀러리 씨는 러시아나 북유럽에서는 많이 쓰이는데 수프 요리에 사용하거나 빻아서 샐러드용 드레싱으로 사용합니다. 인도 요리에서는 토마토나 감자 등과 함께 사용하는 방법이 있습니다. 원물 자체가 상당히 작은 알갱이라서 분말 향신료와 다를 바 없는 느낌이 있지만, 첨가하는 양이 많으면 제법 강한 향이 나므로 주의가 필요합니다. 으깬 셀러리 씨와 소금을 혼합한 셀러리 솔트라는 조미료도 있습니다.

터메릭(강황)
- Turmeric

학명	Curcuma longa
별칭	강황, 울금
과목	생강과 울금속 여러해살이풀
산지	열대 아시아
부위	근경(뿌리줄기)
풍미	선명한 노란색을 띠며 흙냄새가 남
효능	간기능 장애, 당뇨병, 숙취
특징	터메릭의 커큐민 성분이 암 예방에도 효능이 있다고 주목을 받고 있다. 터메릭은 가을 울금을 가리킨다. 봄 울금은 근연종. 카레 가루가 노란색인 이유는 터메릭이 주성분으로 사용되기 때문. 약 20~30% 이상을 차지하는 것도 있다.

색감과 풍미의 토대를 만드는 향신료

터메릭의 주요 생산국은 단연코 인도입니다. 그리고 수확된 터메릭의 80% 이상이 인도에서 소비된다고 합니다. 즉, 인도 요리는 터메릭이 없으면 성립이 안 되는 식문화라고 할 수 있습니다. 그러고 보면 인도에서는 어떤 요리에든 터메릭이 사용됩니다. 마치 이 야기의 추임새처럼 스푼으로 터메릭 가루를 떠서 톡톡 뿌리지요. 향신료를 거의 사용하지 않는 두부조림과 같은 요리에도 터메릭만은 꼭 넣습니다.

인도 이외의 지역으로는 중국, 인도네시아, 말레이시아, 파키스탄, 스리랑카 등에서 생산, 소비되고 있습니다. 터메릭은 생강의 동료로 살짝 흙냄새가 납니다. 주로 노란색을 입히는 향신료라는 이미지가 강한데 실제로는 이 향이 중요하죠. 하나의 요리에 사용하는 양은 약간 적은 듯해도 향의 토대를 만드는 중요한 역할을 합니다. 가루 상태로 사용되는 경우가 압도적으로 많은데 인도네시아나 말레이시아 등의 동남아시아 요리에서는 날것을 다지거나 슬라이스해서 가열하는 경우도 있습니다. 생강과 비슷한 강한 풍미를 요리에 더해줄 수 있습니다.

타임
- Thyme

학명	Thymus vulgaris
별칭	커먼 타임, 선백리향
과목	꿀풀과 백리향속 목본
산지	유럽, 북아프리카, 아시아
부위	잎, 꽃
풍미	톡 쏘는 자극적인 향과 쌉쓰름한 풍미
효능	위약(胃弱), 두통, 신경질환, 피로, 비염
특징	그리스어 'Thyo(좋은 향)'가 명칭의 유래. 허브류 가운데 가장 항균력이 강하며 소시지나 피클, 소스 등과 같은 저장식품에 사용되는 경우가 많다. 열을 가해도 향이 떨어지지 않아서 오래 끓이는 요리에도 적합하다.

상큼한 향이 오래 지속되는 허브

타임은 줄기 주변에 귀여운 작은 잎이 많이 붙어 있는 모습이 특징적인 허브입니다. 커먼 타임이라고 불리는 품종이 흔히 요리에 사용되며 지중해 연안에서 자생하는 타임이 유명하지요. 살짝 어두운 초록색 잎에서 페퍼, 클로브, 민트를 합친 것 같은 상쾌한 향이 납니다. 다른 허브와 달리 향의 지속력이 강해 오래 끓이는 요리 등에서 위력을 발휘합니다. 포토푀(Pot-au-feu), 카술레(Cassoulet), 스튜 등 고기와 채소를 푹 끓일 때는 꼭 타임을 넣어보세요. 미국이나 영국에서는 지비에(Gibier) 요리의 누린내를 잡을 때 효과적이라고 합니다. 말린 상태에서도 향이 강해 널리 애용되고 있습니다.

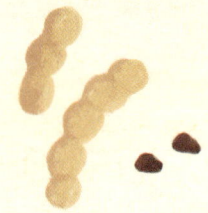

향신료처럼 이용되는 과채

타마린드
– Tamarind

- 학명 Tamarindus indica
- 별칭 초센모다마朝鮮藻玉(일본)
- 과목 콩과 실거리나무아과 타마린드속 상록수
- 산지 동아프리카
- 부위 열매
- 풍미 은은한 단맛과 풍미가 풍부한 신맛
- 효능 장(腸)·간장·신장의 부조, 비타민 부족
- 특징 거대하게 여문 황토색 강낭콩과 같은 모양. 반건조 껍질의 일부와 열매를 뭉친 갈색과 흰색의 끈적끈적한 덩어리 상태로 판매되는 경우가 많다. 남인도 요리에는 빼놓을 수 없는 조미료. 뜨거운 물에 풀어서 짠 즙을 사용한다.

타마린드는 향신료라기보다 과채의 일종과 같이 파악해야 할 것 같습니다. 타마린드는 나무에 열리는 콩과 같은 것에서 얻을 수 있습니다. 씨가 있는 것 또는 씨를 뺀 상태로 말려서 굳힌 것이 판매되므로 미지근한 물에 담갔다가 즙을 짜서 사용합니다. 페이스트나 추출액 등의 상태로 구입할 수도 있습니다. 인도 요리, 특히 남인도 요리에서 맹활약하며 향은 그다지 강하지 않지만, 새콤달콤한 맛을 더해 줄 수 있습니다. 영국에서는 오래전부터 우스터소스의 원료로 쓰여 인도에서 수입했었다고 합니다.

샐러드로 인기 많은 채소 같은 허브

치커리
– Chicory

- 학명 Cichorium intybus
- 별칭 국거(菊苣)
- 과목 국화과 민들레아과 치커리속 여러해살이풀
- 산지 유럽, 중앙아시아
- 부위 어린 녹색 잎, 줄기, 뿌리
- 풍미 은은한 쓴맛과 달달한 향
- 특징 미국이나 유럽 전역에서 사용되는 채소. 쓴맛이 덜 나도록 가공된 뿌리 부분을 샐러드로 만들어 생 상태로 먹는 경우가 많다.

치커리는 향신료, 허브라기보다 채소로 인식하는 경우가 많을 것 같습니다. 자생하는 치커리의 뿌리나 잎, 줄기에는 쓴맛이 강하게 포함되어 있어서, 그대로 식용으로 쓰기에는 적합하지 않지요. 18세기 후반에 네덜란드인이 커피 대용품으로 뿌리를 사용한 것이 계기가 되어 서구에서 인기가 있었습니다. 일반적으로 일본에서도 유통되는 치커리는 프랑스 꽃상추(French endive)라고도 불리는 근연종으로 뿌리에서 나온 싹 부분을 어두운 장소에서 난백 재배한 것입니다. 샐러드로 만들어 그대로 먹기도 하고 가열 조리에 사용하는 경우 오랜 시간 끓이거나 볶지 않습니다.

프랑스 요리에 명조연과 같은 존재

타라곤
– Tarragon

- 학명 Artemisia dracunculus
- 별칭 에스트라곤, 프렌치 타라곤
- 과목 국화과 국화아과 쑥갓속 여러해살이풀
- 산지 시베리아 지역
- 부위 생잎, 잔가지
- 풍미 아니스와 비슷한 은은하게 달달한 향
- 효능 항균, 항알레르기, 각성, 항바이러스
- 특징 러시아 남부나 중앙아시아에 걸쳐 분포하는 허브로 프랑스에서 품종 개량된 타라곤은 '프렌치 타라곤' 또는 '에스트라곤'이라는 이름으로 알려져 있다.

타라곤은 유럽에서 인기가 많은 허브로 원산지는 시베리아인데 그 옛날 스페인을 통치했던 아랍인에 의해 전해지면서 퍼지게 되었습니다. 16세기부터 17세기에 걸쳐 프렌치가 진화 발전하는 과정에서 타라곤의 이용 빈도가 늘었지요. 그래서 지금도 프랑스의 고기 요리나 달걀, 어패류 요리의 풍미를 돋우는 데 사용되고 있습니다. 올리브유에 절인 페타 치즈와 함께 섞거나 타라곤 풍미의 로스트 치킨 조리에 활용됩니다. 바질과 비슷한 풍미를 지녀서 토마토와 함께 샐러드로 이용하는 경우도 있으며 다른 허브와의 궁합도 뛰어납니다.

미식가를 위한 허브

처빌
– Chervil

- 학명 Anthriscus cerefolium
- 별칭 프랑스 파슬리, 셀피유(cerfeuil)
- 과목 미나리과 파속 전호속 한해살이풀
- 산지 러시아 남부에서 서아시아
- 부위 잎, 줄기, 뿌리
- 풍미 고급스러운 단맛이 느껴지는 풍미
- 효능 해독, 소화 촉진, 혈행 촉진
- 특징 외형이 파슬리와 비슷하다. 특히 순한 맛 요리의 풍미를 내는 데 이용되며 프랑스 요리에 흔히 사용되는 허브의 하나다.

처빌은 '미식가의 파슬리'라고 불리기도 합니다. 파슬리만큼 향이나 자극적인 풍미는 강하지 않지만 바질, 차이브, 타라곤 등과 마찬가지로 요리의 풍미를 살리는 데 이용되지요. 예를 들어 프랑스에서는 오믈렛이나 수프, 샐러드 등에 쓰이는데, 말리면 향이 상당히 떨어지기 때문에 신선한 상태에서 사용할 것을 추천합니다. 일반적으로는 잎을 이용하는 경우가 많고 그 때문에 폭넓게 재배되고 있지만, 경우에 따라서 뿌리를 사용하기도 합니다. 허브 티에 활용할 수도 있어 최근에는 많이 접할 수 있게 되었습니다.

차이브
– Chives

학명 Allium Schoenoprasum
별칭 서양 쪽파, 골파
과목 백합목 백합과 여러해살이풀
산지 유럽, 북아시아
부위 잎과 꽃
풍미 순한 풍미와 산뜻한 향
효능 식욕 증진, 살균, 혈행 촉진
특징 여러 가지 파 중에서 가장 작고 섬세한 풍미를 지닌 허브(채소). 유럽에서 자생하지만, 북아메리카에 반입되면서 아메리카 대륙에서도 재배되고 있다.

순하면서 산뜻하고 섬세한 풍미

차이브는 모양이 매우 귀여운 허브입니다. 서양 쪽파라는 이름에서도 알 수 있듯이 예쁜 초록색에 시원하면서 자극적인 플레이버가 있으며, 한편으론 양파와 같은 은은한 단맛도 느껴집니다. 열에 약해 가열 조리에 사용하면 풍미가 손상되므로 기본적으로는 잘게 썰어서 요리 마무리에 토핑으로 사용합니다. 요거트와 섞어서 소스를 만들거나 구운 생선이나 닭고기에 곁들여도 좋습니다. 오믈렛에 넣어서 색감뿐 아니라 향이 포인트가 됩니다. 드레싱에 첨가해서 샐러드에 뿌려도 좋습니다.

딜
– Dill

학명 Anethum graveolens
별칭 시라자(蒔蘿子)
과목 산형화목 미나리과 한해살이풀
산지 서남아시아, 중앙아시아
부위 씨앗, 잎
풍미 상쾌하면서 자극적인 날카로운 향
효능 스트레스, 소화불량, 복통
특징 딜은 고대 바이킹족 언어로 '달래다'라는 의미. 유럽에서는 '생선 요리를 위한 허브'로 불리는데 어패류 요리와의 궁합이 좋다.

부드럽고 상큼하여 기분 좋은 허브

딜은 잎을 사용하는 경우와 씨앗을 사용하는 경우가 있습니다. 잎은 상큼한 아니스와 레몬 같은 향이 특징이며, 잎을 사용하는 딜은 유로피안 딜(European Dill)이라고 불리는 것으로 주로 어패류와의 궁합이 좋아 소스를 만들 때 좋은 풍미를 내줍니다. 요리에 듬뿍 넣어도 풍미를 해치지 않고 맛있게 완성되므로 사용하기 편리한 대표적인 허브라고 할 수 있지요. 한편 씨앗을 사용하는 경우는 인디안 딜(Indian Dill)이라고 불리는 것이 사용되며 달달한 캐러웨이와 같은 향기 속에서 샤프한 자극이 느껴집니다. 기름에 볶아서 요리에 풍미를 더하곤 하지요.

최근에는 국내에서도 마트 등에서 생딜 잎을 볼 기회가 늘었습니다. 인도 펀자브 지방의 향토음식인 '사손 카 사그(Sarson Ka Saag)'라는 겨자 잎이나 시금치를 사용하는 카레는 딜의 향이 악센트 역할을 합니다. 인도 요리뿐 아니라 가정요리에서도 부담 없이 사용할 수 있는 것이 딜의 매력이지요. 예를 들어 잘게 썬 딜과 마요네즈를 섞어 찐 감자에 찍어 먹어도 그 풍미를 충분히 즐길 수 있습니다.

진피(귤껍질)
– Citrus unshiu peel

학명 Citrus unshiu
별칭 만다린 오렌지, 온주밀감
과목 운향과 감귤속 상록 저목
산지 중국
부위 껍질
풍미 감귤 계열의 상큼한 향과 은은한 쓴 맛
효능 고혈압, 기침, 식욕부진, 구토
특징 익은 만다린 오렌지 껍질을 말린 것으로 한방약 원료의 하나. 외피를 그늘에서 말리고 1년 이상 지난 것은 생약으로 이용되기도 한다.

다른 향신료와 섞였을 때 매력을 발휘

진피를 단독으로 요리에 사용하는 일은 그다지 일반적이지 않고 복수의 향신료를 섞을 때 이용됩니다. 중국의 혼합 향신료의 원료가 되기도 하며 일본에서는 카레 가루나 시치미토가라시의 원재료로 유명하지요. 양념으로 사용하는 예는 몇 가지 있는데 가고시마현 아마미군도의 향토음식인 게이한(鷄飯: 닭고기 밥)에도 향을 내기 위해 사용되고 있습니다. 그 밖에도 풍미를 살리는 데 유자 대용으로 된장에 섞기도 하고 볶음 요리나 절임에 첨가하기도 합니다. 진피를 가늘게 썰어 해산물 찜에 파, 고추와 함께 뿌려주기도 합니다.

넛맥(육두구)
– Nutmeg

학명 Myristica fragrans
별칭 육두구
과목 미나리아재비목 육두구과 상록활엽 교목
산지 동인도 제도, 몰루카 제도
부위 씨앗의 핵, 열매(넛맥), 가종피(메이스)
풍미 은은하게 달달한 이국적인 향
효능 위장염, 저혈압, 식욕부진, 스트레스
특징 열매(씨) 부분이 넛맥. 강판에 갈아 사용하는 경우가 많다. 고기의 누린내를 없애는 데 효과적이라 함박스테이크의 재료로 유명. 대량으로 섭취하면 환각을 일으키거나 졸음이 오는 경우가 있다.

고기의 풍미를 살리는 데 최적인 깊은 향

넛맥은 초기에 중국이나 인도, 아라비아, 유럽 등에서 약으로 사용되었습니다. 조리에 사용하는 향신료로 주목받게 된 것은 대항해 시대 이후라고 합니다. 따뜻함이 있고 향긋하고 순수하며 살짝 독특한 향이 납니다. 그래서 풍미가 강한 고기 요리 등과 궁합이 좋습니다. 요리에 깊은 풍미를 더해주지요. 중동에서 북인도를 중심으로 고급스러운 맛의 요리를 만들 때 쓰입니다. 구이나 조림뿐 아니라 나라에 따라서는 과자에도 사용하는 등, 사용범위가 생각보다 넓습니다만, 한편으로는 환각 작용도 있다고 합니다.

바질
– Basil

학명 Ocimum basilicum
별칭 스위트 바질, 커먼 바질, 바질리코
과목 꿀풀과 바질속 여러해살이풀
산지 인도, 열대 아시아
부위 잎, 씨앗
풍미 깊고 부드러운 달달한 향
효능 소화 촉진 작용, 자율 신경 실조, 정신 안정 효과
특징 국내에서는 월동하지 않기 때문에 한해살이풀로 취급된다. 인도에서는 신성한 식물로 여겨진다. 이탈리아 요리인 제노베즈 소스의 재료로 유명하다.

유명하고 인기 많은 섬세한 허브

스위트 바질에는 클로브나 아니스와 비슷한 향이 있어 달콤하고 스파이시 한 복잡한 매력을 가지고 있습니다. 푸릇푸릇한 잎의 모습이 매우 인상적으로, 요리의 장식이나 토핑에 사용하면 기대 이상의 존재감을 발휘해 음식을 담은 그릇을 화려하게 꾸며 줍니다. 스위트 바질이 가장 유명한데, 이외에도 여러 가지 바질이 있습니다. 퍼플 바질, 부쉬 바질, 시나몬 바질, 아프리카 청바질(African blue basil), 상추 바질(Lettuce basil), 홀리 바질, 레몬 바질, 라임 바질, 타이 바질, 타이 레몬 바질 등등. 모두 비슷비슷한 향을 가지고 있습니다.
서양 요리에서 바질은 토마토와 가장 잘 매치되는 소재입니다. 카프레제(Caprese)라고 불리기도 하는 이탈리아 샐러드는 토마토와 바질과 모차렐라 치즈로 만듭니다. 또 다진 바질과 갈릭, 레몬 등을 닭고기에 채워 넣고 굽는 요리는 매우 향이 좋고, 마찬가지로 고기에 첨가하는 경우는 로스트 종류가 잘 어울립니다. 어패류와도 궁합이 좋습니다. 페이스트로 만들어 소스로 활용하는 방법도 있습니다. 다만, 지나치게 가열하면 향이 약해지므로 주의하세요. 또한, 냉장 보관하면 거무스름해지므로 주의가 필요합니다. 보관이 어려운 허브라고 할 수 있습니다.

니겔라
– Nigella

학명 Nigella sativa
별칭 칼롱지Kalonji(인도)
과목 미나리아재비과 흑종초속 한해살이풀
산지 서아시아, 남유럽, 중근동
부위 씨앗
풍미 쓴맛, 단맛을 함께 지닌 날카로운 풍미
효능 진통, 항균, 항산화 작용, 항염증, 저혈압
특징 영어로 'Love in a mist (안갯속 사랑)'라는 이름이 붙어 있다. 인도 벵골 요리에 사용되는 혼합 향신료 판치 포론(Panch phoron)의 재료. 프랑스의 혼합 향신료, 캬트르 에피스(Qquatre epice)에도 들어간다.

구수한 풍미의 향신료

니겔라는 국내에서는 그다지 사용되지 않는 향신료로 실제로 식물 그 자체를 볼 기회도 거의 없다고 할 수 있습니다. 옅은 청색의 꽃과 날개털처럼 부드러운 잎을 가진 식물로 모양이 귀여워서 원예가들 사이에 인기가 많은 모양입니다. 씨앗은 향이 별로 없지만 순한 오레가노와 비슷하고, 맛은 찌릿하게 구수한 너트 풍미입니다. 동인도에서는 판치 포론이라는 혼합 향신료의 원료이기도 하고 기름에 볶아서 콩 요리나 채소 요리에 쓰이기도 합니다. 니겔라의 다른 이름인 '칼롱지(Kalonji)'는 인도에서 불리는 이름으로, '검은 양파 씨'라는 의미를 담고 있는데 양파와는 종류가 다른 것입니다.

파슬리
– Parsley

학명	Petroselinum crispum
별칭	네덜란드 미나리
과목	산형화목 미나리과 두해살이풀
산지	지중해 연안
부위	줄기, 잎
풍미	쓴맛과 매운맛이 느껴지는 풋내 나는 향
효능	피로 해소, 미백 효과, 빈혈 예방, 생리 불순
특징	양식의 토핑에 단골로 이용되는 가장 유명한 허브 가운데 하나. 세계 곳곳에서 사랑받고 있으며 영양분은 다른 채소보다 훨씬 많다.

어떤 소재나 조미료와도 잘 맞는 만능 허브

파슬리는 다양한 요리에 사용하기 좋은 만능 허브라고 할 수 있습니다. 가장 주요한 것은 잎이 곱슬곱슬한 컬리 파슬리(Curly parsley)인데, 이것 말고도 이탈리안 파슬리라고 불리는 납작한 잎 파슬리(Flat leaf parsley), 뿌리 부분을 사용하는 함부르크 파슬리(Hamburg parsley) 등이 있습니다. 세계 각국에서 소스나 샐러드, 오믈렛 등에 사용되거나 고기를 사용한 소를 채워 넣는 요리에 사용되기도 합니다. 특히 컬리 파슬리는 마요네즈와 궁합이 좋아 으깨서 혼합하면 만능 소스로 사용할 수 있지요. 자극적인 강한 향이 있어 가공하지 않은 신선한 상태일 때는 소량으로도 강한 인상을 남길 수 있습니다.

바닐라
– Vanilla

학명	Vanilla planifolia
과목	난과 바닐라속
산지	멕시코, 중앙아메리카
부위	콩 씨앗
풍미	부드러운 깊은 맛과 단맛이 있는 풍미
특징	달달하고 꽃 냄새 나는 향과 깊은 풍미를 함께 지닌 향신료이다. 바닐라 아이스크림이 있으니 향을 구체적으로 떠올릴 수 있는 사람이 많을 것이다.

발효를 통해 풍미를 낳는 신기한 향신료

바닐라는 사프란에 이어서 두 번째로 비싼 향신료라고 합니다. 신선한 상태의 껍질에는 향이 없지만 발효가 되면 달콤한 향이 생기는 신기한 향신료입니다. 오래전 남미에서는 보존료나 조미료로 쓰이기도 했습니다. 아스테카의 왕은 바닐라로 향을 입힌 초콜릿을 먹었다고 합니다. 현재는 각국에서 생산되고 있으며, 타히티산은 꽃 냄새 같은 향, 인도네시아산은 스모키하고 강렬한 향을 풍기는 등, 제각각 개성이 풍부합니다. 디저트류에 사용되는 향신료라는 인상이 강하지만, 씨앗은 요리에 사용되는 경우도 있습니다.

파프리카
– Paprika

학명	Capsicum annuum grossum
과목	가지과 고추속 여러해살이풀
산지	열대 아메리카
부위	열매
풍미	희미한 단맛과 부드러운 향미
효능	항암, 항산화 작용, 동맥경화
특징	레드칠리(고추)와 같은 종류이지만, 헝가리에서 품종 개량이 이루어져 매운맛이 없는 칠리로 정착했다. '파프리카'는 헝가리어.

선명한 색과 가볍고 향긋한 향

그다지 알려지지 않은 사실입니다만, 파프리카는 칠리(고추)의 일종입니다. 미국이 원산으로, 콜럼버스의 신대륙 발견 이후 스페인에 반입되었습니다. 최초로 파프리카 가루를 만든 것은 스페인 사람이지요. 씨는 터키로 건너가 오스만 제국에 반입되면서부터 여러 장소에서 재배하게 되었습니다. 칠리와 비슷한 향긋한 향이 있으면서도 매운맛이 없는 점이 특징이지요. 특히 헝가리 요리에는 빼놓을 수 없는 향신료로, 푹 끓이는 요리 등에서 활약합니다. 스페인에서도 애용되는데, 스모키 파프리카가 흔히 요리에 등장합니다. 또, 파프리카의 선명한 붉은색은 착색료로 이용되어 식욕을 돋우는 요리를 완성하는 데 공헌합니다.
스모키 파프리카는 스페인을 비롯해 유럽 각국에서 판매되고 있으며, 훈연 특유의 향이 의외로 강해서 함께 사용하는 향신료의 향을 뛰어넘어 버릴 정도이므로, 사용할 때는 양 조절에 주의하세요. 또한, 인도 주변국에서 입수되는 말린 파프리카 가루 중에는 레드칠리와 같이 매운맛이 강한 것도 있습니다. 단맛이 있는 것은 스위트 파프리카 가루로 구별해 불리기도 합니다.

판단 잎
– Pandan leaf

향긋한 강한 향이 오래 지속되는 허브

남인도, 스리랑카, 동남아시아의 요리에 사용되는 경우가 많은 허브입니다. 끝이 뾰족하고 길쭉한 잎이 매우 향긋하여 왠지 재스민 라이스를 방불케 합니다. 푹 끓이는 요리에 첨가하면 좋은 향을 발산합니다. 모양이 길쭉해서 포크 끝으로 잎을 찢으면 향이 더 강해집니다. 여러 장을 겹쳐서 빙빙 감아두면 사용하기 편리합니다. 스리랑카에서는 말린 판단 잎을 로스팅하여 혼합 향신료에 활용하기도 합니다. 태국 요리에도 사용되는데 말레이시아나 싱가포르에서는 디저트류에 쓰이는 경우도 있습니다.

- 학명 Pandanus amaryllifolius
- 별칭 람페(Rampe)
- 과목 판다누스과 판다누스속
- 산지 남아시아
- 부위 잎
- 풍미 향미(香米)와 비슷한 강하고 고소한 향
- 효능 발열, 소화불량 및 위통, 심장기능 강화
- 특징 검처럼 가늘고 길며 끝이 뾰족한 광택이 있는 잎이 특징. 인도에서는 고기 요리에 사용되는 경우도 있지만, 스리랑카 카레에 빼놓을 수 없는 향신료로 유명하다.

핑크페퍼
– Pink pepper

토핑에 제격인 선명한 색감

오래전 잉카 지역에서는 다 익은 열매의 달달한 바깥쪽 부분으로 음료가 만들어졌던 적도 있습니다. 열매를 며칠간 방치해 뒀다가 으깨서 쓴맛이 있는 부분을 제거하면 시럽과 같은 것을 추출할 수 있다고 합니다. 곡물류와 섞어서 먹으면 영양분이 높은 식사가 되었다고 하네요. 현재 핑크페퍼는 블랙페퍼나 그린페퍼, 화이트페퍼와 블렌딩 되어 혼합 후추로 사용되는 경우가 있습니다. 성글게 빻아 요리 밑준비를 할 때 뿌리면 좋은 풍미를 냅니다. 단독으로는 요리에 토핑으로 활용해 색감을 더할 수 있습니다.

- 학명 Schinus molle
- 별칭 장미 후추(Poivre rose)
- 과목 옻나무과 핑크페퍼콘(Schinus terebinthifolius)속
- 산지 남아메리카
- 부위 열매
- 풍미 은은한 매운맛과 풍미
- 효능 항균, 방부, 치통, 류머티즘, 항우울
- 특징 선명한 분홍색 열매가 페퍼(후추)와 비슷하다는 점에서 핑크페퍼라는 이름으로 유통되고 있는데 페퍼와는 관계가 없다.

빅카더멈
– Big cardamom

독특한 성질의 개성적인 향신료

카더멈이라는 이름이 붙어서 혼동하기 쉬운데 그린카더멈과는 향이 완전히 다릅니다. 특징이 강해서 마찬가지로 풍미가 강한 고기 요리에 사용되는 경우가 많습니다. 소량으로도 상당히 강한 향을 더할 수 있습니다. 그러므로 향이 은근히 느껴질 정도로 사용하는 것이 좋겠지요. 몸을 차게 하는 그린카더멈과는 반대로 몸을 따뜻하게 하는 효과가 있다고 합니다. 카더멈이라는 이름이 붙는 향신료는 이 밖에도 차이니즈 카더멈, 벵골 카더멈, 에티오피아 카더멈, 캄보디아 카더멈 등 산지에 따라 여러 가지가 있습니다.

- 학명 Amomum and Aframomum species
- 별칭 블랙카더멈, 브라운카더멈
- 과목 생강과
- 산지 인도, 스리랑카, 말레이반도
- 부위 씨앗(열매)
- 풍미 독특함이 강한 깊은 향
- 효능 몸을 따뜻하게 함
- 특징 인도에서는 '가람 마살라'라고 하는 혼합 향신료의 주원료가 되고 있으며, 고기 요리에 쓰인다. 그린카더멈과는 다른 종류.

페뉴그릭
– Fenugreek

잎도 씨앗도 인도 요리에 흔히 사용되는 향신료

페뉴그릭은 인도 요리에 흔히 사용됩니다. 단백질, 미네랄, 비타민 등이 풍부하게 함유되어 있어서 채식주의자의 영양원이 되고 있습니다. 인도 요리에서는 생으로 또는 말린 잎과 말린 씨앗 양쪽 모두를 사용합니다. 현지 언어로 '메티(Methi)'라고 불리며, '카수리 메티(Kasoori Methi)'라고 불리는 말린 잎은 푹 끓이는 요리의 마무리 등에 사용됩니다. 메티 씨는 소량을 기름에 볶으면 신기하게도 달달한 향이 추출됩니다. 다만, 지나치게 사용하면 쓴맛이 납니다. 에티오피아나 이집트에서는 빵에 향을 입히기 위해 사용하고, 터키에서는 갈릭과 함께 갈아서 고기에 첨가합니다.

- 학명 Trigonella foenum graecum
- 별칭 메티(Methi), 호로파(葫蘆巴)
- 과목 콩과 한해살이풀
- 산지 중근동, 아프리카, 인도
- 부위 씨앗, 잎
- 풍미 은은한 단맛과 쓴맛이 혼재하는 풍미
- 효능 식욕부진, 불면, 스트레스, 정력 감퇴
- 특징 고대 이집트에서는 피우는 향으로 이용되었고 사체에 넣어서 미라로 만들 때도 이용되었다고 한다. 일정량의 가루를 계속 섭취하면 다이어트 효과도 있다. 국내에서는 그다지 많이 쓰이지 않지만, 세계 곳곳에서 재배되고 있다.

펜넬 씨
– Fennel seed

- 학명 Foeniculum vulgare
- 별칭 회향, 프누이Fenouil(프랑스), 피노키오Finocchio(이탈리아)
- 과목 미나리과 회향속 여러해살이풀
- 산지 지중해 연안
- 부위 씨앗
- 풍미 편안하고 상쾌하며 달콤한 향
- 효능 고혈압, 위약(胃弱), 복통, 요통
- 특징 커민 씨와 모양이 비슷하고, 같은 미나리과인데 밝은 녹황색을 띤 향신료로 상쾌하고 달달한 향이 난다. 중국이나 인도에서는 소화에 좋다고도 한다.

식재료나 다른 향신료와 조화가 잘 되는 풍미

지중해가 원산지인 이 향신료는 순응력이 좋아 오래전부터 세계 각지에서 재배되어 온 식물 중 하나입니다. 딜 씨와 비슷한 향이 나는데 조금 더 섬세하지요. 펜넬 씨는 중국을 대표하는 혼합 향신료인 오향 가루의 원료이며 주로 고기 요리에 사용됩니다. 인도에서도 마찬가지로 동인도를 대표하는 혼합 향신료인 판치 포론의 원료로 쓰이고 있습니다. 판치 포론의 경우는 해산물 요리를 비롯해 콩 요리, 채소 요리 등 거의 모든 요리에 사용됩니다. 인도 전역에서 사용되는 가람 마살라의 원료이기도 하고요. 이러한 점에서도 알 수 있듯이 펜넬 씨는 다른 향신료와의 궁합이 좋아 균형을 잡아주는 효과를 기대할 수 있습니다. 또한, 식재료의 맛을 끌어내는 힘도 강한 듯합니다.

남인도에서도 펜넬 씨는 중요한 역할을 담당하는데, 치킨 카레나 피시 카레와 같은 주요 메뉴 중에는 펜넬 씨가 없으면 안 되는 것들도 있습니다. 잎보다는 씨앗의 풍미가 강하고 달달한 향과 약간 쓴맛이 있는 뒷맛을 남깁니다. 인도에서는 식후에 펜넬 씨를 씹으면 구취 방지나 소화 촉진 효과가 있다고 하여 레스토랑 계산대 옆에 설탕으로 코팅한 펜넬 씨가 놓여 있기도 합니다.

펜넬
– Fennel

- 학명 Foeniculum vulgare
- 별칭 회향, 프누이Fenouil(프랑스), 피노키오Finocchio(이탈리아)
- 과목 미나리과 회향속 여러해살이풀
- 산지 지중해 연안
- 부위 잎, 줄기(뿌리줄기)
- 풍미 편안하고 상쾌하며 달달한 향
- 효능 고혈압, 위약(胃弱), 복통, 요통
- 특징 유럽에서는 '피시 허브'라고 불릴 정도로 생선 요리와의 궁합이 좋은데, 특히 생선 비린내 또는 해산물 지방 성분의 뒷맛을 적당하게 억제해주는 역할을 한다.

은은한 단맛과 부드러운 맛

펜넬은 잎에서 뿌리줄기까지 전부 먹을 수 있는 허브입니다. 펜넬의 잎이나 줄기는 순하고 부드러우며 시원하고 상큼한 단 향이 있습니다. 가열하면 향이 상당히 약해지므로 특히 부드럽고 섬세한 잎은 조리 후반에 첨가하거나 마지막 마무리에 섞어주는 것이 좋습니다. 이탈리아 요리에 사용되는 뿌리가 굵은 타입은 '피렌체 회향(Florence fennel)' 이라고 불립니다. 식물학자의 연구를 통해 시력 회복 효과가 있는 것으로 알려졌으며, 피노키오라고 불리는 뿌리줄기 부분은 슬라이스하여 가열하면 살짝 단맛이 나서 먹기 쉽습니다.

홀스래디시
– Horseradish

- 학명 Armoracia rusticana
- 별칭 서양 고추냉이, 레퍼르Raifort(프랑스)
- 과목 십자화과 여러해살이풀
- 산지 동유럽, 핀란드
- 부위 어린잎, 뿌리
- 풍미 톡 쏘는 강한 매운맛
- 효능 소화 촉진, 식욕 증진, 고혈압 예방, 발한
- 특징 겨자나 고추냉이와 같이 톡 쏘아 눈물이 날 것 같은 강한 매운맛이 있다. 으깨면 향이나 매운맛이 강해지지만, 열에 약한 성질이 있다.

강렬한 매운맛을 지닌 서양의 양념

홀스래디시는 내한성이 있어 러시아나 우크라이나의 초원 지대에서 자생합니다. 조리법은 유럽을 거쳐 영국인 이주민에 의해 미국으로까지 확산되었다고 하네요. 강판에 막 간 홀스래디시에 레몬즙을 짜 넣어서 근채류 샐러드에 사용하는 방법이 있습니다. 독일에서는 삶은 소고기에 곁들이기도 합니다. 생크림이나 비네거, 사워크림과 섞으면 맛있는 소스로 변신하지요. 유럽에서는 잼이나 머스터드와 섞어서 햄에 곁들이거나 버터와 섞어서 채소에 곁들이는 등 여러 가지 방법으로 조리되어 식탁에 오르고 있습니다.

197

페퍼(후추)
– Pepper

학명	Piper nigrum
별칭	후추
과목	후추과 후추속 덩굴성 식물
산지	남인도 말라바르 지방
부위	열매
풍미	상큼하고 깊이가 있는 자극적인 매운맛
효능	식욕 부진, 당뇨병, 비만, 이뇨작용
특징	세계 곳곳에서 가장 폭넓게 사용되는 향신료. 옛날 유럽에서는 금과 같은 가치로 거래될 정도로 값비싼 것이었다. 크기가 클수록 양질의 것으로 여겼다.

세계에서 가장 유명하고 인기 많은 향신료

페퍼를 모르는 사람은 아마 세계 어디에도 없겠지요. 그 정도로 널리 사랑받는 향신료입니다. 블랙페퍼와 화이트페퍼가 주로 쓰이는데, 생으로 사용되는 경우가 많은 그린페퍼도 있습니다. 채취하는 타이밍이나 가공 상태에 따라 명칭이 달라지는데, 덜 익은 열매 상태일 때 다양하게 가공되어 블랙(발효), 그린(동결 건조), 화이트(외피를 벗겨서 건조) 등으로 불립니다. 이 밖에 롱페퍼(근연종), 핑크페퍼(옻나무과 식물의 열매) 등도 있습니다만, 모두 페퍼와는 다른 종류입니다.

다양한 요리에 쓰이는데 고기에 사용하는 빈도가 가장 높습니다. 잘 빻은 블랙페퍼는 고기나 해산물 구이뿐 아니라, 스튜나 카레, 볶음 요리에도 쓰입니다. 화이트페퍼도 소스나 수프에 흔히 사용되지요. 프랑스에서는 이 두 가지를 원료로 한 혼합 향신료도 있습니다. 그린페퍼는 태국 등 동남아시아 지역에서는 생으로 대량을 기름에 볶아, 매운맛이 아닌 플레이버를 살린 요리의 마무리 조리에 활용되기도 합니다.

페퍼민트
– Peppermint

학명	Mentha x piperita
별칭	후추 박하, 서양 박하
과목	꿀풀과 박하속 여러해살이풀
산지	지중해 연안, 유럽
부위	꽃, 줄기, 잎
풍미	자극이 강한 달콤한 향
효능	항알레르기 작용
특징	스피어민트와 워터민트의 교배종. 스피어민트와 비교하면 향이 강하고 오그라짐 없이 부드러운 잎.

드라이와 프레시 모두 폭넓게 사용

페퍼민트는 강한 멘톨 향과 더불어 매운맛이 나는 톡 쏘는 느낌의 향신료입니다. 그러면서도 신선하고 청량감이 있어 개운한 뒷맛을 남겨주지요. 말려서 사용하기도 하고 생으로 사용하기도 합니다. 유럽에서는 채소 요리의 풍미를 살리고자 할 때 생(프레시) 페퍼민트를 사용합니다. 또, 닭고기나 돼지고기, 어린양고기 등과도 잘 어울려 마리네이드 할 때도 이용되며 민트 젤리, 민트 소스, 살사 등으로 모습을 바꿔 애용되기도 합니다. 남미에서는 민트와 칠리, 오레가노, 파슬리 등을 섞어 청량감이 있는 풍미를 요리에 더해줍니다. 모히토로 대표되는 신선한 향을 살린 칵테일에도 꼭 쓰이고요, 알코올의 플레이버와 매치가 잘 됩니다.

드라이 민트도 세계 각국에서 인기가 많습니다. 지중해 지방이나 아랍 제국에서는 해산물 요리에 드라이 민트가 사용됩니다. 그리스에서는 오레가노나 시나몬과 함께 미트볼 요리에 쓰이며 키프로스 섬에서는 이스터 치즈케이크에 이용됩니다. 터키의 오이 요거트 샐러드에 민트를 팍팍 뿌려주면 풍미가 증폭하지요. 소량의 올리브유로 볶아서 풍미를 살려 요리의 마무리에 섞는 방법은 터키 요리와 이란 요리에서 볼 수 있습니다.

포피(양귀비) 씨
- Poppy seed

학명	Papaver somniferum
별칭	양귀비 씨
과목	양귀비과 양귀비속 한해살이풀
산지	동지중해 연안에서 중앙아시아
부위	씨앗
풍미	경쾌한 느낌에 너트와 비슷한 고소한 풍미
효능	수렴 작용, 구풍 작용, 진정 작용
특징	같은 식물의 미숙 과실에서 채취하는 수지가 아편이 되고 그것을 정제하면 모르핀이 된다. 크림 옐로 포피 씨가 주류인데 브라운이나 블루 그레이의 씨도 있다.

으깨거나 가열하면 위력을 발휘

양귀비 씨는 향신료로는 그다지 유명하지 않을지도 모르겠습니다. 그 자체에 강한 향이 있는 것이 아니라 으깨거나 가열하면 고소한 너트와 같은 향이 요리에 더해집니다. 특히 중동에서 인도에 걸쳐 이슬람교도들이 즐겨 먹는 요리 중에 양귀비 씨를 다른 향신료와 함께 페이스트 상태로 만들어 기름에 볶은 것을 볼 수 있습니다. 양고기나 치킨 등의 고기 요리를 고급스러운 맛으로 만들기 위해 함께 넣어 끓입니다. 소스가 농후해서 먹으면 든든한 느낌이 들며, 밀가루로 만든 각종 빵 종류와의 궁합도 좋습니다.

마조람
- Marjoram

학명	Origanum majorana
별칭	스위트 마조람
과목	꿀풀과 꽃박하속 여러해살이풀
산지	지중해 연안, 북아프리카
부위	잎
풍미	희미한 민트 향과 단맛
효능	항균, 이뇨, 진통, 진정, 혈압 강하
특징	'와일드 마조람'이라고 불리는 오레가노와 같은 종류로 프랑스 요리나 이탈리아 요리에는 빠질 수 없는 여러해살이 허브

서양에서 많이 쓰이는 인기 허브

생으로 먹어도 맛있고 말려도 향을 잃지 않는 마조람은 육류, 어패류, 채소, 치즈 등 여러 가지 요리에 사용됩니다. 치즈나 토마토, 마늘 등과 궁합이 좋고, 혼합 향신료인 에르브 드 프로방스(Herbes de Provence)의 원료이기도 합니다. 고대 이집트에서는 미라를 만들 때 방부제 역할을 했으며, 고대 그리스에서는 향수나 화장품 등에 이용되었다고 합니다. 와일드 마조람(오레가노)과 구별하기 위해 스위트 마조람이라고 부르기도 하죠. 근연종으로 포트 마조람(Pot Marjoram, 꽃박하), 시리아 오레가노(Syrian oregano), 이탈리아 오레가노 등이 있습니다.

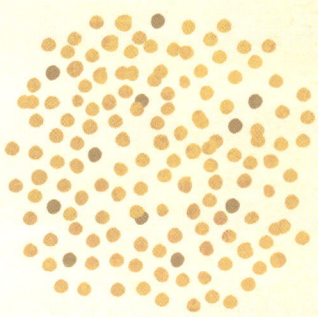

머스터드
- Mustard

학명	Brassica nigra (블랙), Sinapis alba (화이트)
별칭	겨자
과목	십자화과 십자화속 한해살이풀 (블랙), 십자화과 백겨자속 한해살이풀 (화이트)
산지	인도 (브라운), 남유럽 (블랙), 지중해 연안 (화이트)
부위	씨앗
풍미	은은한 쓴맛과 부드러운 매운맛
효능	식욕부진, 위약(胃弱), 변비, 근육통
특징	겨자 페이스트, 머스터드 페이스트의 원료로 유명하다. 동양의 향신료가 들어오기 이전 중세 유럽에서는 머스터드만은 서민층에서도 요리 맛을 내기 위해 사용할 정도로 보편화되었던 향신료다.

매운맛과 더불어 향을 풍기는 향신료

머스터드는 색깔에 따라 블랙머스터드, 브라운머스터드, 옐로머스터드 등으로 명칭이 다릅니다. 둥근 환(丸) 그대로의 머스터드 씨는 향이 별로 없습니다. 매운맛을 더해주는 향신료로 분류되기도 하지만 그대로 입에 넣어도 그다지 매운맛을 느끼지 못합니다. 대신 갈아 으깨거나 가열하면 향긋한 향과 쓴맛, 매운맛이 추출됩니다. 유럽에서는 옐로머스터드를 씨 상태 그대로 피클로 만들거나 마리네이드를 할 때 사용합니다. 인도에서는 브라운 머스터드를 사용하는 경우가 많은데, 기름에 볶아 향긋한 냄새를 요리에 더해줍니다. 머스터드의 매운맛 성분인 미로시나아제(Myrosinase)는 뜨거운 기름으로 활성화되기 어려운 성질이 있어서 매운맛보다 너트와 같은 고소함이 도드라지는 경향이 있습니다. 이것이 인도 요리의 풍미를 살리는 데 공헌하고 있지요.
동인도의 벵골 지방에서는 머스터드를 망고 등과 함께 으깨 사용해 해산물과의 궁합이 좋은 소스를 만듭니다.
머스터드 분말은 바비큐 소스나 고기 요리에 향을 입힐 때 사용하거나 채소와 섞기도 합니다. 또, 페이스트 상태로 가공되어 판매되는 것도 있습니다.

일본을 대표하는 상쾌한 풍미의 허브

파드득나물(삼엽채)
– Japanese honeywort

학명 Cyptotaenia japonica
과목 미나리과 여러해살이풀
산지 동아시아
부위 잎, 줄기
풍미 상큼하고 시원한 향
효능 고혈압 예방, 동맥경화 예방, 감기 예방, 스트레스 완화
특징 잎이 3개로 나뉘어 있어서 삼엽채라고 부르기도 한다. 산골짜기 그늘에 자생한다. 데쳐서 간장에 무치거나 찌개류에 사용하는 경우가 덮밥의 토핑으로 사용되기도 한다.

일본이나 중국을 원산지로 하는 파드득나물(삼엽채)은 오래전부터 야생종이 식용으로 사용되었다고 합니다. 일본에서 재배되었던 기록은 에도시대 이후부터인데, 그 당시에 식용으로 연화재배(차광 상태에서 잎이나 줄기가 희고 연해지도록 재배하는 방법)가 이루어졌던 것 같습니다. 일본을 대표하는 허브라고 말해도 좋을 듯합니다. 수프나 찌개 요리의 풍미를 내는 데 애용되고 있습니다. 다만, 가열하면 향이 사라지므로 볶거나 굽는 요리 등에는 적합하지 않습니다. 생으로 잘게 썰어 완성된 요리에 뿌리는 경우가 많습니다. 일본 요리에서는 양념이라는 범주에 들어가는 허브 중 하나입니다.

강렬한 단맛을 지닌 특수한 향신료

리커리시
– Licorice

학명 Glycyrrhiza glabra
별칭 감초, 스페인 감초
과목 콩과 감초속 여러해살이풀
산지 아시아, 남동유럽
부위 뿌리줄기
풍미 독특한 풍미와 강한 단맛
효능 기침약, 간기능 강화, 해독작용, 항알레르기
특징 리커리시는 '단 뿌리'라는 의미로 이탈리아 등에서 널리 재배되고 있다. 단맛이 강해서 이전에는 감미료로 사용되었던 적도 있을 정도다.

뿌리줄기를 말려 분말로 만들어서 향신료로 이용합니다. 리커리시는 요리에 쓰이기보다 맥주나 리큐르에 풍미를 내는 용도가 주를 이룬다고 할 수 있습니다. 리커리시의 뿌리 또는 검정 추출액은 단맛이 강한 성질이 있어 쓴 약을 쉽게 먹을 수 있도록 희석하는 용도로 이용되기도 합니다. 또, 유럽에서는 푹 끓여서 추출한 액을 굳혀 막대 모양으로 만든 사탕을 많이 먹는데 이 독특한 풍미를 좋아하는 사람이 많은 것 같습니다. 요리에서는 고기에 단맛을 더하거나 절임, 츠쿠다니(어패류, 육류, 채소류, 해조류 등의 식재료에 양념을 넣고 조려 만드는 조림 요리) 등에 활용되는 경우도 있습니다. 허브티에 첨가하면 단맛과 풍미가 더해지므로 추천합니다.

순한 맛을 돋우어 주는 독특한 향

메이스
– Mace

학명 Myristica fragrans
별칭 육두구
과목 육두구과 육두구속 상록수
산지 동인도 제도, 몰루카 제도
부위 씨앗의 핵, 열매(넛맥), 가종피(메이스)
풍미 은은하게 단 이국적인 향
효능 위장염, 저혈압, 식욕부진, 스트레스
특징 열매(씨앗) 부분이 넛맥. 강판으로 갈아서 가루 형태로 사용하는 경우가 많다. 고기의 누린내를 제거해 줘서 함박스테이크의 재료로 유명하다.

메이스는 이해하기 쉽게 말하면 넛맥의 바깥쪽을 덮고 있는 껍질을 가리킵니다. 그래서 기본적으로 넛맥과 비슷한 향이 나며, 거기에 한층 페퍼나 클로브와 같은 향이 더해진 것 같은 느낌입니다. 중국이나 동남아시아에서는 요리용이라기보다 약효를 기대하여 사용하는 경우가 많습니다. 베샤멜소스, 수플레, 크림치즈를 사용한 디저트 등 순하고 단맛이 있는 요리나 디저트류와 함께 사용하면 악센트 효과를 줄 수 있습니다. 인도에서는 카레에 넣거나 밥을 지을 때 사용합니다. 가공하지 않은 둥근 환 그대로라면 향신료 중에서도 비싼 편입니다.

섬세하고 시원한 레몬의 향

레몬밤
– Lemon balm

학명 Melissa officinalis
별칭 향수박하
과목 꿀풀과 향수박하속 여러해살이풀
산지 남유럽
부위 잎
풍미 순한 레몬 또는 민트 풍미
효능 릴랙스, 해열, 발한, 진정, 항균
특징 레몬밤은 현재 세계 각국에서 재배되고 있으며 원예식물로도 친숙한데 레몬과 같은 시원한 향이 요리나 음료에 활용되고 있다.

레몬밤은 레몬그라스를 살짝 누그러뜨린 것 같은 향이 나며 마리네이드나 살사에 사용하면 고기나 해산물의 풍미를 돋우어 주는 역할을 합니다. 어린잎을 찢어서 샐러드에 섞거나 잘게 썰어서 채소 요리에 첨가하기도 합니다. 버터와 섞어서 허브 버터를 만들거나 피클에 더하기도 하는가 하면 허브티나 스무디 등의 음료로 만들기도 합니다. 향이 섬세해서 가능한 한 신선한 상태에서 살짝 많은 양을 첨가하는 방식으로 사용하면 좋습니다. 일본에서는 이 허브를 구해 조리할 기회가 그다지 많지 않을 것 같지만요.

레드칠리
– Red chilli

학명	Capsicum annuum
별칭	고추, 카옌페퍼(Cayenne Pepper)
과목	가지과 고추속 여러해살이풀
산지	남아메리카
부위	열매
풍미	강하게 찌르는 매운맛과 향미
효능	식욕부진, 위약(胃弱), 감기, 냉증
특징	캅사이신은 열에 강해서 가열해도 매운맛은 변하지 않는다. 카옌은 품종명이 아니라 프랑스령 기아나의 수도인 카옌(Cayenne)에서 유래한다.

매운맛과 향과 색감을 내는 향신료

칠리는 순해서 채소처럼 먹을 수 있는 것에서부터 살짝 찌릿찌릿한 것, 찌를 듯이 강렬한 매운맛이 있는 것에 이르기까지 맛의 폭이 상당히 넓습니다. 그래서 매운맛 향신료라는 이미지가 강한데, 실제로는 매운맛은 물론이고 향도 굉장합니다. 파프리카와 같은 고소한 향도 있습니다. 매운맛의 근원인 캅사이신은 칠리의 열매 안에 있는 심과 씨앗에 포함되어 있습니다. 품종도 여러 갈래에 이르고, 세계 곳곳에 셀 수 없을 정도로 많은 종류가 존재합니다. 각각 향도, 매운맛도 다르지만 각 나라 요리의 개성을 살리는 데 활용되고 있지요.

남미에서는 커민 등과 섞어서 칠리 파우더라는 유명한 혼합 향신료의 원료가 되고 있습니다. 인도에서는 말린 레드칠리를 원형 그대로 혹은 파우더 상태로 사용합니다. 중동에서는 플레이크 상태로 사용하는 경우가 많습니다. 터키산 레드칠리는 검붉고 스모키한 향이 납니다. 한국 고추는 독특한 플레이버를 가지고 있어 한국을 대표하는 절임 요리인 김치 등에 사용되고 있습니다. 중국 사천에서는 'Chao Tian Jiao(朝天椒, 화초하늘고추)'라고 불리는 둥근 형태의 레드칠리가 사용되며 여러 가지 요리의 풍미를 풍부하게 해 줍니다. 매운맛 페이스트 등의 시판 제품이 많이 제조되고 있는 것도 칠리의 특징입니다.

레몬그라스
– Lemon grass

학명	Cymbopogon citratus
별칭	레몬풀, 탁라이(태국), 세이라Seira(신할라어)
과목	벼과 심보포곤속 여러해살이풀
산지	열대 아시아
부위	줄기, 잎
풍미	레몬과 비슷한 경쾌하고 상큼한 향
효능	소화 촉진, 감기, 설사, 빈혈 예방
특징	태국 요리에 흔히 사용되는 허브라는 이미지가 강하지만 인도에서는 수천 년 전부터 약초로 취급되어 왔다. 현재 인도 카레에 레몬그라스를 사용하는 레시피는 적다.

시원하면서 강렬한 향의 향신료

레몬그라스의 향은 감귤류와 비슷한 시원함과 상쾌함이 있고 신맛이 느껴지는 플레이버를 아울러 가지고 있습니다. 생 레몬그라스를 으깨거나 슬라이스 하면 강렬한 향이 풍겨 나옵니다. 태국 요리에서 흔히 사용되는 허브라는 이미지가 강하지만 동남아시아나 호주, 브라질, 멕시코, 아프리카 대륙 등의 요리에도 사용됩니다. 코코넛 밀크 베이스의 카레나 스튜와 궁합이 좋습니다. 서구의 요리에서는 해산물이나 닭고기를 사용한 수프 요리, 소고기 로스트에 풍미를 더하는 데 사용됩니다. 과일과의 궁합도 좋고 시럽 등과 함께 절여 두는 방법도 있습니다.

줄기 윗부분을 잘라 말려서 드라이 향신료(허브)로 유통되는 레몬그라스도 있는데 향은 그다지 강하지 않습니다. 역시 생 레몬그라스의 상큼한 향이 훨씬 매력적이지요. 뉴욕에서 인기가 많은 모던한 어느 레스토랑에 갔을 때 레몬그라스를 축으로 삼아 소고기를 감아서 구워낸 요리가 있었습니다. 물론 소고기만을 먹는 것이었지만, 레몬그라스를 씹어 봤더니 시원한 향이 입 안에 퍼져 좋더군요. 신선한 체험이었습니다.

로즈메리
– Rosemary

- 학명　Rosmarinus officinalis
- 별칭　미질향(迷迭香)
- 과목　꿀풀과 로즈메리속 상록 관목
- 산지　지중해 연안
- 부위　꽃, 잎
- 풍미　눈이 번쩍 뜨이는 것 같은 상쾌한 향
- 효능　항산화 작용, 염증, 혈행 불량, 소화 불량
- 특징　향이 강한 한편 소취 작용이나 항균 작용이 강해서 서양에서는 예부터 고기 요리나 수프 요리에 사용되어 왔다. 로즈메리 허브티는 '젊어지는 차'라고 불리며 스트레스 해소에 도움을 주고 뇌를 활성화시킨다고 한다.

강한 향을 내뿜는 허브의 왕

로즈메리는 허브 중에서는 그 특징이 상당히 선명해 구별하기 쉬운 타입입니다. 먼저 외형부터가 주목을 끌기 쉽습니다. 줄기 주변에 딱딱하고 가는 잎이 촘촘히 붙어 있고 짙은 초록색을 띠고 있지요. 향은 소나무와 캠퍼의 느낌이 있고 은은하게 페퍼와 같은 톡 쏘는 풍미와 코가 뻥 뚫리는 것 같은 시원한 느낌이 있습니다. 다른 어떤 허브와도 인상이 다른 개성적인 향입니다. 그리고 생명력이 강해서 국내 환경에서 밖에 방치해 두어도 쑥쑥 자랍니다. 힘이 넘치는 허브의 왕 같은 존재입니다.

풍미가 무척 강한 로즈메리는 약간의 가열로는 향이 거의 손상되지 않습니다. 그래서 장시간 푹 끓이는 스튜나 고온에서 가열하는 로스트 등의 요리에 매우 적합합니다. 지중해 요리에서는 밀가루 옷을 입히지 않고 튀겨낸 채소와 함께 풍미를 더하기도 하고 이탈리아에서는 송아지 고기와의 조합이 인기입니다. 고기든 채소든 바비큐 그릴이나 오븐에서 로스트 하는 요리에는 줄기(가지)가 붙어 있는 상태로 로즈메리를 첨가해서 굽고, 먹을 때 제거하는 방법을 추천합니다. 입에 넣기 전부터 식탁이 로즈메리 향에 휩싸이거든요.

비스킷이나 디저트용 시럽 등 달콤한 음식과의 궁합도 좋아서 여러 모로 사용하기 편리한 허브라고 할 수 있습니다.

수프 요리에 매우 적합한 그윽한 향의 허브

로리에(월계수 잎)
– Bay leaf

- 학명　Laurus nobilis
- 별칭　로렐, 베이리프, 월계수
- 과목　녹나무과 월계수속 상록수
- 산지　유럽, 아시아 서부
- 부위　잎, 열매
- 풍미　섬세하고 시원한 향
- 효능　신경통, 관절염, 타박상, 염좌
- 특징　그리스에서 명예의 상징인 월계관이 이 잎으로 만들어진다. 포토푀나 부용 등의 수프 요리에 빼놓을 수 없는 향신료 '부케 가르니'의 재료로도 사용된다.

로리에는 주로 지중해 동안 주변을 원산지로 하는, '베이'라고 불리는 나무의 잎입니다. 광택이 있는 딱딱한 잎은 예부터 그리스인이나 로마인이 머리에 쓰는 관으로 만들면서 알려졌습니다. 넛맥과 같은 자극적인 향과 발사믹 식초와 같은 부드러운 향이 특징이죠. 생잎 상태일 때는 쓴맛이나 떫은맛이 있지만, 말리면 향기 성분이 강해집니다. 유럽을 대표하는 믹스 허브인 '부케 가르니'의 주원료라는 점에서도 알 수 있듯이 수프 요리에 첨가하면 멋진 향이 풍깁니다. 또, 과일이나 달콤한 디저트류와 매치하여 그 풍미를 즐기는 방법도 있습니다.

일본이 세계에 자랑하는 매운맛 향신료

고추냉이(와사비)
– Wasabi

- 학명　Wasabia japonica
- 별칭　겨자냉이
- 과목　십자화과 고추냉이속 여러해살이풀
- 산지　일본
- 부위　땅속줄기(뿌리줄기), 잎, 줄기, 꽃
- 풍미　톡 쏘는 날카로운 매운맛과 풍미
- 효능　항균, 항산화 작용, 식욕증진, 미용
- 특징　일본에서는 전국 각지 냉량한 산골짜기 언덕에서 많이 자생하고 있다. 뿌리 부분의 줄기를 갈아 으깨면 독특한 매운맛과 풍미가 있어 일본의 조미료로 많은 사랑을 받고 있다.

서양에서는 일본의 홀스래디시라고 불리기도 하는 고추냉이(와사비)는 모두 아는 바와 같이 눈물이 날만큼 톡 쏘는 매운맛이 특징입니다. 혀가 찌릿찌릿한 매운맛이 없는 이유는 칠리의 캅사이신과는 전혀 다른 매운맛 성분을 가지고 있기 때문으로 열에 약해서 가열하지 않고 회를 찍어 먹는 간장 소스 등에 사용합니다. 강판에 갈기만 해도 에센셜 오일이 휘발하여 독특한 풍미와 매운맛이 두드러집니다. 그렇다고 차가운 요리에만 사용되는 것은 아니고 예를 들어 마블링이 가득한 소고기 소테나 스테이크를 먹을 때 곁들이는 식으로 풍미에 악센트를 더하는 방법도 있습니다.

향신료 셀렉트 박스를 만들자

향신료를 선택할 때는 머리로만 생각하기보다 실제로 손을 움직여 구성하는 것이 좋습니다. 예를 들어 향신료를 요리에 빈번히 사용하는 인도의 경우 레스토랑의 셰프는 9개의 정방형 박스에 항상 사용하는 향신료를 미리 준비해 두기도 합니다. [예1]은 나의 스승님이신 남인도 출신의 셰프가 사용하는 향신료 박스의 배치도입니다. 또한, 인도의 가정집에는 대체로 원형의 작은 그릇 7개가 들어 있는 박스가 있습니다. 당연히 요리할 때 자주 사용하는 향신료가 들어 있지요. [예2]는 언젠가 내가 사용했던 향신료 박스의 내용물입니다.

9종류든 7종류든 각각 사각이나 원형을 그려 보고 빈 곳에 본인이라면 어떤 향신료를 넣어 두고 싶은지 상상해 보세요. 아래 그림과 같이 어느 장소에 어떤 역할의 향신료를 둘 것인지도 같이 생각하면 즐거운 작업이 될 것입니다. 당신은 어떤 향신료를 선택하시겠습니까?

예1 인도인 스승님의 향신료 셀렉트

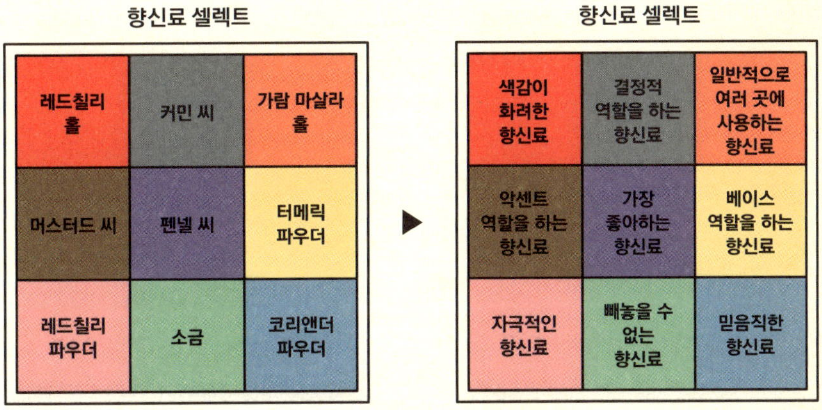

향신료 셀렉트

레드칠리 홀	커민 씨	가람 마살라 홀
머스터드 씨	펜넬 씨	터메릭 파우더
레드칠리 파우더	소금	코리앤더 파우더

▶

향신료 셀렉트

색감이 화려한 향신료	결정적 역할을 하는 향신료	일반적으로 여러 곳에 사용하는 향신료
악센트 역할을 하는 향신료	가장 좋아하는 향신료	베이스 역할을 하는 향신료
자극적인 향신료	빼놓을 수 없는 향신료	믿음직한 향신료

예2 저자의 향신료 셀렉트

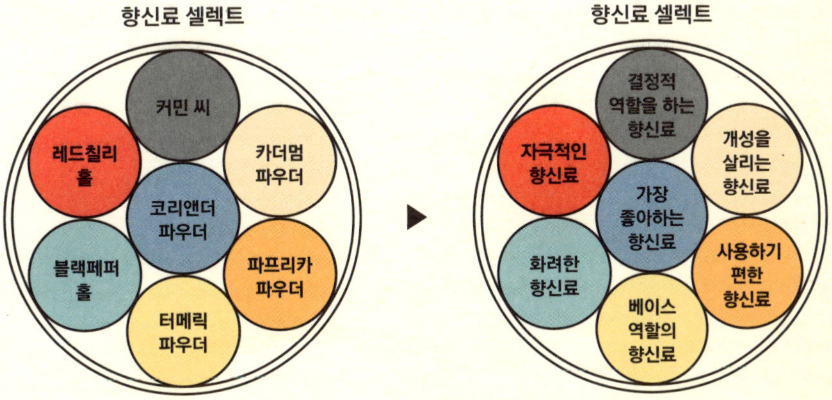

향신료 셀렉트

- 커민 씨
- 레드칠리 홀
- 카더멈 파우더
- 코리앤더 파우더
- 블랙페퍼 홀
- 파프리카 파우더
- 터메릭 파우더

▶

향신료 셀렉트

- 결정적 역할을 하는 향신료
- 자극적인 향신료
- 개성을 살리는 향신료
- 가장 좋아하는 향신료
- 화려한 향신료
- 사용하기 편한 향신료
- 베이스 역할의 향신료

INDEX

향신료 ㄱㄴㄷ순

[ㄱ]
가랑갈 — P182
갈릭 — P181
고추냉이(와사비) — P202
그린칠리 — P184

[ㄴ]
넛맥(육두구) — P194
니겔라 — P194

[ㄷ]
딜 — P193

[ㄹ]
레드칠리 — P201
레몬그라스 — P201
레몬밤 — P200
로리에(월계수 잎) — P202
로즈메리 — P202
리커리시 — P200

[ㅁ]
마조람 — P199
머스터드 — P199
메이스 — P200

[ㅂ]
바닐라 — P195
바질 — P194
빅카더멈 — P196

[ㅅ]
사프란 — P186
세서미(참깨) — P190
세이보리 — P189
세이지 — P190
셀러리 — P190
셀러리 씨 — P191
수막 — P189
스타아니스 — P188
스피어민트 — P189
시나몬 — P187
시나몬 잎 — P187

[ㅇ]
아니스 — P180
아사페티다 — P180
아지웨인 — P180
오레가노 — P181
올스파이스 — P180

[ㅈ]
주니퍼 — P187
진피(귤껍질) — P193

[ㅊ]
차이브 — P193
처빌 — P192
치커리 — P192

[ㅋ]
카더멈 — P183
카레 잎 — P182
카시아 — P182
카피르라임 — P182
캐러웨이 — P185
커민 — P183
케이퍼 — P185
코리앤더(고수) 씨 — P185
코리앤더(고수) 잎 — P186
클로브 — P184

[ㅌ]
타라곤 — P192
타마린드 — P192
타임 — P191
터메릭(강황) — P191

[ㅍ]
파드득나물(삼엽채) — P200
파슬리 — P195
파프리카 — P195
판단 잎 — P196
페뉴그릭 — P196
페퍼(후추) — P198
페퍼민트 — P198
펜넬 — P197
펜넬 씨 — P197
포피(양귀비) 씨 — P199
핑크페퍼 — P196

[ㅎ]
홀스래디시 — P197

레시피 게재 순

[향신료 카레]

드라이 키마 카레	P082
일본풍 카레우동	P084
스리랑카식 새우 카레	P086
믹스 베지터블 코르마	P088
스파이시 비프 카레	P090
남인도풍 치킨 카레	P092
타이풍 피시 카레	P094
포크 빈달루	P096
본격 버터 치킨 카레	P098
궁극의 카츠 카레	P100
사손 카 사그	P119
피시 헤드 카레	P120

[혼합 향신료, 기타]

3가지 향신료로 만들기 홀 가람 마살라 A	P055
3가지 향신료로 만들기 가람 마살라 파우더 A	P055
4가지 향신료로 만들기 가람 마살라 B	P055
4가지 향신료로 만들기 홀 가람 마살라 파우더 B	P055
7가지 향신료로 만들기 가람 마살라 파우더 C	P055
부케 가르니	P063
치킨 부용	P063
고추기름(라유)	P073
가미한 고추기름	P073
최고의 카레 가루 직접 만들기	P074
카레 케첩	P077

[메인 디쉬]

오렌지색 탄두리 치킨	P069
레몬색 탄두리 치킨	P069
부타쿠니	P071
로스트비프	P071
셰퍼드 파이	P116
비프 스트로가노프	P117
파틀르잔 이맘 바이르디	P118
카든부두 쿄프테	P118
비프니하리	P119
동파육	P121
마파두부	P121
쿠스쿠스	P123

[사이드]

무 스파이스 샐러드	P056
크레송 스파이스 샐러드	P056

[수프]

부야베스	P115
보르시	P117
검보	P122

[면, 밥]

일본식 사프란 라이스	P061
일본식 비리야니	P061
인도식 비리야니	P061
카르보나라	P114
파에야	P115

[디저트류, 음료]

차이	P065
기본 스파이스 그래놀라	P067
스파이시 바나나 케이크	P067

마치며

- 어제 이상한 꿈을 꿨지 뭐야.
- 무슨 꿈? 귀신에게 쫓기기라도 했어?
- 무서운 꿈은 아니었어.
- 흑백이었어? 컬러였어?
- 색깔은 있었지.
- 그럼 넌 아유르베다에서 말하는 피터 성질을 가지고 있는 거네.
- 아니, 그런 말이 아니라고. 아무튼 신기했어. 네가 동상이 되어 있었거든.
- 동상? 나 죽은 거야?
- 모르겠어. 그런데 나이가 지긋한 얼굴을 하고 있었지.
  양떼가 있는 평온한 고원에 동상 하나가 우두커니 있고,
  너는 어딘가를 손가락으로 가리키고 있던데….
- 혹시….
- 맞아, 그 '혹시'가 맞을지도.
  언젠간 '카레 잎의 아버지'라고 불리며 동상이 세워질 거라고 했잖아.
- 그렇구나~! 나는 장래에 꿈을 이루는구나!
  그걸 네가 어젯밤 꿈에서 본 거네.
- 꿈을 꿈에서 봤다고? 뭔가 복잡한데?
  하지만 가능할 수도 있다고 생각해.
  너의 향신료 수업은 정말 자극적이었으니까.
- 뭐가 가장 인상에 남아?
- 으음, 카레 가루 만들었던 거.
  향신료 배합하는 게 옛날이야기에 나오는 마녀가
  비밀의 약을 만드는 것 같았거든. 두근두근 했다니까.
- 마법을 건 것처럼 향이 풍겨 나오잖아.
- 차이용 혼합 향신료의 조합 방법도 신선했어. 나도 할 수 있을 것 같던데?
- 터메릭 라테도 괜찮은 것 같지 않아?
- 아유르베다와 서양의학의 관점의 차이에도 불구하고 일맥상통하는 드링크.
- 그러고 보니 스페인에서 네가 받은 충격이 계기가 되었을 수도 있을 것 같아.
- 다시 스페인에 간다면 더욱 여러 가지 일에 감동할 것 같아.
- 참, 어쩌면 꿈에서 본 동상은 실제로 스페인에 있는 건지도 몰라!
- 그러고 보니 말하기 좀 그렇긴 한데, 동상 말이야….
  네 옆에 내가 있었어.
- 너도 동상이 된 거야? 향신료의 아버지와 허브의 어머니.
- 우리 손잡고 있었어.
- 그거, 혹시 가까운 장래를 암시하는 거 아냐?
  네가 이렇게 향신료의 매력에 빠지고, 그리고 약속대로 우리 두 사람은….
- 왠지 그런 느낌이었지….
- 그럼, 나랑 사귈래?
- 생각해 볼게.

'우리가 지금까지 몰랐던 향신료의 모든 것' 어떠셨나요?

쉽고 재밌고 왠지 모르게 깊이가 있는 향신료의 세계를 느낄 수 있었으리라 믿고 싶습니다.
최근 향신료가 점점 주목을 받고 있습니다. 오래전부터 향신료와 관계를 맺어 왔던 저는 오랫동안 혼자 고독한 세계에 있는 것 같아 외롭다는 생각을 했었는데 조금씩 상황이 바뀌고 있는 것 같습니다.
향신료를 내세운 레스토랑의 메뉴나 상품이 눈에 띄게 증가하고 있으며 마트의 향신료 코너도 이전보다 더 충실해진 것 같거든요. 거리에 향신료가 조금씩 얼굴을 내밀게 된 모양입니다. 지금까지는 '향신료'라는 말을 일상생활에서 들을 기회조차 거의 없었는데 말이죠!
일부 마니악한 향신료를 취미로 재배하는 사람도 증가하고 있습니다. 저 자신도 예전과 비교하면 흙을 만지는 일이 많아졌고 좋아졌습니다. 봄에는 카레 잎 화분 갈이를 하면서 시간 가는 줄 몰랐거든요.

이런 저에게는 꿈이 있습니다.
앗! 동상이 되는 거 말고요. 세계 곳곳에 아직 보지 못한 향신료를 찾으러 가고 싶거든요. 향신료 헌터가 되어서 말이에요.
요즘에도 일본에서 손에 넣을 수 있는 향신료는 극히 일부에 지나지 않습니다. 물론 그것들만 손에 넣어도 한없이 즐길 수 있지만요. 이름만 알고 사용해 본 적이 없는 향신료가 아직 많거든요. 어떤 모습을 하고 있을지, 색깔은? 모양은? 그리고 향은? 상상만 해도 몹시 신이 납니다.

이 책을 읽으신 여러분은 이제 향신료를 곁에 두고 지내시겠죠.
향신료가 함께 하는 일상, 향신료가 있는 생활, 향신료가 있는 미래.
향신료는 두려워할 필요가 없습니다. 향신료를 알면 즐겁습니다!
아, 향신료가 없는 인생은…!

미즈노 진스케
(水野仁輔)

[참고 문헌]

- 미즈노 진스케, 2016, 「스파이스 카레 사전」, PIE인터내셔널. (水野仁輔『スパイスカレー事典』パイインターナショナル)
- 미즈노 진스케, 2013, 「카레 교과서」, NHK출판. (水野仁輔『カレーの教科書』NHK出版)
- 테이 무네테츠, 2006, 「'카레를 먹으면' 병이 낫는다」, (비타민문고)마키노출판. (丁宗鐵『「カレーを食べる」と病気はよくなる』(ビタミン文庫)マキノ出版)
- 가토리 가오루, 사토 마키코, 2012, 「아유르베다 식사법 이론과 레시피 식사로 바뀌는 마음과 몸」, 고미치서방. (香取薫、佐藤真紀子『アーユルヴェーダ食事法 理論とレシピ食事で変わる心と体』径書房)
- 이토 신고, SHANKAR NOGUCHI, 2013, 「허브&스파이스 사전 : 세계에서 사용되는 256종」, 성문당신광사. (伊藤進吾、シャンカール・ノグチ『ハーブ&スパイス事典:世界で使われる256種』誠文堂新光社)
- 이노우에 히로오, 2002, 「스파이스 이야기 -대항해부터 카레까지-」, 집영사문고. (井上宏生『スパイス物語―大航海からカレーまで』集英社文庫)
- 후키우라 다다마사 감수, 데즈카 아케미 그림, 2015, 「세계 그림사전」, PIE 인터내셔널. (吹浦忠正 監修、てづかあけみ 絵『世界えじてん』パイインターナショナル)
- Jill Norman, 1991, 「Complete Book of Spices : A Practical Guide to Spices and Aromatic Seeds」, Studio

향신료의 모든 것

저자 • 미즈노 진스케(水野仁輔)
발행인 • 장상원
편집인 • 이명원

초판 1쇄 • 2019년 4월 1일
    2쇄 • 2021년 2월 25일
발행처 • (주)비앤씨월드 출판등록 1994.1.21 제 16-818호
주소 • 서울특별시 강남구 선릉로 132길 3-6 서원빌딩 3층
전화 • (02)547-5233 | 팩스 • (02)549-5235
홈페이지 • www.bncworld.co.kr | 블로그 • blog.naver.com/bncbookcafe
인스타그램 • www.instagram.com/bncworld
번역 • 고정아 | 편집 • 권나영 | 디자인 • 박갑경
ISBN • 979-11-86519-25-7 13590

Original Japanese title : 「いちばんやさしいスパイスの教科書」 (Ichiban Yasashii Spice no Kyokasyo)
Originally published in Japanese by PIE International in 2017.
Korean translation rights arranged with Imprima Korea Agency, through HonnoKizuna, Inc., Japan.
© 2017 Jinsuke Mizuno / PIE International

All rights reserved. No part of this publication may be reproduced in any form or by any means, graphic, electronic or mechanical, including photocopying and recording by an information storage and retrieval system, without permission in writing from the publisher.

이 책의 한국어판 저작권은 HonnoKizuna, Inc.와 Imprima Korea Agency를 통해 PIE International Inc.와의 독점계약으로 비앤씨월드에 있습니다. 저작권법에 의해 한국 내에서 보호를 받는 저작물이므로 무단전재와 무단복제를 금합니다.

Original Japanese edition creative staff
Author • Jinsuke Mizuno
Original design and layout • Yosuke Yamamoto / Yuunosuke Otani (MOUNTAIN BOOK DESIGN)
Illustration • Naho Ogawa | Photography (Chapter 3) • Miyuki Fukuo
Photograph(Chapter 4) • 123RF | English translation • Pamela Miki | Special thanks • UTUWA
Original edition editor • Takumi Hasegawa

이 도서의 국립중앙도서관 출판예정도서목록(CIP)은 서지정보유통지원시스템 홈페이지(http://seoji.nl.go.kr)와 국가자료공동목록시스템(http://www.nl.go.kr/kolisnet)에서 이용하실 수 있습니다. (CIP제어번호 : CIP2019009565)